Exploremos Hechos

Roberto Simons

Contiene un estudio programado por la
Facultad Latinoamericana de Estudios Teológicos

Unilit

FLET
UNIVERSIDAD

EXPLOREMOS HECHOS

14540 S. W. 136 St. Suite 200
Miami, FL 33186

Autor: Roberto Simons
Diseño textual: J. Lourdes Ramírez
Portada: Meredith Bozek
Foto de la cubierta tomada por *Joan Jahnige*, Profesora de Latín, Kentucky Educational Television

Todas las fotografías que aparecen en el texto son cortesía del Profesor *Ben Witherington III, autor de Acts of the Apostles.*

La universidad FLET es miembro acreditado del Consejo de Educación y Entrenamiento a Distancia, DETC (Distance Education and Training Council). DETC es una comisión acreditadora reconocida por el Departamento de Educación de los Estados Unidos y miembro del Consejo de Acreditación para la Educación Superior, CHEA (Council for Higher Education Accreditation).

Producto: 491084
Categoría: Comentario/Estudio bíblico
ISBN: 0-7899-1196-5
Impreso en Colombia

CONTENIDO

PREFACIO

En el canon del Nuevo Testamento, el libro de Hechos provee el puente entre la vida de Jesús, narrada en los evangelios, y las cartas de Pablo. En el canon de la Biblia entera, el libro de Hechos corresponde a libros como 1 y 2 Samuel, 1 y 2 Reyes, Esdras, Nehemías, y otros libros históricos por ser también un libro histórico. Es la única fuente de información que tenemos acerca del comienzo de la Iglesia y su historia mas temprana. Es una continuación de la historia que Lucas comenzó en su evangelio. Por todas estas razones y mas, Hechos es un libro clave para el cristiano y para la Iglesia.

Con todo esto, a veces la Iglesia ha usado equivocadamente al libro de Hechos, para justificar alguna doctrina o practica que real mente no tiene fundamento bíblico. Hechos, libro inspirado por el Espíritu Santo, no es un libro didáctico o doctrinal sino una narración. Así que es necesario tener cuidado al interpretarlo, para aplicarlo correctamente a la situación histórica y cultural que actualmente vivimos.

Este curso le enseñará a usted lector no solo a explorar el contenido de Hechos, pero a la vez a interpretarlo y aplicarlo con relevancia a situaciones concretas y específicas en la vida real. El conocimiento académico de alguna parte de la Biblia nunca debe ser un fin en sí mismo, sino un medio para mejorar nuestra habilidad de vivir en el mundo para la gloria de Dios, y para la edificación de su Iglesia. Espero que este curso de Hechos logre en alguna medida estos objetivos.

En este momento quiero agradecer a Dios, y a las personas que El envió para compartir el evangelio conmigo, por ayudarme a crecer y madurar en su Palabra. Como Pablo, yo viví muchos años en rebeldía contra Dios, pero Él tuvo misericordia de mí. Si hay algo bueno y útil en este libro, toda la gloria y honra sean a Dios. Si hay algo malo, yo asumo toda la responsabilidad.

MANERAS DE USAR ESTE LIBRO

Un comentario sobre el texto bíblico de Hechos

Si usted quiere usar este libro como un comentario de refrencia acerca del libro de Hechos, empiece con el capítulo 1 en la página 3, o busque en la tabla de contenido la parte del comentario que le interesa.

Un libro de estudio personal

Si usted quiere disfrutar de un estudio profundo y relevante de Hechos, use el cuadro «Trabajos semanales para el curso de HE- CHOS» en la página viii como una guía de trabajo, y lea con cuida- do las secciones que explican cómo estudiar el libro comenzando con la «Descripción del curso» en la página 241.

Un curso acreditado

Cursoacreditadodelprogramadelicenciaturaenestudiosbíblicosde laUniversidadFLET(FacultadLatinoamericanodeEstudiosTeológicos)

Si usted quiere empezar o continuar su licenciatura en estudios bíblicos de la Universidad FLET, lea con cuidado toda la «Guía de Estudio» al final del libro; y siga las instrucciones detalladamente. Si usted es el facilitador de un grupo (peña) de estudio, lea además el «Manual para el facilitador› al final del libro.[1]

¡QUE DIOS LE BENDIGA EN SU ESTUDIO DE LA BIBLIA!

1 Si usted es un estudiante individual de FLET, recomendamos que también lea con cuidado el Manual para el facilitador.

TRABAJOS SEMANALES PARA EL CURSO DE HECHOS

<table>
<tr><th>SEMANA</th><th>TRABAJO
Marque con una «X» cada trabajo cuando lo haya realizado.</th></tr>
<tr><td>1</td><td>1. Lea todo el texto bíblico de Hechos en su versión favorita.
2. Lea el capítulo 1 y el apéndice 1 del libro Exploremos Hechos.
3. Conteste las preguntas al final del capítulo 1 y el apéndice 1.
4. Consulte las respuestas a las preguntas en el «Manual para el facilitador» a manera de repaso y para corroborar que las ha contestado correctamente.
5. Anote al final de sus respuestas el número de preguntas en que se equivocó, y escriba la respuesta correcta.
6. Lea por lo menos 75 páginas de lectura adicional y redacte el informe de acuerdo a las instrucciones en las páginas 349 (# 3).</td></tr>
<tr><td>2</td><td>1. Lea Hechos 1—4 en por lo menos dos versiones castellanas de la Biblia, y en su cuaderno haga un bosquejo de su contenido. Anote ideas claves y cosas que le llamen la atención.
2. Lea el capítulo 2 y el apéndice 2 del libro Exploremos Hechos. Corrija el bosquejo anterior y las anotaciones que hizo en su cuaderno si es necesario.
3. Conteste las preguntas al final del capítulo 2 y el apéndice 2.
4. Consulte las respuestas a las preguntas en el «Manual para el facilitador» a manera de repaso y para corroborar que las ha contestado correctamente.
5. Anote al final de sus respuestas el número de preguntas en que se equivocó, y escriba la respuesta correcta.
6. Lea por lo menos 75 páginas de lectura adicional y redacte el informe de acuerdo a las instrucciones.</td></tr>
<tr><td>3</td><td>1. Lea Hechos 4:36—8:40 en por lo menos dos versiones castellanas de la Biblia, y en su cuaderno haga un bosquejo de su contenido. Anote ideas claves y cosas que le llamen la atención.
2. Lea el capítulo 3 y el apéndice 3 del libro Exploremos Hechos. Corrija el bosquejo anterior y las anotaciones que hizo en su cuaderno si es necesario.</td></tr>
</table>

<table>
<tr><td></td><td>1. Conteste las preguntas al final del capítulo 3 y el apéndice 3.
2. Consulte las respuestas a las preguntas a manera de repaso y para corroborar que las ha contestado correctamente.
3. Anote al final de sus respuestas el número de preguntas en que se equivocó, y escriba la respuesta correcta.
4. Lea 75 páginas de lectura adicional y redacte el informe de acuerdo a las instrucciones.
5. Redacte la idea principal de su ensayo y los tres (o más) puntos que va a desarrollar.</td></tr>
<tr><td>4</td><td>1. Lea Hechos 9:1—12:24 en por lo menos dos versiones castellanas de la Biblia, y en su cuaderno haga un bosquejo de su contenido. Anote ideas claves y cosas que le llamen la atención.
2. Lea el capítulo 4 y el apéndice 4 del libro Exploremos Hechos. Corrija el bosquejo y las anotaciones que hizo en su cuaderno si es necesario.
3. Conteste las preguntas al final de capítulo 4 y el apéndice 4.
4. Consulte las respuestas a las preguntas a manera de repaso y para corroborar si las contestó correctamente.
5. Anote al final de sus respuestas el número de preguntas en que se equivocó, y escriba la respuesta correcta.
6. Lea 75 páginas de lectura adicional y redacte el informe de acuerdo a las instrucciones. Esto completa la tarea de lectura adicional. Guarde la tarea para mandar con el ensayo y el examen final después de terminar el curso.
7. Investigue el tema de su ensayo en forma organizada. Como parte de sus apuntes, anote siempre los datos biográficos para poder incluirlos después, donde sea necesario en su ensayo.</td></tr>
<tr><td>5</td><td>1. Lea Hechos 12:25—15:35 en por lo menos dos versiones castellanas de la Biblia, y en su cuaderno haga un bosquejo de su contenido. Anote ideas claves y cosas que le llamen la atención.
2. Lea el capítulo 5 y el apéndice 5 de este libro. Corrija el bosquejo y las anotaciones que hizo en su cuaderno si es necesario.
3. Conteste las preguntas al final del capítulo 5 y el apéndice 5.
4. Consulte las respuestas a las preguntas a manera de repaso y averigüe si se ha equivocado en algo.</td></tr>
</table>

	1. Conteste las preguntas al final del capítulo 5 y el apéndice 5. 2. Consulte las respuestas a las preguntas a manera de repaso y averigüe si se ha equivocado en algo. 3. Anote al final de sus respuestas el número de preguntas en que se equivocó, y escriba la respuesta correcta. 4. Redacte en borrador el contenido del primer subpunto de su ensayo. Incluya notas a pie de página y mantenga la bibliografía al día.
6	1. Lea Hechos 15:36—18:22 en por lo menos dos versiones castellanas de la Biblia, y en su cuaderno haga un bosquejo de su contenido. Anote ideas claves y cosas que le llamen la atención. 2. Lea el capítulo 6 y el apéndice 6 de este libro. Corrija el bosquejo y las anotaciones que hizo en su cuaderno si es necesario. 3. Conteste las preguntas al final del capítulo 6 y el apéndice 6. 4. Consulte las respuestas a las preguntas a manera de repaso, y averigüe si se ha equivocado en algo. 5. Anote al final de sus respuestas el número de preguntas en que se equivocó, y escriba la respuesta correcta. 6. Redacte en borrador el contenido del segundo subpunto de su ensayo. Incluya notas a pie de página y mantenga la bibliografía al día.
7	1. Lea Hechos 18:22—21:16 en por lo menos dos versiones castellanas de la Biblia, y en su cuaderno haga un bosquejo de su contenido. Anote ideas claves y cosas que le llamen la atención. 2. Lea el capítulo 7 y el apéndice 7 de este libro. Corrija el bosquejo y las anotaciones que hizo en su cuaderno si es necesario. 3. Conteste las preguntas al final del capítulo 7 y el apéndice 7. 4. Consulte las respuestas a las preguntas a manera de repaso, y averigüe si se ha equivocado en algo. 5. Anote al final de sus respuestas el número de preguntas en que se equivocó, y escriba la respuesta correcta. 6. Redacte en borrador el texto del último de los puntos de su ensayo. Incluya notas a pie de página y mantenga la bibliografía al día.
8	1. Lea Hechos 21:17—28:31 en por lo menos dos versiones castellanas de la Biblia, y en su cuaderno haga un bosquejo de su contenido. Anote ideas claves y cosas que le llamen la atención.

8	1. Lea el capítulo 8 de este libro. Corrija el bosquejo y las anotaciones que hizo en su cuaderno si es necesario. 2. Conteste las preguntas al final de capítulo 8. 3. Consulte las respuestas a las preguntas a manera de repaso, y averigüe si se ha equivocado en algo. 4. Anote al final de sus respuestas el número de preguntas en que se equivocó, y escriba la respuesta correcta. 5. Elabore el documento final de su ensayo con todas las correcciones, y téngalo listo para entregarlo al final del curso. 6. Estudie el repaso para el examen final en el apéndice 8.

Lección 1

METAS

Esta lección le ayudará a familiarizarse en general con Hechos como una obra de literatura. También usted aprenderá de la importancia del conocimiento del trasfondo histórico y cultural para una correcta interpretación de Hechos. Finalmente, comprenderá algo del tema complejo del propósito de Hechos, y su significado para la interpretación del libro.

OBJETIVOS

La lectura rápida de todo el libro de Hechos le dará un vistazo panorámico del texto, y despertará su interés en el estudio. La lectura de capítulo 1 del texto le proveerá de material acerca del contenido y contexto histórico para el estudio de Hechos. El primer apéndice le ayudará a entender cuáles fueron los propósitos de Lucas al escribir Hechos. Las preguntas al final del capítulo y del apéndice le ayudarán a repasar lo aprendido y a profundizar sunivel de aprendizaje.

Lectura bíblica

Lea el libro de Hechos por completo, sin parar, en su versión favorita. El objetivo de esta lectura no es leer detalladamente, ni tomar apuntes, sino captar a grandes rasgos de lo que trata la narración y disfrutar del libro como obra literaria.

Lectura del libro de texto

Lea el capítulo 1 y el apéndice 1.

Preguntas

En su cuaderno, escriba sus propias respuestas a las preguntas que están al final de capítulo 1 y al final del apéndice 1. **No debe mirar las respuestas dadas en el «Manual para el facilitador» todavía.** Puede remitirse a lo que leyó en este libro, usar comentarios, diccionarios bíblicos, concordancias, atlas bíblicos u otras fuentes de referencia bíblica. Escriba sus respuestas después de hacer su investigación independiente.

Comprobación de respuestas

Ahora, busque las respuestas correctas a las preguntas que contestó. Compruebe que contestó cada pregunta correctamente. Si se equivocó en alguna pregunta, anote el número de la respuesta equivocada y escriba la respuesta correcta en su cuaderno.

Lectura adicional

Lea 75 páginas de lectura adicional y escriba su informe de lectura adicional. El informe debe incluir la información bibliográfica de los libros leídos, el número de páginas leídas, y las respuestas a las siguientes preguntas: a) ¿De qué se trata esta lectura?; b) ¿Qué le llamó la atención?; c) ¿Está en desacuerdo con el autor con respecto a algún tema? ¿Por qué?; y d) ¿Cómo afecta —de manera práctica— su vida y su ministerio lo que ha aprendido en esta lectura?

Capítulo 1

INTRODUCCIÓN A LA INTERPRETACIÓN DEL LIBRO DE HECHOS

NUESTRA DISTANCIA DEL MUNDO DE LOS HECHOS DE LOS APÓSTOLES

Supongamos que usted está en un cuarto con un amigo cuando el teléfono timbra y él lo contesta. Durante el tiempo que habla, y de acuerdo a la conversación que sostiene —aunque solo escucha lo que él dice—, usted deduce que el interlocutor es un amigo común. Además, percibe que el tema que tratan le es muy conocido. ¿Sería capaz de interpretar la conversación en forma correcta? ¡Probablemente sí! Porque conoce al que habla de este lado, a la persona con quien interactúa y también el tema.

Ahora bien, veamos qué ocurre al cambiar un elemento de la escena. Si no conoce a la persona con quien su amigo habla, ¿Le sería más difícil interpretar el tema que tratan? ¡Claro que sí! Porque no conoce al interlocutor. Más aún, si el diálogo telefónico es en un lugar público y usted no conoce al que habla al otro lado del receptor, ¿Sería más dificultoso aún interpretar el tema? Y si habla un idioma que usted no conoce bien, ¿Cuán difícil será la interpretación?

Compliquemos el asunto un poco más. Supongamos que no escucha la conversación, sino que tiene que leer su traducción de una transcripción que ocurrió hace dos mil años en una cultura y una sociedad muy diferentes a la suya. Ese es el problema que enfrentamos cuando leemos el libro de los Hechos de los Apóstoles. Todo eso es lo que llamamos «nuestra distancia del texto bíblico». Nuestra cultura, nuestro idioma, la sociedad en que vivimos, el siglo —casi todo en realidad— es diferente.

Gracias a Dios no se trata de un problema insuperable, ya que podemos estudiar el idioma original del Nuevo Testamento —el griego—, e indagar acerca de la cultura de ese tiempo, leer la historia de esa época y adquirir —en muchas maneras— conocimientos que nos ayuden a entender e interpretar correctamente el texto de Hechos.

Muchas personas, en verdad, han dedicado tiempo y esfuerzo para poder entender mejor estas cosas, y el conjunto de esos conocimientos se llama en términos bíblicos «material de introducción», es decir información que necesitamos para poder leer el texto de la Biblia con mayor facilidad y mejor entendimiento. Por eso llamamos «introducción» al tema de este primer capítulo sobre el libro de Hechos.

LA RELACIÓN ENTRE LUCAS Y HECHOS

Lo primero que vamos a estudiar es la relación Lucas-Hechos.[1] En primer lugar, lea Lucas 1:1-4 y enseguida Hechos 1:1.

Según Lucas 1:3, ¿A quién le escribió el evangelista? A Teófilo.

Y, según Hechos 1:1, ¿A quién se dirige el libro de Hechos? También a Teófilo.

Además, Hechos 1 : 1 da a entender que el libro de Hechos es el segundo volumen de una serie de dos obras, y que el tema del primero fue todo lo que Jesús empezó a hacer y a enseñar. De ello podemos inferir que Lucas es el autor de ambos.

Es más, cuando examinamos el contenido de Lucas y lo comparamos con el de Hechos encontramos que realmente este es una continuación de la historia que comenzó en el Evangelio de Lucas. Para convencerse de esto, examine las siguientes citas leyendo

1 Cuando se refiere a los dos libros como tomos de un solo trabajo literario, se puede decir Lucas-Hechos.

Lucas	Hechos	Tema
1:15, 35, 41, 67; 2:25, 26; 3:16, 22; 4:1; 11:13; 12:10; 12:12	1:2, 5, 8; 2:4, 33, 38; 4:8, 31; 5:3, 32; 6:3, 5; 7:51, 55; 8:15; 17, 18, 19	

primeramente, las de Lucas y luego las de Hechos, y escriba en el espacio provisto la frase común a cada cita en ambos libros.

El nombre «Espíritu Santo» aparece 12 veces en Lucas, 41 en Hechos y 38 en el resto del Nuevo Testamento (5 en Mateo, 4 en Marcos, 4 en Juan, 15 en todas las cartas de Pablo, 5 en hebreos y 5 en los libros restantes). Obviamente, Lucas tiene un interés especial en el Espíritu Santo. Otros temas que destaca Lucas más que cualquier otro autor del Nuevo Testamento son: la salvación, el plan de Dios, las mujeres, los pobres y menospreciados, el uso de las riquezas, la oración, el gozo y el pueblo judío junto con la obediencia a la ley (lo que comprobaremos en el trascurso del estudio). Cada uno de esos temas aparecen en Lucas y continúan en Hechos.

En efecto, la historia de lo que Jesús empezó a hacer en Lucas, continúa en Hechos. En el primero, Jesús viaja hacia Jerusalén; en el segundo, el evangelio se extiende desde Jerusalén. En Lucas, Jesús cita ciertos pasajes del Antiguo Testamento; en Hechos, los apóstoles usan las mismas referencias. Cuando narra los juicios de Jesús en el evangelio, Lucas enfatiza la inocencia del Señor; cuando expone los juicios de Pablo en Hechos, enfatiza la inocencia del apóstol. Con estas pruebas, y otras más, podemos concluir que Lucas y Hechos son dos tomos de un solo libro. Por eso, mientras estudiamos Hechos, vamos a tener que referirnos continuamente a Lucas para llegar a una interpretación correcta del texto.

EL AUTOR Y LA FECHA EN QUE FUERON ESCRITOS LUCAS Y HECHOS

En ninguna parte del texto de Lucas-Hechos se menciona el nombre del autor. En algunas partes de Hechos, el autor usa el pronombre «nosotros», dando a entender que estaba con Pablo en los eventos descritos en esas secciones. La primera mención empieza en Hechos 16:8-10: «Y pasando junto a Misia, **descendieron** [ellos] a Troas. Y se le mostró a Pablo una visión de noche: un varón macedonio estaba en pie, rogándole y diciendo: Pasa a Macedonia y ayúdanos. Cuando vio la visión, enseguida **procuramos** [nosotros] partir para Macedonia, ¿dando por cierto que Dios **nos** llamaba para que les **anunciásemos** el evangelio».[2]

El autor continúa con ese estilo hasta 16: 17, luego lo emplea otra vez en 20:5-15, 21:1-18, y 7:1-28:16 Esto muestra que el autor se encontró con Pablo en Troas —durante su segundo viaje misionero—, y lo acompañó hasta Filipos, donde se quedó cuando Pablo continuó a Tesalónica. Luego cuando este apóstol pasó por Filipos en su tercera jornada, el autor se unió a él de nuevo hasta Mileto y luego hasta Jerusalén.

Finalmente, el autor estaba con Pablo en su viaje a Roma. Los compañeros del apóstol mencionados en sus cartas durante este tiempo de su vida son: Marcos, Justo, Epafras, Demas, Lucas, Tíquico, Timoteo, Aristarco y Epafrodito. Del texto de Lucas y Hechos, sabemos que el autor conocía bien la Septuaginta —versión del Antiguo Testamento—, así como también la cultura, geografía y política del mundo mediterráneo.

Además, la tradición de la Iglesia antigua testifica con unanimidad que el autor es Lucas el médico (Col 4: 14), compañero de Pablo.[3] Aunque hay muchas teorías acerca de otros detalles de la

2 Añadí las negrillas y los corchetes para enfatizar la primera persona plural indicando que Lucas estaba con Pablo.

3 Ireneo, *Adv. Haer.* 3.1 ; 3.14.1-4. Clemente de Alexandria, *Strom.* 5.12. Tertuliano, Adv. Marc. 4.2. Eusebio, *H.E.* 3.4, 3.24.15.

vida de Lucas (su procedencia, si era gentil o judío, la iglesia donde se congregó, etc.) no podemos saber con certeza absoluta si son ciertos o no. Sus obras literarias (el Evangelio según Lucas y Hechos) muestran que tuvo una educación excelente y que fue un autor e historiador admirable.

El hecho de que el libro termine con Pablo encarcelado en Roma —sin contarnos nada de su juicio ante el emperador— hace pensar que fue escrito tan temprano como en 62 d.C., al final de los dos años de Pablo en la cárcel. Cuatro factores apoyan esta posible fecha: (1) Lucas aparentemente no conocía las cartas de Pablo. Por lo menos, no se refiere a ellas en ninguna parte de Hechos. (2) Hechos muestra que la religión de los hebreos era todavía lícita en el Imperio Romano. Después del comienzo de la rebelión judía en el año 66 d.C. fue declarada ilícita. (3) Hechos no menciona la gran persecución de la Iglesia durante del emperador Nerón (año 64 d.C.). (4) La descripción detallada del viaje por mar y el naufragio en Hechos 27: 1—28: 16 parece narrar algo ocurrido recientemente. Con todo, parece probable que Hechos fue escrito en el año 62 d.C.

TRASFONDO HISTÓRICO Y CULTURAL DE HECHOS

Lucas y la Iglesia del primer siglo vivieron en un mundo de dos culturas: la cultura judía y la helénica. Repase las páginas 153-160, 167-171 y 179-184 del libro Introducción a la Biblia por Donald Demaray (u otro texto sobre la materia), o lea la introducción a Lucas y Hechos en una Biblia de estudio o en un diccionario bíblico para refrescar su memoria acerca de los aspectos culturales e históricos propios de la época. A continuación, hay un resumen de puntos clave para interpretar bien el texto de Hechos.

EL ANTIGUO TESTAMENTO

La primera y más importante fuente de información acerca del contexto histórico del Nuevo Testamento es el Antiguo Testamento. Un estudio serio del Nuevo es imposible sin un conocimiento amplio del Antiguo. Hay más de 2,500 referencias al Antiguo Testamento en el texto neotestamentario, Jesús y sus apóstoles conocían el Antiguo Testamento detalladamente y lo citaban de memoria. Las ideas de ellos fueron fuertemente influenciadas por el Antiguo Testamento y sus modos de expresarlas también. Para entender lo que ellos dijeron y escribieron, tenemos que conocer el Antiguo Testamento.

HISTORIA

Es importante también entender que los judíos en el tiempo de Jesús habían pasado más de 4 siglos bajo el dominio de algún imperio. Primeramente, los babilonios los llevaron cautivos en 587 a.C. Luego, bajo los persas, volvieron a Palestina, aunque no tuvieron libertad. Los griegos conquistaron a los persas en 333 a.C., pero el emperador Alejandro Magno murió y su imperio fue dividido entre cuatro de sus generales. Dos de esos minimperios influyeron a los judíos, los ptolomeos —al sur del territorio de Egipto—, y los seléucidas al norte. Estos dos reinos usaban muchas veces a Israel como campo de guerra. Los asmoneos fueron una familia de sacerdotes judíos que batallaron con éxito contra estos reinos y establecieron independencia para los hebreos por un tiempo corto. Por último, los romanos acabaron con esa independencia y tomaron el control de Israel y el resto del mundo mediterráneo.

HERODES Y SU FAMILIA

Herodes el Grande fue un edomita (recuerde que Edom es el apodo de Esaú, el hermano mayor de Jacob, hijo de Isaac y nieto de Abraham). Los edomitas fueron enemigos de Israel desde el comienzo. Por eso Herodes nunca fue aceptado en Israel, aunque fue su rey desde 37 a.C. a 4 a.C. Él es mencionado en Mateo 2 (cuando la matanza de los infantes de Belén) y en Lucas 1:5 Herodes fue reconocido por construir muchos edificios grandes, incluyendo el templo judío en el tiempo del Nuevo Testamento. Además, fue un hombre cruel y celoso, mató a su esposa y varios de sus hijos porque sospechaba que querían su trono.

Cuando Herodes el Grande murió, sus tres hijos pelearon por su trono. Herodes Antipas fue tetrarca de Galilea y Perea. Es destacado en Mateo 14: l, 3, 5, 6, Marcos 6:14-22 y Lucas 3: 19 y 9:7-9 por matar a Juan el Bautista. También aparece en Lucas 8:3 (Juana, mujer de Chuza, intendente de Herodes fue seguidora de Jesús), en Lucas 13:31 porque quiso matar a Jesús, y en Lucas 23:715 porque Pilato mandó a Jesús ante Herodes poco antes de sentenciarlo a la cruz.

Los otros hijos de Herodes el Grande no juegan un papel importante en el texto de la Biblia. Uno, Felipe, reinó sobre los territorios al norte y oeste de Israel. El otro, Arquelao, gobernó sobre Judea desde 4 a.C. hasta 6 d.C. y luego fue echado del poder y reemplazado por procuradores romanos.

Herodes Agripa I, nieto de Herodes el Grande, es mencionado en Hechos 12 por matar al apóstol Jacobo y encarcelar a Pedro. Murió comido por gusanos (Hch 12:20-23). Agripa II, biznieto de Herodes el Grande, es mencionado en Hechos 25 y 26 como el que juzgó a Pablo durante su estadía en la cárcel antes de ser enviado a Roma. Esta familia fue odiada por los judíos, era un símbolo de la opresión romana sobre el territorio y cultura de los hebreos.

SECTAS Y PARTIDOS

Los saduceos eran sacerdotes. Fueron además los más ricos y conservadores de todos los partidos judíos. Puesto que tenían autoridad y riquezas, trataban de conservar su poder. Véase Juan

11:49-50 donde Caifás, el sumo sacerdote (probablemente un saduceo), dijo que convenía matar a Jesús para salvar a la nación, y a su propio poder.

Los fariseos eran los religiosos más estrictos. Tenían fama de guardar la ley minuciosamente y hasta de añadirle numerosos mandamientos para garantizar que no la violasen en ningún punto. Los fariseos preservaron la religión de los judíos aun después de la destrucción del templo, en 70 d.C. Se encargaron de preservar las escrituras del Antiguo Testamento cuidadosamente durante siglos de persecución. El judaísmo —que existe en el mundo hoy— tiene sus orígenes en la doctrina y práctica de los fariseos.

Los esenios y la comunidad de Qumran eran un grupo de personas que se apartaron de la sociedad. Veían todo muy malo y sin manera de mejorarlo. Más que todo esperaban una intervención apocalíptica por parte de Dios para poner las cosas en orden.

Los zelotes y los sicarios rehusaban pagar impuestos a Roma, al punto de resistir al imperio con las armas. Algunos practicaban una modalidad de «guerra de guerrillas», semejante a la subversión en diversas partes de América Latina hoy. Uno de los apóstoles fue conocido como Simón el Zelote (Lc 6: 15, Hch 1 : 13).

La gente pobre. Los fariseos y saduceos llamaban a los pobres «la gente de la tierra *[ham harets]*». Eran menospreciados y por lo general rechazados por otros grupos. Se les consideraban ignorantes y nacidos en pecado (véase Jn 9:34 y la respuesta de los líderes al que había nacido ciego). Jesús pasó la mayor parte de su tiempo con este tipo de gente, de cuyo grupo son la mayoría de sus apóstoles (véase Hch 4: 13, la actitud de los líderes ante la habilidad de Pedro para hablar).

Los samaritanos eran considerados como una mezcla de razas y religiones. Por eso los hebreos los menospreciaban y los odiaban, igual que ellos. Por lo general, el judío evitaba todo contacto con samaritanos, incluso evadía pasar por Samaria; tomaba una ruta alterna de Galilea a Judea mucho más larga. Hechos relata que Jesús mandó evangelizar a Samaria (1 :8), y cómo el evangelio llegó allá (8:4-25).

Los prosélitos y piadosos eran gentiles que se asimilaban a la religión judía. Los piadosos (véase Hch 10:2, que describe a Cornelio como temeroso de Dios) seguían la religión de los judíos en todo, menos en lo relativo a la circuncisión. Los prosélitos, en cambio, se circuncidaban (Hch 2: 10; 6:5; 13:43).[4]

LA FE JUDÍA

El monoteísmo era el distintivo de los judíos. Las demás religiones de ese tiempo tenían varios dioses. Pero ellos, desde el regreso del exilio a Babilonia, abandonaron la idolatría y adoraron al Dios verdadero del Antiguo Testamento.

La elección. Los judíos consideraban que Dios había elegido a Israel desde Abraham para hacer de ellos el pueblo especial de Dios. La idea concerniente a la santidad proviene de eso, que Israel fue apartado por Dios de todo lo que es impuro. También creían que Dios les dio la tierra a Abraham y a sus descendientes perpetuamente. Por ello es que la presencia de los romanos en su territorio les planteaba un problema grande. Cada judío se cuestionaba: «¿Por qué están los romanos ocupando la tierra que Dios nos pro-

4 No podemos asegurar que Lucas plantea una distinción clara entre los «temerosos» de Dios y los «prosélitos». Otros autores de la misma época (Filón, por ejemplo), utilizaban el término prosélito en el sentido técnico de un gentil que se circuncidaba para asimilarse por completo a la religión judía. En el capítulo 13 de Hechos, Lucas emplea ambos términos. En 13:16, Pablo inicia un sermón con la frase: «Varones israelitas, y los que teméis a Dios, oíd»; y en 13:43 dice: «Muchos de los judíos y de los prosélitos temerosos de Dios siguieron a Pablo y a Bernabé». Esto sugiere que quizás Lucas no hace una diferencia entre prosélitos y los temerosos de Dios. Sin embargo, podemos entender ambos vocablos como referidos a gentiles que acercaban a la fe judía en cierto grado; y, probablemente, los prosélitos en un grado mayor que los temerosos de Dios.

metió a nosotros?» Eso despertó entre ellos la expectativa mesiánica de una figura militar que los librara de los romanos y restaurara la autonomía e independencia a los judíos.

La ley. Esta fue dada por medio de Moisés como la regla de vida para el judío. Es probable que muchos no intentaran guardar cada aspecto de ella en detalle, pero la ética y la moral de la nación se basaban en los mandamientos del Pentateuco.

El templo, construido por Salomón, fue destruido en 586 a.C. por los babilonios. El templo, en el tiempo de Jesús, fue hecho por Herodes el Grande. Era una estructura impresionante. Era el centro de la religión tradicional de los hebreos, que consistía de sacrificios y fiestas. Durante los setenta o más años de exilio en Babilonia, sin embargo, no hubo templo; y la sinagoga lo remplazó durante ese tiempo. Después del exilio, la sinagoga permaneció cual institución. Una vez que el templo fue destruido —en 70 d.C. por los romanos—, las sinagogas se convirtieron en la única expresión del judaísmo, por lo que permanecen hasta hoy.

La sinagoga era el lugar de reunión para oír las Escrituras y orar a Dios. Era el centro de la vida religiosa y social de los judíos en las ciudades y en los pueblos por todo el Imperio Romano. La sinagoga fue el patrón para las reuniones de la Iglesia Cristiana.

El sanedrín estaba constituido por un grupo de ancianos y sacerdotes judíos que gobernaban los asuntos internos de la nación. Tenían autoridad en muchos aspectos de la vida diaria, pero la autoridad definitiva siempre recaía en los romanos.

El Sábado o día de reposo era el otro distintivo de los hebreos. Como el monoteísmo, ninguna otra nación o religión tenía tal cosa. La mayoría de las actividades normales se suspendían ese día y toda la nación lo dedicaba a Dios.

EL MUNDO HELÉNICO

Los griegos y los romanos adoraban múltiples dioses mediante sacrificios —a veces de seres humanos— y cultos secretos llamados religiones de misterio. En estos últimos casi siempre existía una jerarquía a la que la persona accedía poco a poco a un conocimiento más amplio de los secretos. El gnosticismo —que todavía existe— es un ejemplo.

La filosofía de los griegos también influyó en el modo de pensar de la gente. Algunos de los términos filosóficos se usaron en el Nuevo Testamento (*logos*, por ejemplo, fue una palabra favorita de los filósofos y de Juan el apóstol). En Hechos 17:28, en su discurso en el Areópago de Atenas, Pablo cita a un poeta y un filósofo griegos. En verdad, Lucas y Hechos están escritos en gran parte con el estilo de las historias y biografías de los griegos y romanos de su época (una notable excepción es Lucas 1 :5—2:52 que está escrito con el estilo de la Septuaginta, la traducción al griego del Antiguo Testamento).

Otros aspectos de la cultura helénica que aparecen en Hechos tienen que ver con el sistema legal (los varios juicios y el encarcelamiento de Pablo), el sistema de carreteras y navegación de los romanos (los viajes de Pablo). Además, el hecho de que los discípulos de Jesús podían hablar griego en cualquier parte del mundo mediterráneo y la gente los entendía. Detalles culturales que influyen en la interpretación de diferentes pasajes de Hechos se explicarán más adelante.

GÉNERO LITERARIO

¿Qué tipo de literatura contiene el libro de Hechos? En general, corresponde a las historias griegas y romanas de su época, y es semejante a los libros narrativos históricos del Antiguo Testamento. Revela una serie de eventos en orden cronológico aproximado, contiene discursos de personas importantes, viajes y descripciones de lugares. Este estilo literario consta de prosa y narración. Es decir, no hay demasiado lenguaje figurado como en la poesía; más bien es un relato de eventos y discursos.

Quiere decir eso que Lucas seleccionó y presentó ciertos acontecimientos con algún propósito. Sus criterios selectivos y su forma de presentar los hechos dependían de lo que quería lograr con la narración. Si Lucas hubiera querido enseñar doctrina cristiana, habría escogido otro género literario, y no el histórico.

Si recuerda su estudio acerca de cómo interpretar la Biblia, sabrá que no es recomendable elaborar doctrina a partir de pasajes narrativos o históricos sin tener en cuenta otros factores.[5] El libro de Hechos ha sido particularmente abusado en este respecto. Por ejemplo, lea ahora Hechos 8:14-17. Algunos enseñan —con este pasaje— que el Espíritu Santo solo viene sobre las personas después de que algún apóstol ora e impone las manos. Ahora lea Hechos 10:44-48. En este pasaje no se menciona ni imposición de manos ni oración. Más bien Cornelio y sus compañeros parecen recibir el Espíritu sin haber creído, pues el texto no menciona que creyeran. Esto es precisamente el problema que resulta de elaborar doctrinas a partir de pasajes narrativos. La intención de Lucas no era relatar todos los detalles de cada evento. No tenía espacio para hacerlo, ni tampoco nosotros tendríamos tiempo ni ganas de leerlo. Si quiere saber cuándo y cómo se recibe el Espíritu Santo, es mejor examinar textos didácticos como Efesios 1: 13-14 y luego compararlos con **todos** los pasajes narrativos interpretados correctamente de acuerdo a su contexto y el propósito global de la narración para así comprender la doctrina bíblica en cuanto a cómo recibir al Espíritu. En este estudio vamos a interpretar Hechos como una historia narrada, observando factores como el desarrollo de los personajes y los acontecimientos. Notaremos asuntos doctrinales en el proceso, pero siempre con referencia a otros pasajes más explícitos en la Biblia.

5 Repase *Cómo estudiar e interpretar la Biblia,* por R.C. Sproul, capítulo 4, regla 3 y el apéndice 2 de este libro para profundizar más acerca de esto.

¿HISTORIA, TEOLOGÍA O AMBAS COSAS?

En Lucas 1:1-4, el prefacio de Lucas-Hechos, el autor explica que quiere escribir un relato ordenado y preciso de los eventos. Es decir, Lucas y Hechos no son meramente una historia neutral que explica lo que pasó. Lucas seleccionó cuidadosamente ciertos eventos de todas las cosas que sucedieron y las redactó de una forma apropiada para promover la fe cristiana. El mismo fue cristiano y parte de su propósito al escribir Lucas-Hechos fue ayudar a Teófilo y otros creyentes a afirmarse más en su fe (Lc 1:4).

En Hechos, Lucas trata con tres problemas sobresalientes de la Iglesia primitiva: (1) El escándalo de un Mesías que fue crucificado; (2) El hecho de que muchos de los mismos hebreos no aceptaban que Jesús era el Mesías; (3) El hecho de que ahora los gentiles fueran aceptados como parte del pueblo de Dios, igual que los judíos.

Otros propósitos de Lucas al escribir fueron: (1) Proveer una solución viable de los tres problemas mencionados, ya que todo aquello fue parte del plan de Dios, predicho en el Antiguo Testamento. (2) Relatar la historia del comienzo de la Iglesia Cristiana para fundamentar y edificar a los creyentes. (3) Mostrar cómo el mensaje de salvación se extendió desde Jerusalén hasta Roma, y cómo miles llegaron a creer en Jesús como el Mesías y Salvador. Lucas-Hechos es una historia teológica, es decir una obra teológica cuyo desarrollo se basa en eventos históricos.[6]

El libro de los Hechos se ajusta a los patrones de las mejores obras históricas de su época. Los nombres y referencias a lugares y costumbres fueron comprobadas por muchos y reflejan la realidad del siglo primero d.C. Fm el siglo XIX, el arqueólogo William Ramsay estudió la región en la cual los eventos de Hechos ocurrieron y estableció la precisión del relato. El historiador A.N. Sherwin-White concluyó que Lucas-Hechos refleja las condiciones de la mitad del primer siglo d.C. con exactitud.[7]

6 1.H. Marshall, *Luke—Historian & Theologian,* Paternoster, Guernsey, 1992.

7 F.F. Bruce, *Hechos de los Apóstoles: Introducción, comentario y notas,* Nueva Creación, Buenos Aires, 1998.

Hechos contiene muchos discursos de Pedro, Pablo, Jacobo y otros. Estos discursos y sermones son todos muy breves en comparación con un sermón normal. Por ejemplo, se puede leer Hechos 2:14-36 en dos minutos, en comparación con un sermón normal de veinte minutos mínimo. Lucas mismo aclara lo que hace con los discursos y exposiciones en Hechos 2:40 al final del sermón de Pedro: «Y con otras muchas palabras testificaba y les exhortaba diciendo: Sed salvos de esta perversa generación». Obviamente los sermones son resúmenes de lo que en realidad se dijo en cada ocasión. Es posible que en muchas oportunidades Lucas solo tuviera un reporte verbal (o posiblemente escrito en algunos casos) de lo que había pasado. No había grabadoras ni secretarios tomando apuntes. Sin embargo, podemos confiar en que Lucas ofrece un resumen correcto que comunica el contenido de los discursos y aun —en algunos casos— las palabras exactas (por ejemplo en los juicios de Pablo ante Festo y Félix).

Es cierto que algunos críticos modernos del Nuevo Testamento niegan la historicidad de los discursos en Hechos. Además cuestionen muchas de las otras cosas que afirmamos en este libro. Es necesario entender que sus opiniones surgen porque tienen una cosmovisión no-bíblica. En otras palabras, ellos no creen en lo sobre-natural y espiritual de la Biblia: no aceptan la creación del universo por Dios, ni la resurrección de su Hijo Jesucristo. Niegan que Jesús y sus discípulos hicieron milagros, y no aceptan que la Biblia es la Palabra inspirada de Dios. Ellos llegan a tener sus opiniones negativas por las presuposiciones materialistas que gobiernan su manera de pensar.

La opinión del autor de este libro, de otra manera, es que el mundo está lleno de libros y de opiniones de hombres, pero la Biblia contiene la verdad absoluta inspirada por Dios. Debemos acercarnos a ella con humildad y la voluntad de aprender y conformar nuestras vidas a lo que ella dice.

CRONOGRAMA PROBABLE DE HECHOS[8]

AÑO d.C.	EVENTO HISTÓRICO	LUCAS-HECHOS
26	Pilato nombrado como procurador	Juan el Bautista
30		Crucifixión de Jesús Pentecostés (Hch 2)
31/32		Martirio de Esteban Conversión de Saulo (Hch 7, 9)
34/34		Pablo en Jerusalén (Hch 9:26-29)
34-42		Pablo en Siria-Cilicia (Hch 9:30, Gl 1:21-24)
36	Pilato quitado	
37	Muerte del Emperador Tiberio	
41/42		Muerte de Jacobo. Pedro sale de Jerusalén (Hch 12:2)
44	Muerte de Herodes Agripa I (Hch 12:20-23)	
45-47		Creyentes en Antioquía llamados «Cristianos» (Hch 11:26). Hambre en Jerusalén (Hch 11:27-30, 12:25). Pablo y Bernabé viajan a Chipre, etc. (Hch 13-4)
48		Concilio en Jerusalén (Hch 15)
49-51		Pablo viaja a Macedonia (Hch 16-18:21)
51	Galión procónsul en Acaya (Hch 18:12-17)	
52-57		Pablo viaja a Éfeso, Troas, Corinto (Hch 19—20)
57-59		Pablo encarcelado en Cesarea (Hch 21—27)
60-62		Pablo en Roma (Hch 28)
¿?		¿Pablo: viaje a España?

8 Rainer Riesner, *Paul 's Early Period: Chronology, Mission Strategy, Theology*, Eerdmans, Grand Rapids, 1998, p. 322.

PREGUNTAS

1. ¿Cuáles son las evidencias de que Lucas y Hechos son dos tomos de un mismo libro, escrito por un solo autor?
2. Escoja uno de los siguientes temas de Lucas-Hechos y busque con la ayuda de una concordancia todas las citas en Lucas y en Hechos donde se habla de ese tema. Luego escriba un párrafo que resuma lo que Lucas piensa acerca del tema. (1) Salvación —busque palabras como salvar, salvador, rescatar. (2) Oración —orar, oración. (3) Mujeres —busque nombres de mujeres y palabras como esposa, mujer, niña, sierva, etc. Compare los pasajes en el Evangelio de Lucas con pasajes paralelos en Marcos y Mateo para ver si el énfasis es solamente en Lucas o si es también en los otros evangelios.
3. ¿Por qué nos conviene aprender todo lo que podamos del trasfondo histórico y cultural del Nuevo Testamento?
4. ¿Qué sabemos acerca del autor de Hechos?

Lección 2

METAS

Esta lección le guiará por un estudio más profundo sobre los inicios de la Iglesia. Tendrá oportunidad de aplicar lo que está aprendiendo a su propia vida e Iglesia local. A la vez, aprenderá pautas importantes acerca de la interpretación de literatura narrativa en la Biblia (en especial Hechos).

OBJETIVOS

Al leer este libro de texto y la Biblia, estará practicando, de forma controlada y guiada por lo que dice el libro, la ciencia y arte de la interpretación y aplicación. Las preguntas le darán la oportunidad de practicar usted solo, y después puede revisar las respuestas para ver cómo le fue.

Lectura bíblica

Lea cuidadosamente Hechos capítulos 1-4 sin parar en dos diferentes versiones de la Biblia. Mientras lee, anote ideas claves y cosas que le llama la atención en su cuaderno. Después de leer, trate de resumir lo que narran estos capítulos en sus propias palabras (es decir sin copiar versículos textualmente de la Biblia), en forma de un bosquejo breve y conciso.

Lectura del libro de texto

Lea el capítulo 2 del libro de texto y el apéndice 2.

Preguntas

En su cuaderno, escriba sus propias respuestas a las preguntas que están al final de capítulo 2 y al final del apéndice 2. **No debe**

mirar las respuestas dadas en el «Manual para el facilitador» todavía. Puede remitirse a lo que leyó en este libro, usar comentarios, diccionarios bíblicos, concordancias, atlas bíblicos u otras fuentes de referencia bíblica. Escriba sus respuestas después de hacer su investigación independiente.

Comprobación de respuestas

Ahora, busque las respuestas correctas a las preguntas que contestó. Compruebe que contestó cada pregunta correctamente. Si se equivocó en alguna respuesta, anote el número de la respuesta equivocada y la respuesta correcta en su cuaderno.

Lectura adicional

Lea 75 páginas de lectura adicional y escriba su informe de lectura adicional. El informe debe incluir la información bibliográfica de los libros leídos, el número de páginas leídas, y las respuestas a las siguientes preguntas: a) ¿De qué se trata esta lectura?; b) ¿Qué le llamó la atención?; c) ¿Está en desacuerdo con el autor con respecto a algún tema? ¿Por qué?; y d) ¿Cómo afecta —de manera práctica— su vida y su ministerio lo que ha aprendido en esta lectura?

Ensayo

Estudie la sección «Como escribir el ensayo» en la Guía de Estudio de este texto. De la lista de posibles temas, escoja tres que le llamen la atención, y averigüe más acerca de cada uno. Puede también escoger otro tema que no esté incluido en la lista, pero que tenga que ver con el libro de Hechos. Debe comunicarse con la oficina de la Universidad FLET para la aprobación de un tema que no se encuentre en la lista.

Capítulo 2

INICIO DE LA IGLESIA HECHOS 1-4:35

Para leer este capítulo es absolutamente necesario que tenga su Biblia abierta. Lea cada pasaje antes de ver el comentario y busque las citas que aparezcan en el texto. Así aprovechará al máximo esta oportunidad para aprender.

EL NACIMIENTO DE LA IGLESIA. HECHOS 1:1 — 2:13

Es común referirse al día de Pentecostés —en Hechos 2— como el nacimiento de la Iglesia. Ese día el grupo de discípulos de Jesús, creyentes ya, fueron llenos del Espíritu Santo, y empezaron a cumplir los propósitos que Dios tenía con ellos. Esta sección contiene algunos acontecimientos previos que preparan al lector para entrar en Pentecostés.

LOS ÚLTIMOS DÍAS CON JESÚS. HECHOS 1:1-11

Lucas comienza el libro de Hechos con una repetición de algunos eventos que se hallan al final de su evangelio, complementando esa narración con varios detalles esenciales para el desarrollo de la historia.

Prólogo. Hechos 1:1-5

Puesto que Hechos es una continuación de Lucas, es necesario referirnos al evangelio con frecuencia. Para comenzar, compare Lucas 1:1-4 con Hechos 1:1-2. El primer pasaje es una introducción general al evangelio y al libro de Hechos, mientras que el segundo pasaje resume lo que el autor trató de hacer en su evangelio: «Hablé acerca de todas las cosas que Jesús comenzó a hacer y a enseñar hasta el día en que fue recibido arriba, después de haber dado mandamientos por el Espíritu Santo a los apóstoles que había escogido (Hch 1: 1 b-2)». Lucas enfatiza aquí que el Evangelio es solamente el comienzo de lo que Jesús hizo y enseñó; el contenido de Hechos es una continuación de los actos de Jesús, aunque ahora a través de sus discípulos.

Lea a continuación Lucas 24:49-52. En estos últimos versículos del evangelio, el evangelista resume brevemente lo que va a narrar en más detalle en el comienzo de Hechos. Así crea una fuerte relación entre los dos tomos. Esto muestra claramente que no son independientes.

Estos primeros versículos de Hechos también recalcan la importancia del Espíritu Santo (una característica de Lucas y de Hechos). En esta sección el Espíritu aparece en el capítulo 1 , versículos 2, 4 («la promesa del Padre»), 5 y 8. En la siguiente sección (1 :12-26) el Espíritu dirige la selección de la persona que va a reemplazar a Judas; y del capítulo 2 en adelante habla del derramamiento del Espíritu sobre la Iglesia y los resultados de aquel acontecimiento crucial. Ahora bien, como el libro de Hechos es un relato de los actos de Jesús a través de sus seguidores; podemos ampliar un poco y decir que **es un relato de los hechos de Jesús por medio del Espíritu Santo actuando a través de sus discípulos.**

Hechos 1 :3 indica el tiempo en que Jesús estuvo con los discípulos después de resucitar y antes de ascender al cielo (40 días), y describe en general la actividad de Jesús durante ese intervalo (Él demostró que había resucitado e instruyó a los discípulos acerca del reino). El lapso transcurrido entre la muerte de Jesús (en la fiesta de la pascua de los judíos) y el derramamiento del Espíritu (en la fiesta de las primicias, también llamada fiesta de las semanas.

o Pentecostés) fue cincuenta días.[1] Eso quiere decir que los discípulos tuvieron que esperar diez días después de la ascensión de Jesús para recibir la llenura del Espíritu.

Los versículos 4 y 5 relatan una parte importante de la enseñanza de Jesús durante esos cuarenta días de orientación: los discípulos debían esperar la llegada del Espíritu Santo antes de intentar hacer algo. El versículo 5 repite lo que dijo Juan el Bautista en Lucas 3: 16. Esto es de suma importancia para la Iglesia hoy día. Igual que los discípulos de hace dos mil años, todavía hoy necesitamos el poder y la dirección del Espíritu para servir a Dios en la Iglesia.

La ascensión. Hechos 1:6-11

Otro tema importante de la enseñanza de Jesús durante los días siguientes a la resurrección y previos a la ascensión se resume en los versículos 6-8. Durante los cuatro siglos anteriores al nacimiento de Jesús, la nación de Israel estuvo bajo el dominio de imperios extranjeros. Dios le prometió a la descendencia de Abraham la tierra de Palestina para siempre (Gn 12:7, 15: 18, y otras citas), pero desde 587 a.C. vivieron bajo el dominio de otras naciones.

Desde los eventos de 2 Samuel 7: 12-17, cuando Dios prometió que un descendiente de David tendría un reino perpetuo, la nación estuvo esperando un Mesías que les librara de opresores y que restaurara el reino. Parte de la razón por la que muchos judíos rechazaron a Jesús era que este no se conformaba a la idea que tenían sobre cómo debía ser el Mesías. La pregunta de los discípulos en Hechos 1:6 muestra que ellos mantenían esa misma idea, pensaban que Jesús iba a liberar a Israel del dominio de Roma y restaurar el reino físico de David por la fuerza. Pero el plan de Dios.

1 Lea Levítico 23:1-21 para conocer los detalles de estas fiestas. Pentecostés significa cincuenta días, y llegó a ser el nombre de la fiesta de las primicias por realizarse exactamente cincuenta días después de la Pascua.

era diferente, su reino es más amplio (incluyendo aun a los gentiles); el Rey, Jesús, tiene un programa que todavía no ha llegado a su hora conclusiva.

La respuesta de Jesús en los versículos 7-8 nos enseña que ese no era el plan divino por el momento. El plan de Dios era extender el testimonio de Jesús (el evangelio) entre todos los pueblos y hasta lo último de la tierra antes de la Segunda Venida de su Hijo (Lc 21:9). También el versículo 8 enfatiza que es necesario dar este testimonio de Jesús (el evangelio) en el poder del Espíritu.

Muchos han visto además en Hechos 1:8 el plan del resto del libro de Hechos. Los capítulos 2—7 se enfocan en la Iglesia de Jerusalén, el capítulo 8 en Judea (8: l) y especialmente Samaria, los capítulos 10—12 en varios lugares de Judea, los capítulos 13—28 relatan la extensión del testimonio de Jesús a través de Asia y Macedonia, y finalmente a Roma. Sin embargo, hay fallas en la interpretación que ve al primer capítulo y versículo 8 del libro como un plan de organización de Hechos. El capítulo 9, por ejemplo, habla de Damasco en Siria (un país al norte de Judea) donde ya había llegado el evangelio antes de la narración que informa sobre la evangelización de los gentiles en Hechos 10 y 13. La narración de la evangelización de Samaria yace en el capítulo 8, antes del relato de Pedro y las iglesias en Judea. Cuando Pablo llega a Roma, no tiene que fundar una iglesia allá, pues algunos hermanos de Italia y Roma salen a recibirlo (Hch 28:14-15). Finalmente, en el propio inicio de Hechos, Pedro predicó el evangelio a gente de todas partes, pues la lista de la procedencia de sus oyentes enumera trece nacionalidades diferentes (Hch 2:5- 1l). Aunque Hechos 1:8 no es un bosquejo de la organización del libro, expresa el plan de Dios para la extensión del Evangelio de Jesucristo a todos los pueblos, naciones, lenguas y culturas del mundo (Lc 24:47).

Los versículos 9-10 narran la ascensión de Jesús, cuando desapareció ante la vista de los discípulos. Jesús ya había aparecido y desaparecido antes (Lc 24:15, 31, 34, 36; Hch 1:3), pero la ascensión marcó su partida física definitiva. Hasta ese momento sus discípulos mantenían la expectativa de verlo otra vez; pero la manera de ascender y de ocultarse ante sus ojos con una nube les dio la impresión de que no lo iban a ver más. El versículo 11 completa la escena con la predicción que los ángeles hicieron de su venida; no solo a los discípulos, sino, además —por el hecho de descender del cielo— a la vista de todos.

LOS DIEZ DÍAS DE ESPERA. HECHOS 1:12-26

Resumen de actividades. Versículos 12-14.

En obediencia al mandato de Jesús (Lc 24:49; Hch 1:4), los discípulos volvieron del Monte de los Olivos —donde vieron la ascensión— y se quedaron en Jerusalén. En el versículo 13, hallamos una lista de los once apóstoles (los doce que Jesús escogió menos Judas Iscariote, el traidor). La lista tiene los mismos nombres que Lucas 6:14-16, pero en orden diferente. Andrés aparece en segundo lugar en Lucas, identificado como hermano de Pedro. En Hechos, está en cuarto lugar después de Jacobo y Juan. La razón probable es que los únicos apóstoles que figuran en la narración de Hechos son Pedro, Jacobo y Juan. Este versículo es la última vez que vemos el nombre de Andrés y de los demás. Pedro sobresale en cuanto al número de veces que se menciona (un total de 57 veces en Hechos). Después del capítulo 12, sin embargo, solo aparece una vez (15:7). Juan sigue después de Pedro con 7 veces en Hechos, casi siempre en la frase «Pedro y Juan». Jacobo solo se menciona dos veces, aquí en 1:13 y en 12:2 cuando Lucas narra que Herodes lo mató.

No hay que pensar que algunos apóstoles no hicieron nada, solo porque Lucas no mencione sus nombres en Hechos. Recuerde que el evangelista seleccionó entre muchos eventos y decidió narrar solamente los que le parecían acordes con sus propósitos.

Hechos se enfoca sobre todo en Pedro (capítulos 1—12) y Pablo (13—28), como ejemplos de la manera en que el testimonio de Jesús fue llevado. Las historias tempranas de la Iglesia mencionan a los otros apóstoles y describen algunas cosas que hicieron, pero no hay maneras de saber con certeza cuántas son históricas y cuántas simplemente tradición sin fundamento histórico.[2]

Hechos 1:14 es el primero de varios pasajes de ese libro donde Lucas da un resumen de las actividades de la Iglesia (Hch 2:42-47; 4:32-37; 5:12-16; 6:7; 8:1b4, 9:31; 12:24; 16:5; 19:20). Los resúmenes de Lucas explican los resultados de los acontecimientos previamente narrados, comentan el desarrollo y progreso de la Iglesia e indican cómo es la vida interna de la comunidad. Por eso son importantes para la Iglesia actual como patrones o modelos de comportamiento recomendables. En algunos casos, será necesario examinar factores culturales o sociales para poder discernir el significado y la aplicación de esos resúmenes a nosotros; pero en el caso de Hechos 1:14, la interpretación y aplicación son fáciles: debemos imitar a los primeros creyentes en su perseverancia en la unidad y la oración. En este versículo, tenemos la última mención de María, madre de Jesús, en toda la Biblia; y la noticia de que sus hermanos finalmente creyeron en Él (Jn 7:5, 1 Co 15:7 [Jacobo, hermano de Jesús]).

Explicación de la traición de Judas y sustitución de este entre los doce apóstoles. Hechos 1:15-26

Este pasaje presenta dos dificultades al leerlo superficialmente: (l) El fin de Judas aquí parece diferente (una caída) al que narra Mateo 27:3-8 (ahorcado); (2) Los discípulos escogen a la persona que reemplaza a Judas mediante un acto de suerte, luego el escogido (Matatías) no aparece en el resto del Nuevo Testamento. Nues-

2 Se puede buscar información sobre los apóstoles en una buena enciclopedia bíblica para saber lo que dice la tradición acerca de sus actividades después de la ascensión del Señor Jesús.

tra interpretación del pasaje tiene que ofrecer una explicación satisfactoria a estos dos problemas.

El versículo 15 muestra que Pedro actúa cual líder entre los discípulos, como antes de negar a Jesús (Lc 8:45; 9:20, 32-3; 12:41; 18:28; 22:8). El número total de discípulos —120—, solo hubiera cabido en una casa muy grande; posiblemente la casa de María, la madre de Juan Marcos (Hch 12:12).

Los versículos 16-22 hacen un resumen de lo que Pedro dijo al grupo de discípulos. La frase «era necesario» en el versículo 16 es una traducción de la palabra griega dei, que es muy frecuente en Lucas (18 veces) y en Hechos (22 veces, un total de 39% de su uso en el Nuevo Testamento). Esta frase «era necesario» o «es necesario» en Lucas casi siempre se refiere a la necesidad divina de algún suceso, quiere decir que ese es el plan de Dios. Uno de los temas en que Lucas hace más énfasis es el cumplimiento del plan de Dios.[3]

Pedro basa su conclusión acerca de esa necesidad divina en dos citas bíblicas tomadas de los Salmos (69:25 y 109:8). Pero lo curioso es que Pedro provee la introducción a los Salmos en el versículo 16, y no las cita hasta el versículo 20. En el intervalo, relata lo que le pasó a Judas: el traidor fue contado entre los apóstoles y tuvo parte en su ministerio. ¡Qué privilegio! ¡Qué puesto tan alto! ¿Cómo es posible que uno escogido por el Señor, habiendo visto y oído todo como los demás apóstoles, pudiera caer y llegar a ser el traidor? Pedro aclara la respuesta en el versículo 16: «Era necesario [el plan de Dios] que se cumpliesen las Escrituras [profecías]».

Lucas tal vez relata esta versión del fin de Judas para enfatizar su caída del apostolado como la caída física que lo reventó. Mateo 27:3-8 afirma que Judas se ahorcó. Una manera común de armonizar ambos pasajes es suponer que Judas se ahorcó en la propiedad comprada y luego de morir su cuerpo cayó y se reventó. Mateo

3 Véase la página 234-235 y 295-297 para más información acerca del plan de Dios en Lucas y Hechos.

describe una parte de la historia y Lucas la otra. Como ya se dijo, a este le fue útil narrar la caída de Judas para enfatizar la forma en que cayó de su ministerio.

Las dos citas del Antiguo Testamento provienen de salmos que hablan de una persona justa que sufre traición, injusticias y falsas acusaciones. Esa es exactamente la situación que experimentó Jesús ante las acciones de Judas y las acusaciones de los líderes de los judíos. En el Salmo 69 hay numerosas referencias proféticas a los sufrimientos de Jesús. En el versículo 25 dice de Judas: «Sea su palacio asolado; en sus tiendas no haya morador» (citado por Pedro en Hch 1:20: «Sea hecha desierta su habitación, y no haya quien more en ella»). Esto es una consecuencia para los que maltratan al Mesías en el salmo. De igual manera, el Salmo 109:8 indica: «Tome otro su oficio». Esto es parte de una lista de consecuencias para la persona que maltrata al justo.

Estos dos salmos explican en términos bíblicos cómo es posible que Judas pudo traicionar a Jesús; y además provee un contexto bíblico de maltrato y acusaciones falsas que ayuda a los discípulos a entender el trato que Jesús recibió, y el que ellos mismos recibirían. El maltrato que reciben los justos es un tema común a través de toda la Biblia (José, Daniel, Jesús, los apóstoles y los creyentes perseguidos hoy compartimos ese trato). De esta manera, Lucas adelanta su narración y también provee una solución bíblica para este problema del maltrato que recibió Jesús de parte de uno de los apóstoles.

Los versículos 21-22 brindanvv los requisitos que Pedro propuso para la persona que reemplazaría a Judas: estar entre el grupo que seguía a Jesús desde el bautismo de Juan hasta la resurrección y la ascensión. Esto muestra que el apostolado —bajo la óptica de Hechos— no existe hoy (véanse los libros *Grandes doctrinas* [pp. 243-41, o *La Iglesia en que sirvo* [pp. 79-80] para una explicación detallada de este punto).

El hecho de que escogieron a Matatías mediante suerte no establece un patrón para solucionar cualquier problema de la misma manera. Pedro seguía una costumbre que se halla en algunos textos del Antiguo Testamento. Por ejemplo, Saúl descubrió quién desobedeció su orden de no comer durante una batalla echando suerte (1 Samuel 14:36-46). Pero hay que notar que —antes de todo— los discípulos escogieron a dos personas que cumplieron todos los requisitos exigidos, luego oraron y encomendaron la decisión a Dios, pero hay aun algo muy importante: **NO HABÍA LLEGADO EL DÍA DE PENTECOSTÉS TODAVÍA.**[4] Después de Pentecostés — cuando la Iglesia, llena del Espíritu Santo, tomó muchas decisiones (lo que se observa en este libro de Hechos)—, no usaron suertes (Hch 6:1-7; 15:6-29).

No hay que pensar que esta decisión fue una equivocación solo porque Matatías no aparece en el resto del libro. Recuerde que tampoco aparecen Andrés, Tomás, ni otros de la lista de los apóstoles. Lucas no ofrece una historia completa, sino una selección representativa de los sucesos durante los primeros treinta años de la Iglesia.

Finalmente, es interesante observar que Judas fue reemplazado, pero cuando murió el apóstol Jacobo (Hch 12:2) no fue reemplazado. Después murieron los demás apóstoles y la Iglesia no trató de reemplazarlos, como se observa en la historia. Hay dos razones para el reemplazo de Judas: (1) Murió como traidor y, como dice el Salmo 109:8, era necesario que otro tomara su lugar; mientras Jacobo y los demás apóstoles murieron dando buen testimonio del Señor. (2) Eran

4 Antes de Pentecostés, Jesús sopló sobre los apóstoles (Jn 20:21-23), y dijo: «Recibid el Espíritu Santo». Una comparación cuidadosa del pasaje paralelo en Lucas 24:36-49 demuestra que en ese momento, Jesús «les abrió el entendimiento, para que comprendiesen las Escrituras» (LC 24:45), cumpliendo así parte de las promesas dadas en Juan 14:16-27 y 16:5-13. La llenura del Espíritu el día de Pentecostés fue con el propósito de infundir poder en los discípulos para ser testigos de Jesús (Hch 1:8). Esto cumple plenamente esas promesas.

necesarios los **doce** apóstoles para comenzar la Iglesia, como una manera de establecer una fuerte relación entre ellos y las **doce** tribus de Israel (Lc 22:29-30). Para Lucas, la Iglesia era una continuación de lo que Dios estaba haciendo a través de Israel.

> La escena está preparada para el día de Pentecostés. Los apóstoles recibieron las órdenes de Cristo y vieron su ascensión. El equipo apostólico está completo otra vez, listo para ser sus testigos escogidos. Solo falta una cosa: el Espíritu no ha venido. Aunque la posición dejada vacante por Judas se llenó, el lugar dejado por Jesús no se ha llenado todavía por el Espíritu. Así dejamos el primer capítulo de Hechos ... listos para cumplir la orden de Jesús tan pronto Él cumpla su promesa.[5]

LA VENIDA DEL ESPÍRITU. HECHOS 2:1-13

El primer versículo de este capítulo básicamente repite la información de Hechos 1:14. Los discípulos estaban obedeciendo el mandato del Señor Jesús: esperando al Espíritu prometido para ser testigos del Señor (Lc 24:49 y Hch 1:4, 8). Las manifestaciones físicas que comprobaban que estaban llenos del Espíritu en los versículos 2 y 3 (ruido y lenguas de fuego) fueron necesarias en este caso para advertir tanto a los discípulos como a los demás en Jerusalén (Hch 2:1) de este acontecimiento tan importante. En ningún otro caso hay ruido y lenguas de fuego cuando el Espíritu llena a un creyente. La otra manifestación física fue la habilidad de «hablar en otras lenguas», de la cual hablaremos más adelante.

Los versículos 5-7 muestran que las «otras lenguas» en que hablaban los discípulos, en realidad fueron idiomas entendidos por diferentes personas. Los galileos hablaban un dialecto arameo en el tiempo de Jesús, pero cuando el Espíritu llenó a los discípulos,

5 John Stott, *The Message ofActs [El mensaje de Hechos]*, InterVarsity Press, Downers Grove, 1990, p. 57.

cada uno pudo glorificar a Dios en otro idioma.[6] Es opinión del autor que esto no es el «don de lenguas» del cual habla Pablo en I Corintios 14:2 en adelante; porque allí dice del que habla en lenguas: «pues nadie le entiende, aunque por el Espíritu habla misterios». En Pentecostés lo maravilloso fue que cada uno entendía en su propio idioma lo que hablaban los galileos. Es posible que sea esa la única vez que aconteció algo así, al menos no hay otra mención en Hechos de personas que hablaran milagrosamente un idioma desconocido.

Los versículos 8-11 enumeran algunas de las diferentes nacionalidades de las personas que escuchaban. Hay cuatro grupos de naciones: los del este de Jerusalén (partos, medos, elamitas y los de Mesopotamia); Judea, la provincia en que estaba situada Jerusalén; los del norte (Capadocia, Ponto, Asia, Frigia, Panfilia), los del sur (Egipto, África, Cirene), y los del oeste (Roma, Creta), con Arabia al este y al sur de Jerusalén.

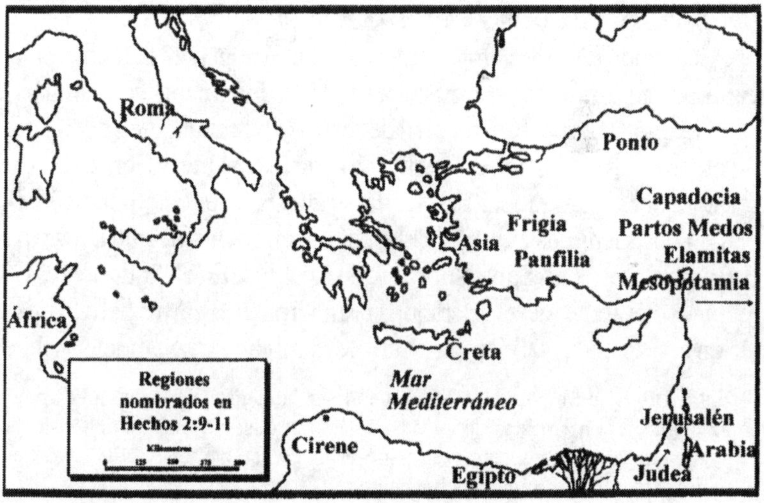

6 Es interesante notar que Pentecostés es un milagro que reversa el efecto de la torre de nabel (Gn 11).

Los versículos 12-13 muestran las dos reacciones de la gente: sorpresa y burla. Como ocurría a menudo durante el ministerio de Jesús, un milagro o unas palabras del Maestro provocaban esas mismas reacciones —asombro y burla—; así ahora y en el resto de Hechos vemos las mismas respuestas de la gente. Aún hoy, cuando hablamos de Cristo, es común observar estas dos reacciones. Como en aquel tiempo, Dios crea oportunidades para que testifiquemos de Él. Pedro se atrevió a hablar, aunque algunos se burlaban. Sigamos su ejemplo, testificando con valor y poder en el Espíritu Santo en cada situación que Dios nos provea.

LOS PRIMEROS HECHOS DE LA IGLESIA HECHOS 2:14-4:35

El sermón de Pedro es el segundo «hecho» de la Iglesia, si consideramos que esta nació con la llenura del Espíritu Santo. El primero fue la alabanza a Dios, pues los discípulos hablaban «las maravillas de Dios» (Hch 2: 11).

RESPUESTA DE PEDRO. HECHOS 2:14-41

El sermón de Pedro emplea tres citas del Antiguo Testamento para explicar igual número de misterios:[7] (1) El fenómeno de hablar en otras lenguas; (2) La resurrección de Jesús; (3) La exaltación de Cristo. Su objetivo en el sermón es la salvación de los oyentes (Hch 2:40). La primera parte cita a Joel 2:28-32, mostrando que el fenómeno de hablar en otras lenguas cumple la profecía —en Joel— de que Dios va a derramar el Espíritu Santo sobre todo su pueblo. En el Antiguo Testamento, solamente ciertas personas recibieron el Espíritu para ministerios concretos[8] (por ejemplo, Saúl para reinar en 1 Samuel 9—16).

7 En la Biblia, un misterio es algo que el ser humano no alcanza a entender completamente. La Trinidad de Dios es un ejemplo, la encarnación de Cristo es otro. Aunque podamos entender en parte estas cosas, son tan sublimes que es imposible comprenderlas exhaustivamente.

8 Esto no quiere decir que el Espíritu no estuviera activo en el Antiguo Testamento, sino que la llenura del Espíritu fue limitada a ciertas personas para ciertos ministerios.

Ahora bien, desde el día de Pentecostés, cada creyente recibe el Espíritu sin excepción (Hch 1:8; 2: 17-18; 2 Co 1:22; Ef 1:13). El versículo 33 hace explícita la conclusión: «Y habiendo recibido del Padre la promesa del Espíritu Santo, ha derramado esto que vosotros veis y oís». El versículo 21 afirma: «Y todo aquel que invocare el nombre del Señor, será salvo», y relaciona el derramamiento del Espíritu con uno de los temas principales de Lucas y Hechos, y con el más relevante de este sermón: la salvación.[9]

La segunda parte del sermón (versículos 22-30) trata con la muerte y resurrección del Señor. Pedro atribuye su muerte a la voluntad de Dios y a las actuaciones de hombres pecadores (v. 23). El plan de Dios fue que su Hijo muriera por nuestros pecados. Él lo cumplió a través de las acciones de los pecadores. Los discípulos no pudieron entender la resurrección —el evento clave de la fe cristiana—, aun cuando el propio Señor lo predijo (Lc 9:22; 18:33). Por eso al verlo primeramente resucitado, no creyeron (Lc 24:36-43). Ahora, después de estar con Cristo resucitado durante cuarenta días, Pedro entendió y pudo predicar con claridad su resurrección, explicando el suceso con el Salmo 16:8-11. Los versículos 29-30 aclaran que, aunque David escribió el Salmo 16, no se refería en ese a sí mismo, sino proféticamente a Jesús, el Mesías que vino un milenio después del salmista.

Los versículos 30-32 proveen la transición del tema de la resurrección de Cristo (vv. 22-30), al tema de la tercera parte del sermón de Pedro: la exaltación de Cristo. Para reforzar y explicar este acto, Pedro se refiere al Salmo 110:1. La exaltación de Cristo es la cima de varios de los sermones evangelísticos en Hechos y es un tema clave. El versículo 36 es una conclusión emocionante del sermón que provoca una reacción intensa en los oyentes, registrada en el versículo 37: «¿Qué haremos?»

La respuesta de Pedro narrada en los versículos 38-39 ha sido llamada «el paquete de Pentecostés». La combinación de arrepentimiento para perdón de pecados, recepción del Espíritu Santo y bautismo en agua parece una norma para la Iglesia hasta hoy. Aunque Pedro no menciona específicamente la fe en Jesús en estos dos versículos, todo el sermón expone esa idea con claridad. Más adelante estudiaremos otros pasajes que presentan los mismos aspectos, a veces en un orden distinto, pero siempre en el contexto de la salvación.

El versículo 41 registra el resultado asombroso de que 3,000 personas se entregaron a Cristo ese día. El Espíritu Santo estaba operando no solamente en Pedro y los demás discípulos, sino también en los oyentes. Así casi de inmediato, el evangelio se extendió hacia los extremos del mundo, porque muchos de esos peregrinos que visitaban a Jerusalén para la fiesta de los judíos regresaron a sus tierras llevando la preciosa semilla de la fe en Jesucristo y el dinámico poder del Espíritu Santo.

Este sermón nos enseña ciertos asuntos clave que aún son vigentes en cuanto a la extensión del evangelio. En primer lugar, el poder del Espíritu Santo es lo que hace posible la predicación exitosa del mensaje de salvación. En segundo lugar, la Biblia es el recurso preciso y necesario para exponer nuestros sermones evangelísticos. No es bueno reemplazar las Escrituras con experiencias personales o persuasiones filosóficas; estas pueden complementar una exposición clara del mensaje bíblico, pero nunca se debe sustituir la sabiduría humana por la divina. En tercer lugar, el tema de nuestra predicación evangelística es Jesús. Es la fe en Él lo que puede salvar a los pecadores, por eso debemos dedicar la mayor parte de nuestras palabras a hablar de Cristo. Finalmente, es necesario que nuestros oyentes respondan con fe en Jesús. La meta no es solamente proclamar la verdad, sino persuadir a la gente a aceptarla y vivir de acuerdo a ella.

RESUMEN DE LUCAS. HECHOS 2:42-47[10]

Lucas deja de narrar acontecimientos específicos para resumir los primeros días de la Iglesia recientemente nacida. En el versículo 42, el autor resume las actividades típicas de los creyentes: recibir enseñanzas, compartir la vida, celebrar la Santa Cena y orar. El versículo 43 habla de la reacción de reverente temor que tuvieron los de afuera, también habla de las señales y milagros efectuados por los apóstoles. Los versículos 44-45 muestran un ejemplo de cómo los creyentes compartieron la vida: los pudientes vendían bienes para suplir las necesidades que había entre los más pobres. Esta acción notable hubiera impresionado fuertemente a cualquier lector en el tiempo de Lucas. La segregación económica y social en esa época era marcada. Menos de 5% de la población era rica. Los ricos daban de sus bienes solamente cuando veían que recibirían alguna recompensa social o política. Este sistema relacional — patrón-cliente— era tan notoria, que la acción de los ricos de la Iglesia se habría considerado como una amenaza a la estabilidad social del momento. En verdad, el evangelio desafía a cada cultura con el amor desinteresado que Jesús ordena ejercer a sus discípulos. En la mayor parte del mundo, hay necesidades sociales y económicas fuertes. La iglesia que no busque la forma de ayudar a la gente con sus necesidades físicas, no está cumpliendo con el mandamiento de amarse los unos a los otros. Los versículos 46-47 añaden otros detalles a este resumen de la vida de la Iglesia en sus primeros días: la vida compartida, la alabanza, el favor y el crecimiento. Cada iglesia sana en la actualidad debe practicar las manifestaciones de un ministerio vertical (alabanza, adoración, devoción), un ministerio hacia adentro (enseñanza, consejería, discipulado,

10 El estudiante de Hechos debe prestar mucha atención a los resúmenes de Lucas, porque ellos explican los resultados de los eventos que Lucas narró anteriormente, y comentan acerca de su importancia. Esos resúmenes nos ayudan a entender lo que Lucas piensa acerca de lo pasado en la historia de la Iglesia.

ayuda mutua), y un ministerio hacia afuera (evangelismo, acción social, buen testimonio en la comunidad). Podemos evaluar el estado de nuestra iglesia usando en gran medida los resúmenes de Hechos[11] como ejemplos prácticos.

UN CASO ESPECÍFICO. HECHOS 3:1- 4:31

Lucas adelanta la narración en esta sección de Hechos con un caso específico que es típico de los muchos eventos en la historia de la Iglesia. Este acontecimiento es un milagro que manifiesta adecuadamente lo que el Señor hacía por medio del Espíritu. El caso específico que vamos a estudiar ilustra los principios destacados en el resumen anterior de Lucas (Hch 2:42-47). En este hablaba de «maravillas y señales» (2:43), en el caso de Pedro y Juan trata de la sanidad de un cojo en el nombre de Jesús. El resumen habla de congregarse en el templo (2:46), el milagro ocurre en el templo a la hora de la oración. El resumen habla de compartir la vida (2:44, 46), el caso relata cómo Pedro y Juan comparten el poder de Jesús con el cojo y luego sus experiencias con el resto de la Iglesia. El resumen habla de la cercanía a Dios; en el caso, la respuesta al problema de la persecución fue oración y alabanza.

El milagro. Hechos 3:1-10

Los versículos 1 y 2 preparan el lector para la narración del milagro, dando informes de la escena y los personajes. El versículo 3 muestra la expectativa del cojo. El 4 y el 5 enfocan el interés en lo que va a pasar, dando detalles y dejando acumular cierta tensión. Los versículos 6-7 narran el milagro en pocas palabras; el 8 detalla las acciones del cojo sanado, y el 9 con el 10 describen la reacción de la gente presente allí. La impresión de estos diez versículos deja al lector emocionado, como si estuviera involucrado en lo sucedido.

11 Hch 2:42-47; 4:32-37; 5:12-16; 6:7; 8:1b-4, 9:31; 12:24; 16:5; 19:20.

Este milagro es un verdadero ejemplo del don de sanidad (1 Co 12:9). Todo creyente tiene el privilegio de orar por los enfermos para que sanen; pero Pedro no pidió al Señor sanidad por el cojo, sino que le dio libremente lo que tenía (3:6) y le ordenó levantarse y que caminara. i Qué fe la de Pedro! ¿Quién de nosotros se atrevería a mandar a un cojo a caminar? Este tipo asombroso de sanidad parece acompañar la proclamación del evangelio en situaciones donde hay hostilidad o ignorancia total de la Palabra de Dios (Hch 8:7; 14:8-11; 19:11-12).

El segundo sermón de Pedro. Hechos 3:11-26

Este sermón, igual que el anterior, tiene como objetivo la salvación de los oyentes (3:26). También en este contexto, como en el anterior, había un alboroto causado por un acto sobrenatural de Dios (en aquel, hablar en lenguas; en este, el milagro de sanidad). Pedro no tiene que organizar campañas grandes ni promocionarlas para atraer a la gente, Dios mismo la atraía con su poder. Con el hombre que había sido cojo a su lado saltando y alabando a Dios, Pedro empieza a anunciar el mensaje de Jesús. En los versículos 12-13, Pedro atribuye la gloria por este milagro al Dios de Abraham, de Isaac y de Jacob (Cf Éx 3:6), y a su Hijo, Jesús. De inmediato menciona la culpa del pueblo judío por la muerte de Cristo, prefiriendo librar a un criminal (vv. 14-15); y con una frase impresionante llama la atención de sus oyentes: «Matasteis el Autor de la vida». Sin perder un momento, llega a la resurrección de Jesús afirmando que es testigo de ese evento. El versículo 16 específicamente atribuye la sanidad del hombre a la fe en el nombre de Jesús.

Como si creyera que el impacto de lo que decía era demasiado fuerte, Pedro reconoce que las acciones de la gente al matar a Jesús fueron ejecutadas en ignorancia (v. 17), y que fue la voluntad de Dios que su Hijo muriera (18). Pedro exhorta a los oyentes a arrepentirse y convertirse en los versículos 19-21 , prometiendo bendición inmediata y también futura, cuando Jesús vuelva. Con una cadena de citas del Antiguo Testamento, Pedro destaca con rapidez la profecía de Moisés (Dt 18: 15-19 en Hch 3:22-23), «todos los profetas desde Samuel» (Hch 3:24), y la promesa a Abraham (Gn 22: 18 en Hch 3:25). Estas citas demostraban el fundamento —de lo que Pedro estaba proclamando acerca de Jesús— en las Escrituras. El versículo 26 repite la promesa de la bendición de Dios y también la exhortación de convertirse a Cristo. La urgencia de la narración de Lucas muestra la intensidad de la acción, pero está se interrumpe por la intervención de los de la guardia del templo.

El juicio de Pedro y Juan. Versículos 4:1-22.

Los versículos 1-4 relatan la reacción de los líderes religiosos del pueblo: resentimiento. Ellos seguramente pensaban que habían solucionado el problema de Jesús, pero ahora en vez de unos pocos discípulos, miles de personas respondían con fe en el Señor Jesús. Es así que echan a Pedro y a Juan en la cárcel aquella noche, pero no pueden hacer nada con los que han creído. Los cinco mil mencionados en el versículo 4 quizás representan a los que creyeron desde Pentecostés, no el número de los que vieron la sanidad del cojo, pues 5,000 no habrían cabido en el pórtico de Salomón.

La pregunta de los líderes de los judíos en la siguiente mañana provee una oportunidad perfecta para que Pedro vuelva a proclamar el nombre de Jesús (4:5-7). El apóstol responde en el poder del Espíritu atribuyendo el milagro de sanidad a Jesús, culpando a los líderes de su muerte y dando gloria a Dios por su resurrección. El versículo 11 cita el Salmo 118:22, un versículo que Jesús usó ante una situación semejante.[12] El versículo 12 concluye la defensa de Pedro con la explicación de que este nombre de Jesús es el único que

12 A lo largo de este estudio, observaremos que la mayoría de las citas que los sermones de Hechos contienen del Antiguo Testamento fueron usadas también por Jesús.

puede brindar salvación a los hombres. Lo más notable de esta escena es que muchos de los personajes presentes son los mismos que estaban reunidos en esa noche fatal unos meses antes, cuando Jesús fue juzgado y entregado a los gentiles por los líderes del pueblo judío para ser crucificado (Lc 22:54-71). En esa ocasión, Pedro había negado a Jesús tres veces por miedo. Pero, el mismo que lo negó, ahora lleno del Espíritu, finalmente proclamaba con atrevimiento el nombre de Jesús, cumpliendo su propia promesa al Señor en Lucas 22:33: «Señor, dispuesto estoy a ir contigo no sólo a la cárcel, sino también a la muerte». Esta escena dramatiza eficazmente la necesidad del Espíritu para testificar de Jesucristo. Pedro sin el Espíritu mostró cobardía y negó a Jesús; pero con el Espíritu arriesgó su vida ante los enemigos de Jesús dándole gloria y honor.

Hechos 4: 13-14 muestra los dos problemas que tuvieron los líderes de los judíos. Primeramente, vieron el denuedo de Pedro y de Juan, y reconocieron en ellos algo de lo que habían visto en Jesús anteriormente. En segundo lugar, vieron al hombre que había sido cojo perfectamente sano. Así que sacaron a todos para deliberar acerca de qué hacer, y decidieron amenazar a Pedro y a Juan con violencia si seguían proclamando a Cristo. La respuesta de ambos ante la amenaza fue especialmente significativa: «Juzgad si es justo delante de Dios obedecer a vosotros antes que a Dios; porque no podemos dejar de decir lo que hemos visto y oído» (vv. 19-20). Esta no es la primera ni la última vez que un siervo de Dios arriesga su vida desobedeciendo la orden de un gobernador cuando una orden contradice lo que Dios manda. Los versículos 22-23 muestran que realmente los líderes del pueblo no pueden ejercer ningún poder sino lo que Dios les permite (Cf Jn 19: 11).

La reacción de la Iglesia. Versículos 23-31

El reporte de Pedro y Juan a la Iglesia provocó oración a Dios pidiendo fortaleza para seguir compartiendo las buenas nuevas. Si reflexionamos acerca de cuál sería nuestra reacción frente a una amenaza tal, es probable que pidiéramos protección, salvación o aun juicio y destrucción para nuestros enemigos. Lo que la Iglesia primitiva pidió, en cambio, fue que Dios les concediera fidelidad para seguir obedeciéndole a pesar de toda amenaza. La oración de ellos merece un estudio cuidadoso.

El versículo 24 es una declaración que expresa el poder de Dios y su autoridad. Muchas oraciones bíblicas empiezan así glorificando a Dios y acordándose de su poder. Los versículos 25-26 citan el Salmo 2: 1-2, que habla proféticamente de Jesús, el Cristo («ungido» en el Salmo 2:2 es la palabra «Cristo», en la versión griega conocida como Septuaginta [LXXI, y «Mesías» en la versión hebrea del Texto Masorético [TM]). Lucas citaba el Salmo 2 de la LXX, donde el versículo 1 en el primer renglón usa la palabra griega *ethne* (traducida como «las gentes» en la versión Reina Valera), que significa específicamente los gentiles o no judíos. En el segundo renglón, emplea el vocablo griego *laos* (traducido como «los pueblos»), que significa específicamente el pueblo de Dios: los hebreos. Luego en el Salmo 2:2, citado en Hechos 4:26, se refiere a los reyes de la tierra, y finalmente a los príncipes (griego archontes, que significa líderes). En Hechos 4:27, la oración continúa dando una interpretación del juicio de Jesús como cumplimiento de este Salmo: «reyes de la tierra» equivale al rey Herodes (Lc 23:6-12); «príncipes», cuyo equivalente es Poncio Pilato (Lc 23: I -5, 13-25); «gentes» o gentiles (Lc 23:35-37); y «pueblos» equivalente a pueblo de Israel (Lc 22:66-71; 23:18-19, 21, 23). Esta es la segunda vez en Hechos que Lucas muestra que la muerte de Jesús cumplió en detalle una Escritura del Antiguo Testamento (la primera es en el sermón de Pedro, en Hch 2). Como en el caso anterior, Lucas aclara en Hechos 4:28 que esto era el plan predeterminado de Dios.

Los versículos 29-30 relatan la petición de la Iglesia frente a las amenazas de los líderes: denuedo para hablar la Palabra y milagros para respaldar la predicación. Lo admirable en esto es la confianza implícita que expresan en Dios. Ellos sabían muy bien que en cualquier momento Dios podía permitir que los líderes cumplieran con sus amenazas. En verdad, veremos que luego habrá un castigo severo y hasta la muerte para algunos discípulos. Pero la Iglesia no se preocupa por su protección, sino porque la Palabra sea predicada y aceptada por más y más personas. El versículo 31 muestra que la petición agradó a Dios, pues hizo temblar el lugar y al instante empezaron todos a hacer exactamente lo que pidieron: «Y todos fueron llenos del Espíritu Santo, y hablaron con denuedo la palabra de Dios».

En este versículo 31 la frase «llenos del Espíritu Santo» merece un estudio especial. En primer lugar, recuerde que en Hechos 2:4 todos los discípulos fueron «llenos del Espíritu» cuando recibieron la promesa del Padre, dando evidencia de ello por el hablar en lenguas. Entonces, la llenura del Espíritu en Hechos 4 no significa necesariamente que no tuvieran al Espíritu antes, sino que Dios les concedió una manifestación especial del poder del Espíritu para la tarea que tenían por delante: ser testigos ante la nueva situación de amenazas de castigo. La misma frase aparece con frecuencia en Hechos (4:8; 6:3, 5; 7:55; 9:17; 11:24; 13:9, 52) y en Lucas (1:15; 1:67, 4:l). Esto es parte del énfasis especial que Lucas hace en el Espíritu. El evangelista enseña con sumo cuidado que el ministerio eficaz es siempre resultado de la acción del Espíritu Santo.

RESUMEN DE LUCAS ACERCA DE LOS RESULTADOS DE LA IGLESIA. VERSÍCULOS 32-35

Esta es la segunda vez que el evangelista provee un resumen extenso de varios versículos que nos enseñan asuntos importantes de la vida de la Iglesia (también ha dado resúmenes cortos de solo un versículo). El versículo 32 enfatiza la unidad y amor mutuo que había entre todos. El 33 destaca el tema de la predicación de los apóstoles. El 34 y el 35 repiten la idea expresada en 2:45, que algunos vendían propiedades y usaban el dinero para suplir las necesidades de los más desvalidos. Trataremos con los versículos 4:36-37 cuando estudiemos el capítulo 5, porque obviamente son parte de la narración que continúa en ese capítulo. Este resumen, como el anterior, destaca características de una Iglesia sana y creciente que podemos aplicar como un diagnóstico a nuestras congregaciones hoy. El hecho de que haya divisiones, peleas entre hermanos, falta de amor y cuidado mutuo en nuestras asambleas debe aleñarnos en cuanto a las debilidades espirituales que requieren atención y prevención.

MIREMOS AL PASADO Y AL FUTURO

Hechos 2, 3 y 4 relatan dos ejemplos de predicación con resultados fantásticos. Nos muestran una Iglesia aparentemente ideal y relativamente sin problemas. La única sombra de dificultad es la amenaza de los líderes del pueblo en cuanto a que no predicaran más; pero en vez de hacerles caso, la Iglesia pidió poder para seguir proclamando la verdad. Este retrato hermoso, sin embargo, es solo el comienzo de la historia que Lucas quiere comunicar. No nos está dando una fábula, sino una historia real de cómo fueron los primeros días de la Iglesia. La próxima sección de Hechos trata con una serie de problemas internos y externos, nos muestra cómo actuó la Iglesia para solucionar los problemas y, lo más importante, cómo actuó Dios para que su plan respecto a la extensión del mensaje de Jesucristo se cumpliera cada vez más.

Hasta este punto, Hechos se enfoca principalmente en Pedro (y Juan como su compañero). En segundo lugar, aparecen los apóstoles como actores secundarios (Hch 1 :2, 13, 26; 2:37, 42-43; 4:35). En la siguiente sección, estos personajes seguirán protagonizando sus papeles, pero Lucas va a añadir a varias personas que no son apóstoles; algunos actuando con roles malos y otros ejerciendo ministerios poderosos evangelizando y sirviendo. Así la obra sigue creciendo, Jesús haciendo y hablando por medio del Espíritu Santo que actúa poderosamente en los discípulos.

PREGUNTAS

Repase ahora las notas que hizo en su cuaderno sobre el texto de Hechos antes de leer este capítulo, agregue puntos nuevos que haya aprendido y revise donde sea necesario.

1. Escriba una oración en sus propias palabras (no las del texto) que explique el contenido del libro de Hechos.
2. Destaque dos temas contenidos en la enseñanza de Jesús durante los cuarenta días transcurridos entre su resurrección y ascensión. Dé los versículos en Hechos 1 que respalden su conclusión respecto a que estos eran temas de su enseñanza.
3. Busque los pasajes en Hechos que resumen las actividades de la Iglesia y escriba los temas comunes a dos o más de esos pasajes.¿Cómo se pueden aplicar esos temas para mejorar la iglesia donde actualmente asiste?
4. Compare la forma en que los de la Iglesia tomaron la decisión en Hechos 1:15-26 con la que tuvieron que tomar en Hechos 6:1-7 y Hechos 15:6-29. ¿Qué puntos comunes hay y cuáles difieren?
5. Compare el uso del Salmo 110:1 en el sermón de Pedro con el que Jesús hizo de la misma cita en Lucas 20:42-44 y el de la exaltación de Cristo por Pedro en Hechos 5:29-32.
6. Muestre con citas bíblicas cómo el sermón de Pedro ilustra algunos principios de predicación evangelística.

7. Compare la acción de los ricos de la Iglesia al vender sus bienes para suplir las necesidades de los pobres con los relatos en Lucas 12:13-34; 18:18-30; 19:1-10. ¿Representa eso un ejemplo específico de un tema general en Lucas y Hechos? ¿Puede en contrar otros pasajes que tratan el mismo tema?
8. Compare el uso del Salmo 118:22 en Hechos 4:11, Lucas 20:17 y 1 Pedro 2:7. Escriba sus conclusiones.
9. Provea dos ejemplos de personajes bíblicos que desobedecieron las órdenes de los gobernadores para obedecer a Dios, y compare este principio de Hechos 4: 19-20 con Romanos 13:17 y 1 Pedro 2:13-17.
10. Busque las citas en Lucas y en Hechos en las que se usa la frase «lleno del Espíritu Santo» y haga una comparación de las situaciones y resultados.

Lección 3

METAS

Esta lección le guiará a descubrir como Dios usó problemas y dificultades para realizar sus propósitos buenos en la Iglesia primitiva. Además, verá como la Iglesia respondió al desafío de problemas internos y externos. Tendrá oportunidad de reflexionar acerca de cómo resolver bíblicamente algunos problemas que usted o su Iglesia local tienen. Seguirá aprendiendo y practicando el arte de interpretación de literatura narrativa. También aprenderá más acerca del trasfondo cultural de Hechos y cómo usar ese conocimiento en la interpretación.

OBJETIVOS

La lectura del capítulo 3 y los pasajes bíblicos correspondientes le guiarán a descubrir el papel de problemas en la vida cristiana y algunos principios bíblicos acerca de la solución de problemas. Las preguntas le darán la oportunidad de aplicar lo aprendido en forma creativa, practicando la interpretación y aplicación de los textos bíblicos. La lectura del apéndice, y la pregunta al final, le guiará a aprender más acerca del trasfondo cultural de Hechos, y a aplicar creativamente su nuevo conocimiento en la interpretación de Hechos.

Lectura bíblica

Lea cuidadosamente Hechos capítulos 4:36—8:40 sin parar, en dos diferentes versiones de la Biblia. Mientras lee, anote ideas clave y cosas que le llaman la atención en su cuaderno. Después de leer, trate de resumir lo que narran estos capítulos en sus propias palabras (es decir sin copiar versículos textualmente de la Biblia), en forma de un bosquejo breve y conciso.

Lectura de este texto

Lea el capítulo 3 del texto del apéndice 3.

Preguntas

En su cuaderno, escriba sus propias respuestas a las preguntas que están al final de capítulo 3 y al final del apéndice 3. **No debe mirar a las respuestas dadas en el «Manual para el facilitador» todavía.** Puede referirse nuevamente a lo que leyó en este libro, usar comentarios, diccionarios bíblicos, concordancias, atlas bíblicos u otras fuentes de referencia bíblica. Escriba sus respuestas después de hacer su investigación independiente.

Comprobación de respuestas

Ahora, busque las respuestas correctas a las preguntas que contestó. Compruebe que contestó cada pregunta correctamente. Si se equivocó en alguna respuesta, anote el número de la respuesta equivocada y escriba la respuesta correcta en su cuaderno.

Lectura adicional

Lea 75 páginas de lectura adicional y escriba su informe de lectura adicional que corresponde. El informe debe incluir la información bibliográfica de los libros leídos, el número de páginas leídas, y las respuestas a las siguientes preguntas: a) ¿De qué se trata esta lectura?; b) ¿Qué le llamó la atención?; c) ¿Está en desacuerdo con el autor con respecto a algún tema? ¿Por qué?; y d) ¿Cómo afecta —de manera práctica— su vida y su ministerio lo que ha aprendido en esta lectura?

Ensayo

De los tres temas que escogió como posibles temas para su ensayo, seleccione uno. Empiece a buscar fuentes adicionales para estudiar el tema de su ensayo más a fondo. Redacte una sola oración que exprese la idea principal de su ensayo. Prepare un bosquejo sencillo de por lo menos tres puntos principales que trate bajo la idea principal. Su bosquejo debe parecerse al ejemplo dado a continuación (por supuesto sobre el tema que usted ha escogido y en sus propias palabras).

Ejemplo

Tema: Biografía de Pedro usando datos de Lucas, Hechos, 1 y 2 de Pedro, y Gálatas l.

Idea principal: Pedro fue transformado por el Espíritu Santo, de una persona normal a un testigo atrevido del Señor Jesús.

1. Antes de recibir el Espíritu Santo, Pedro quiso ser testigo del Señor, pero no pudo cumplir con su propósito por miedo (Lucas 22:33, 54-62).
2. Después de recibir el Espíritu Santo, Pedro cumplió con su propósito de ser testigo a pesar de las amenazas (Hechos 4:18-20; 5:28-32).
3. Pedro nos exhorta a nosotros a ser testigos fieles del Señor
4. Jesús a pesar de persecuciones y peligros (1 Pedro 3:13-17).

Note que en el ejemplo arriba los tres puntos están fuertemente relacionados con la idea principal del ensayo, y que cada punto tiene citas bíblicas que indica cómo va a desarrollar el punto. Su propio bosquejo puede tener más de tres puntos, pero no menos.

Si tiene alguna inquietud con respecto a la redacción de su ensayo, puede escribir a tareas@flet.edu para recibir la ayuda de un profesor.

Capítulo 3

PROBLEMAS, PERSECUCIONES Y EL PROGRESO DE LA IGLESIA HECHOS 4:36-8:40

Partimos con la misma premisa: Al estudiar este capítulo es absolutamente necesario que tenga su Biblia abierta. Lea cada pasaje antes de analizar el comentario y busque las otras citas que se mencionen. Así aprovechará al máximo esta oportunidad para aprender.

PRIMER PROBLEMA INTERNO: UN PECADO EN LA CONGREGACIÓN. HECHOS 4:36 - 5:10

En todas las iglesias hay problemas, unos causados por influencias o factores externos a la propia congregación, otros debido a los mismos miembros u otros factores internos. Siempre habrá problemas, pero podemos aprender a tratarlos de manera tal que no perjudiquen al ministerio ni al testimonio de la iglesia. Algunos comentaristas bíblicos acusan a Lucas de presentar un retrato idealizado de la Iglesia primitiva puesto que todo parece mejor que la realidad. El siguiente pasaje es uno de varios, sin embargo, que muestran que la Iglesia primitiva tuvo problemas graves. El hecho de que ese asunto no causara daños es debido al manejo correcto que se hizo del mismo en dependencia del Señor. La narración de este conflicto y su tratamiento ocurre en tres partes: una introducción y dos escenas.

INTRODUCCIÓN AL PROBLEMA. HECHOS 4:36— 5:2

Lucas mencionó en dos oportunidades anteriores que algunos vendieron sus propiedades para ayudar a los necesitados (2:45 y 4:32, 35); ahora ofrece ejemplos específicos.[1] Bernabé era un miembro ejemplar de la Iglesia. Él vendió su heredad y dio el precio a los apóstoles para favorecer a los necesitados. Es preciso notar que esta es la primera vez que Lucas menciona a Bernabé, un hombre que tendría un papel prominente más adelante en los capítulos 9 — 15.[2] En contraste con este buen ejemplo Lucas nos da otro, aunque negativo, con Ananías y Safira; quienes también vendieron un terreno, pero retuvieron una parte del precio antes de traerlo a los apóstoles.

PRIMERA ESCENA. HECHOS 5:3-6

El comentario de Pedro a Ananías —en Hechos 5 muestra con claridad que el pecado de este no fue retener una parte del precio, sino dar a entender que había traído la **totalidad** del mismo; cuando en realidad solo presentó una parte. Podemos especular que a Ananías lo motivó el orgullo, es decir, quería que los otros creyentes vieran en él a una persona generosa, espiritual, ejemplar. (Acaso, ¿No queremos nosotros lo mismo?) El resultado de su plan no fue lo que esperaba. Pedro, en alguna manera, lo supo todo. Cuando enfrentó a Ananías con la verdad, este cayó muerto, fue sepultado y el resto de la congregación quedó fuertemente impre-

1 Hemos notado también que Lucas da ejemplos específicos de lo que nos comenta en algunos de sus resúmenes (los capítulos 3 y 4 son realmente un ejemplo específico de la información general en Hechos 2:43). De ahora en adelante, podemos trabajar bajo la hipótesis de que es una estrategia narrativa de Lucas dar ejemplos determinados que respalden sus comentarios y resúmenes. A lo largo del estudio, comprobaremos si esa hipótesis es correcta.

2 Notemos que esta es otra estrategia narrativa de Lucas: presentar a una persona importante antes de que empiece a cumplir su papel principal. Otros ejemplos en los siguientes capítulos son: Esteban, Felipe y Saulo (Pablo).

sionada. La narración no satisface por completo nuestra curiosidad. Queremos saber más. ¿Cómo lo supo Pedro? ¿Fue revelado por el Espíritu Santo o alguien que estaba enterado se lo dijo? ¿Cómo murió Ananías? ¿Fue un juicio inmediato de Dios o sería que el susto le produjo un paro cardiaco? La escasez de información nos impulsa a leer más.[3]

SEGUNDA ESCENA. HECHOS 5:7-10

La trama se complica aún más ahora. Pedro confronta a Safira, la esposa de Ananías, en una manera que parece amañada. Ella afirma la misma mentira de su esposo. Su muerte y sepultura ocurre de repente y Lucas no nos brinda más información. Quedamos perplejos con las mismas preguntas.

El episodio de Safira, nos hace pensar que estamos leyendo algo sobrenatural y no una muerte causada por el susto de ser descubierta en una mentira. Los siguientes dos versículos (5: 11-12) muestran que el evangelista también considera las dos muertes como hechos sobrenaturales de Dios. Por eso es probable que el conocimiento inicial de Pedro —cuando confrontó a Ananás— fuera también sobrenatural. Su comentario a Safira, entonces, sería una oportunidad para que se arrepintiera de su intención de mentir o para que mostrara que no estaba involucrada en el engaño con su esposo.

Algunos han criticado esta historia, diciendo que viola el espíritu amoroso y perdonador de Jesús. Sin embargo, Él hablaba proféticamente del juicio de Dios a menudo, y animaba a la gente a arrepentirse para que no perecieran (Lucas 13:1-5). Este relato también sirve para reforzar el énfasis de Lucas en la comunidad íntima de los primeros creyentes. El Espíritu Santo no podía tolerar nada que amenazara con dañar la fuerte solidaridad de esos creyentes. No había campo para el orgullo ni para el interés propio.

3 Esta es otra estrategia narrativa de Lucas: no contar algunos detalles de la historia. Esto despierta la curiosidad del lector y le impulsa a pensar.

¿Por qué, entonces, no mata el Espíritu Santo a la gente mentirosa hoy día en nuestras iglesias? La respuesta no es clara. Sin embargo, esta historia debe infundir un temor reverente en nuestras almas, como en los primeros creyentes (5:5, 11, 13). Debemos procurar un nivel de santidad y verdad mucho más alto que lo que actualmente observamos en nuestras congregaciones.

El manejo de este primer problema que Lucas narra es de mucho interés. Como antes dije, no es tanto evitar los problemas, sino tratarlos adecuadamente. En primer lugar, se nota que Pedro no temió enfrentar a Ananías. El hecho de que este tuviera una propiedad que vendió implica que era pudiente. Sin embargo, Pedro se atrevió a tratarlo según sus hechos, no según su cuenta bancaria. No hay rasgos de acepción de personas o consideración especial para los ricos o poderosos de la iglesia. Las mismas reglas de santidad y verdad se aplican a todos. En segundo lugar, el problema no surgió por alguna exigencia de la iglesia. Parece que toda donación era estrictamente voluntaria (v. 4). La motivación de Pedro no era por avaricia, pues el dinero no era para él sino para ayudar a los pobres. La preocupación de Pedro es que la santidad de Dios fue ofendida. Finalmente, el apóstol no pronunció ningún juicio contra Ananías ni contra Safira (en el caso de ella, solo dijo proféticamente lo que iba a suceder). Todo juicio está en las manos de Dios, donde siempre debe estar. Dios se encargó de ejecutarlo y de preservar la santidad y comunidad de la Iglesia.

RESUMEN DE LUCAS SOBRE LOS RESULTADOS HASTA EL MOMENTO. HECHOS 5:11-16

La reacción de los miembros de la Iglesia fue un temor reverente que probablemente impulsó a cada uno a buscar la santidad. El versículo 13 muestra que los de afuera no se unían con los de la Iglesia, pero el versículo 14 relata que el número de creyentes crecía. El mismo temor que hacía a los incrédulos apartarse del pueblo de Dios también los atraía a Jesús para recibir perdón y limpieza. La misión de la Iglesia no es conformarse a las costumbres del mundo, sino desafiarlo con la santidad de Dios dando buen testimonio constantemente.

Los versículos 12 y 15-16 cuentan acerca de los milagros de sanidad y liberación efectuados por los apóstoles. Se nota un cambio leve en el tono de este resumen en comparación a los anteriores. En aquellos, Lucas enfatizaba la unidad y comunión de la Iglesia, y contaba en cuanto a las actividades internas como compartir el pan, orar, etc. Este resumen no menciona esos temas, sino que enfatiza el temor a Dios, el crecimiento de la Iglesia y los prodigios que hicieron los apóstoles. El evangelista señala —con el cambio de tono de su resumen—, que hay un cambio en el rumbo de la historia de la Iglesia: vendrían tiempos difíciles.

PRIMER PROBLEMA EXTERNO: PERSECUCIÓN Y PROGRESO. HECHOS 5:17-41

Al final del capítulo 4, Lucas nos relató acerca de una leve persecución —por parte del concilio de ancianos, sacerdotes y escribas— contra Pedro y Juan. Les advirtieron que no hablaran más de Jesús y los amenazaron con la posibilidad de aplicarles un castigo más severo. Ellos contestaron que era mejor obedecer a Dios (4:5-22). Ahora, el mismo concilio cumpliría con la amenaza, pues los apóstoles siguieron predicando acerca de Jesús.

PRIMER ENCARCELAMIENTO. HECHOS 5:17-21

El versículo 17 nos informa que el motivo de la persecución fueron los celos y que los perseguidores fueron los saduceos.[4] Lucas presenta a los sacerdotes y saduceos como los enemigos judíos

4 Recuerde que los saduceos eran la clase económica alta y que de ese partido eran los sumo sacerdotes. Ellos no creían en la resurrección ni en ángeles, y solo recibían el Pentateuco como inspirado por Dios.

más peligrosos de Jesús y la Iglesia. La primera vez que el Señor anunció su muerte y resurrección en Lucas 9:22, dijo que los sacerdotes le iban a echar mano. Después de su viaje a Jerusalén en Lucas 19:47, estos procuraban matarle; y de ahí hasta el final del evangelio, ellos fueron sus enemigos más implacables. Los fariseos, de otra manera, aparecen como las personas que cuestionaban a Jesús, oponiéndose a algunas de sus enseñanzas, pero no están incluidos entre los que trataban de matarlo.

En el libro de los Hechos, las referencias a los fariseos son —en parte— favorables. En Hechos 5:34, Gamaliel, un fariseo, les advirtió a los del concilio que no castigaran severamente a los apóstoles; en 15:5 hallamos a algunos de ellos que son creyentes, y en el capítulo 23, los fariseos del concilio toman la parte de Pablo, mientras los sacerdotes (saduceos) conspiran acerca de cómo matarle. Aquí, en el segundo episodio de la persecución de la Iglesia, los sacerdotes inician el conflicto echando los apóstoles en la cárcel.

El plan de los sacerdotes, sin embargo, no siguió como querían, pues un ángel del Señor intervino liberando a los encarcelados y enviándolos a predicar de Jesús públicamente. Esta es la segunda vez en Hechos que los ángeles ayudaban a los creyentes. La primera fue en la escena de la ascensión del Señor (1:9-11). En el resto del libro encontraremos ángeles protegiendo, instruyendo y animando a creyentes. En Lucas también se presentan: en la narración del nacimiento de Jesús, cuando oró en Getsemaní y después de la resurrección (caps. 1 y 2, 22:43, 24:23). Los apóstoles liberados obedecieron las instrucciones del ángel y fueron a predicar al templo.

ARRESTADOS POR SEGUNDA VEZ Y JUZGADOS. HECHOS 5:21-41

Reunidos los del concilio, ordenaron traer a los supuestamente encarcelados apóstoles, pero los alguaciles no los hallaron. En medio de la confusión y duda que esta noticia causó en el concilio, llegó la nueva de que los apóstoles estaban predicando en el templo. Fueron entonces los de la guardia para prenderles otra vez, pero «sin violencia» por miedo a la gente.

La pregunta del sumo sacerdote fue para recordarles a los apóstoles que el concilio les había prohibido predicar de Jesús. También implica dos acusaciones: (l) Llenaría a Jerusalén con la doctrina de Jesucristo, y (2) Culparían al concilio de su muerte. La respuesta de Pedro es casi idéntica a lo que dijo frente a la primera amenaza (Hch 4: 19): «Es necesario obedecer a Dios antes que a los hombres». El resto del discurso de Pedro es un resumen breve de lo que dijo anteriormente. Los puntos principales son: (l) La voluntad de Dios, (2) La culpa de los que mataron a Jesús, (3) La resurrección y exaltación de Cristo, (4) Salvación y perdón de pecados por medio del arrepentimiento, (5) Los apóstoles como testigos de todo esto, y finalmente (6) El papel del Espíritu Santo en su testimonio.

La reacción de la mayoría del Sanedrín fue ira incontrolable, pero un fariseo, Gamaliel intervino para hablar razonadamente. Después de dar dos ejemplos de líderes falsos que habían conseguido varios seguidores, y cuyos movimientos se desvanecieron después de la muerte de ellos,[5] Gamaliel aconsejó a los sacerdotes calmarse y dejar a Dios encargado del futuro del movimiento de los seguidores de Jesús. Básicamente dijo: «Si no es de Dios, desaparecerá, si es de Dios, no lo podrán destruir». Ahora bien, no es bueno tomar este consejo de Gamaliel como algo normativo para la Iglesia. En primer lugar, él no era creyente. Segundo, hay movimientos falsos —como los Testigos de Jehová y los mormones— que han crecido rápidamente y han permanecido, pero eso no quiere decir que son de Dios. En esa instancia, Dios usó el consejo de Gamaliel para bien de la Iglesia naciente, pero no podemos aplicarlo a todas las situaciones.

5 La historia de la nación de Israel —desde el tiempo de los asmoneos, en 168 a.C., hasta la toma de Jerusalén, en 70 d.C. y aun después—, tiene numerosos ejemplos de líderes judíos que animaban a la gente para pelear contra los opresores del pueblo. Algunos se proclamaban como Mesías.

Los ejemplos históricos que Gamaliel dio han sido conflictivos ya que los dos hombres a quienes se refirió (Teudas y Judas) aparecen también en Josefo (otro historiador de la misma época) en orden contrario (Judas mucho antes de Teudas). Las posibilidades son cuatro: (l) Josefo tenía razón y Lucas se equivocó, (2) Lucas narró lo que Gamaliel dijo correctamente, pero este erró, (3) Josefo se equivocó, (4) Existe otro Judas que tuvo seguidores después de Teudas, y Josefo no hace mención de él. Josefo a veces cambia el orden de los eventos por alguna razón literaria o para agradar a su patrón, el emperador romano. Lo más probable es que una opción —la 3 o la 4—, es la verdad; porque Lucas muestra repetidas veces su confiabilidad como historiador riguroso.

El consejo de Gamaliel convenció a los sacerdotes en parte, porque en vez de matar a los apóstoles —como querían— los azotaron. Después de advertirles nuevamente que no predicaran de Jesús, los soltaron. La reacción de los apóstoles es notable: «Gozosos de haber sido tenidos por dignos de padecer afrenta por causa del Nombre» (Hch 5:41). Es asombrosa la fe y el atrevimiento de esos creyentes. La reacción normal habría sido sentir miedo o lástima. ¿Cómo se sentiría usted en semejante situación? Pero estas personas estaban dispuestas a lo que fuera necesario para servir a Dios. Su deseo era obedecer el mandato de Cristo y ser fieles testigos. Cuando comparamos la timidez de muchos creyentes hoy —que no quieren compartir su fe con la familia, el jefe del trabajo o el vecino para evitar ser ridiculizados—, vemos que a la Iglesia actual le falta mucho. Hay que orar a Dios por el mismo denuedo que vemos en los primeros creyentes, y hay que enseñar estos pasajes para animarnos a seguir el ejemplo dado aquí.

RESUMEN DE LUCAS ACERCA DE LAS ACTIVIDADES DE LA IGLESIA. HECHOS 5:42

Tal vez una de las razones del atrevimiento de estos creyentes fuera su dedicación y devoción al Señor, así como el interés de los unos por los otros. Resúmenes anteriores han enfatizado algunos de esos aspectos de la Iglesia, este resumen destaca cuatro cosas: (l) Persistencia —«todos los días»; (2) Todo lugar apropiado — «en el templo y por las casas»; (3) Actividades adecuadas —«enseñar y predicar»; (4) Tema correcto —«Cristo». Obviamente, la amenaza de los sacerdotes no menguó el celo de la Iglesia. Hasta ahora, observamos que ni los problemas internos, ni las persecuciones externas pueden frenar la obra de Dios. ¡Qué historia tan alentadora para nosotros!

SEGUNDO PROBLEMA INTERNO: LA ENVIDIA. HECHOS 6:1-6

En Juan 13:34-35, Jesús dijo: «Un mandamiento nuevo os doy: Que os améis unos a otros; como yo os he amado, que también os améis unos a otros. En esto conocerán todos que sois mis discípulos, si tuviereis amor los unos con los otros». Muchos problemas internos de la Iglesia hoy resultan de una aplicación incorrecta de este mandamiento. Al oírlo, muchos creyentes empiezan a mirar a sus hermanos en la fe para ver si están amando como deben amar. En especial, se preguntan: «¿Me están amando como deben amarme?» Cuando perciben una falta, reclaman a sus hermanos y les reprenden diciendo: «¿Por qué no me están amando?» Cuando Jesús dio este mandamiento, su intención fue lo opuesto. Él quiso que cada uno de nosotros empezáramos a mirar dentro de nuestro propio corazón, preguntándonos: «¿Estoy amando a mis hermanos como debo amarles?» Podríamos evitar muchos problemas internos si empezáramos a examinarnos a nosotros mismos en cuanto al amor, en lugar de examinar a los demás.

El problema en Hechos 6:1-6 fue resultado de la envidia causada por una diferencia que algunos judíos griegos vieron en el trato de las viudas griegas en comparación con las hebreas.[6] Este problema se habría podido evitar si las creyentes hebreas —desde el principio— hubieran hecho un esfuerzo especial para no permitir ningún tipo de desigualdad en el trato de las griegas; y si las estas no se hubieran dedicado a buscar faltas en el amor hacia ellos. Pero como hemos dicho, no se pueden evitar todos los problemas. Lo importante es que cuando surjan conflictos en la iglesia, sepamos tratarlos correctamente. Observemos cómo se manejó este asunto.

EL PROBLEMA. HECHOS 6:1

Hay evidencia aquí y en I Timoteo 5:3-16 de que la Iglesia primitiva ayudaba especialmente a las viudas, y que esta ayuda causó varios tipos de problemas. Debido al trato cultural con las mujeres, las viudas eran especialmente indefensas y necesitadas. La mujer joven estaba bajo la protección de su padre hasta casarse, y luego bajo la protección de su marido. Muchas veces no heredaba nada al morir su esposo, todo era para los hijos. Si ellos no respondían por ella, no tenía cómo suplir sus necesidades básicas. La viuda que aceptara a Cristo probablemente era rechazada por sus hijos y otros familiares. Por eso la Iglesia tenía que ayudar a las viudas.

El problema en Hechos 6 surgió porque la ayuda les parecía injusta a las judías griegas. Lucas no indica si en verdad el trato fue injusto, ni tampoco comenta por qué las viudas griegas fueron desatendidas. Es cierto que aun en la Iglesia actual es fácil pasar por alto las necesidades de las personas pobres e indefensas. Es probable que si hubo trato desigual fuera por descuido, y no intencionalmente.

6 Es necesario entender que todos los creyentes en ese momento eran judíos. Algunos judíos denominados hebreos (especialmente los de Jerusalén), habían preservado sus costumbres culturales e idioma de la influencia griega. Ellos todavía

LA SOLUCIÓN. HECHOS 6:2-6

Primer paso: una propuesta. 6:2-4

Los versículos 2-4 indican que los doce apóstoles tomaron en serio este problema. En vez de pasarlo por alto o tratar de evitar enfrentarlo, llamaron a toda la Iglesia. Sin embargo, no abrieron la reunión para discusión general, sino que llegaron con una propuesta bien pensada y adecuada para resolver el problema. Esto es importante por dos razones: (l) Es difícil conseguir una solución a un problema complejo a través de una discusión general en una reunión grande, porque todos quieren hablar y nadie quiere escuchar. Por eso el liderazgo debe debatir las posibles soluciones primero en una reunión pequeña. (2) La función del liderazgo de la Iglesia no es dictar, sino guiar. Por eso debe consultar con la congregación cualquier decisión importante antes de ponerla en práctica.

La última frase del versículo 2, «No es justo que nosotros dejemos la palabra de Dios, para servir a las mesas», presenta la razón por la que los apóstoles no pensaban atender el problema en persona. Reconocían que sus dones y ministerios abarcaban la predicación y la enseñanza. Y que atender a la parte física del ministerio, les quitaría tiempo a su trabajo. Este es un principio importante en administración: nadie puede o debe hacer todo. La Iglesia es un cuerpo y cada miembro tiene una función propia. No es que el ministerio de la Palabra sea más importante, sino que Dios asigna a cada uno un área de responsabilidad. Si los apóstoles hubieran tratado de manejar este problema personalmente, habrían privado a los siete que escogieron de ejercer el ministerio que Dios les había

hablaban arameo y practicaban la religión judía en una forma más estricta. En cambio, otros judíos llamados griegos habían adoptado algunas costumbres griegas y hablaban ese idioma. Por otra parte, muchos judíos ancianos que habían vivido lejos de Jerusalén emigraban a esta ciudad en su vejez para morir, pensando en una tradición que decía que solo los muertos sepultados en Jerusalén participarían en la resurrección. Por tanto, siempre había algo de celos y tensión entre esos grupos.

asignado a ellos. Es más, dos de los siete (Esteban y Felipe) comenzaron a ejercer otros ministerios importantes después de involucrarse en la solución de este problema.

La sugerencia sabia de los apóstoles fue que la misma congregación nombrara a las personas idóneas para arreglar el problema. Pero, los doce no dejaron a la congregación sin ninguna guía, sino que establecieron los tres requisitos necesarios de los que iban a seleccionar: buen testimonio, llenos del Espíritu, llenos de sabiduría. De esa manera los apóstoles podrían dedicarse por completo a «la oración y el ministerio de la palabra» (Hch 6:4). Y nombraron a un número adecuado de personas para ejercer esa función. Note que tanto servir a las mesas (v. 2, «servir a las mesas») como predicar la Palabra (v. 4, «ministerio de la Palabra») son maneras importantes de trabajar en la Iglesia.

Es bueno considerar que las exigencias a esos siete hombres eran requisitos espirituales, no humanos. A veces buscamos a las personas más aptas en el sentido humano —un diploma, experiencia, talento, «carisma»— y no consideramos relevante si es alguien que se dedica a buscar a Dios y agradarle a Él con su vida.

Segundo paso: la solución. 6:5-6

La congregación aceptó la sugerencia de los apóstoles y escogió siete personas con nombres griegos. Esto muestra el sumo cuidado de no ofender más a los judíos griegos, pues ninguno de los siete escogidos pertenece al grupo hebreo. Los primeros dos nombrados, juegan un papel importante en el resto de esta sección de Hechos. Otra vez Lucas introduce personajes importantes un poco antes de desarrollar su parte en la narración. El versículo 6 relata una ceremonia en la cual los apóstoles reconfirman la decisión de la congregación imponiendo las manos y orando a Dios. ¡Qué modelo tan útil para nosotros en cuanto a la solución de un problema potencialmente grande! ¿Cuántas iglesias se han dividido como resultado de semejante conflicto mal manejado?

RESUMEN DE LUCAS ACERCA DEL RESULTADO DE LA SOLUCIÓN. HECHOS 6:7

Aunque Lucas no narra detalles acerca de la manera en que los siete manejaron el problema, este resumen indica que todo marchaba bien después. Hubo tres resultados importantes: La Palabra se extendió; la Iglesia creció; y algunos de los enemigos de esta se convirtieron. Esto muestra que el problema terminó en bendición. Cualquier conflicto que esté enfrentando en su iglesia tiene la posibilidad de resultar en bendición también, si lo manejan los líderes en una manera adecuada. Nunca debe ignorar los problemas internos, ni esperar que se solucionen solos.

SEGUNDO PROBLEMA EXTERNO: MÁS PERSECUCIÓN Y MAYOR PROGRESO. HECHOS 6:8 – 8:4

Lucas desarrolla el tema del progreso de la Iglesia a través de la persecución por medio de dos de los siete siervos escogidos en la sección anterior: Esteban y Felipe. Por Hechos 6:3 sabemos que cada uno de los siete fue de «buen testimonio, llenos del Espíritu Santo y de sabiduría». La narración del ministerio de Esteban explica cómo empezó la persecución, y nos da una idea acerca de los asuntos que realmente la causaron. La narración del ministerio de Felipe da un ejemplo de cómo la Iglesia crecía en medio de la persecución.

EL MINISTERIO DE ESTEBAN. HECHOS 6:8 - 7:60

Esta sección de Hechos es notable por varias razones. (1) Provee una transición del ministerio exclusivo en Jerusalén —y en especial a judíos— al ministerio principalmente fuera de Jerusalén a personas que no eran judías. (2) Provee el discurso más largo de Hechos. El espacio que Lucas dedica al discurso de Esteban muestra que es muy importante para el desarrollo de la historia de la Iglesia.

(3) Provee una defensa bíblica de algunos de los puntos que separaban la religión judía de la Iglesia primitiva.

El carácter de Esteban. Hechos 6:8-11

Además de las características ya mencionadas de los siete, Esteban estuvo «lleno de gracia y de poder» (Hch 6:8). Él contendía con judíos de ciertas sinagogas, que «no podían resistir a la sabiduría y al Espíritu con que hablaba» (Hch 6:10). El resultado fue que los hebreos consiguieron testigos falsos para acusarlo, igual que hicieron con Jesús poco tiempo antes.[7] Los judíos con quienes Esteban disputaba eran de Alejandría, Cilicia y Asia. Esto indica que eran judíos de lenguaje y costumbres griegas, como Esteban mismo. Uno de los grupos más importantes en el cristianismo del primer siglo fue el de los cristianos judíos de habla griega (también llamados judíos helenísticos). Esteban, Felipe, Apolos (Hch 18:24— 19.1) y Pablo son representantes sobresalientes de este grupo. La Iglesia de Antioquía (compuesta primordialmente por judíos helenísticos) fue un centro misionero y teológico. El impulso misionero a los gentiles se originó ahí y la idea de la salvación por fe — no por línea genealógica— también empezó allí.

La ocasión del discurso de Esteban. Hechos 6:11-15

Los judíos no podían enfrentar a Esteban públicamente, por lo que decidieron callarlo mediante acción legal. Falsos testigos testificaron contra él por «hablar palabras blasfemas contra Moisés y contra Dios» (Hch 6:11 y en el concilio de líderes le acusaron de «hablar palabras blasfemas contra este lugar santo y contra la ley; pues le hemos oído decir que ese Jesús de Nazaret destruirá este lugar, y cambiará las costumbres que nos dio Moisés» (Hch 6:13 b14). «Este lugar santo» quiere decir Jerusalén y específicamente el

7 Es probable que este episodio ocurriera a lo sumo dos años después de la muerte y resurrección de Jesús.

templo. La acusación contra Esteban es un eco de una acusación contra el mismo Señor en los evangelios (Marcos 14:57-58). Después de presentar las acusaciones contra Esteban en el consejo, este tuvo oportunidad de hablar en su propia defensa. Al hacerlo, Lucas nos relata que «vieron su rostro como el rostro de un ángel» (Hch 6:15). Es interesante especular sobre la fuente de información que el evangelista usó para exponer los detalles relatados y el contenido del discurso de Esteban. Sabemos de los pasajes donde Lucas usa primera persona plural dando a entender que él acompañó a Pablo en algunos viajes unos años después de ese momento. Pablo (Saulo) estuvo presente en el juicio y martirio de Esteban (Hch 7:58; 8: l), y parece que el discurso de este lo afectó profundamente. Es posible que estos detalles vengan del propio apóstol Pablo.

El discurso de Esteban. Hechos 6:16-53

Este discurso no es un sermón evangelístico, como los sermones de Pedro que ya estudiamos. Es más bien una respuesta a las acusaciones contra Esteban, y contra la Iglesia primitiva: que Jesús iba a destruir el templo y cambiar las costumbres dadas por Moisés. El discurso de Esteban tiene tres objetivos: (1) Mostrar que la actividad de Dios no se limitaba al territorio geográfico de Israel, ni al lugar específico del templo, ni exclusivamente a los judíos. (2) Comprobar con la historia de los hebreos que ellos habían rechazado a los representantes de Dios y habían resistido su plan a menudo. (3) Mostrar que la crucifixión de Jesús y la persecución de sus seguidores era una continuación de ese patrón de rechazo y resistencia.

La estrategia de Esteban era conformarse en su discurso a un género bíblico muy común: un repaso selectivo de la historia de Israel (cf Dt26, Jos24, Neh 9, Sal 78, 105, 106, 136, Ez 20,Hch 13:16b-41). Con esa estrategia, Esteban pudo conseguir el consentimiento de sus oyentes por cierto tiempo, pues hablaba de cosas generalmente conocidas y aceptadas; pero su plan era seleccionar aquellos eventos de la historia de la nación que apoyaban sus objetivos.

Los tres personajes históricos que aparecen en el discurso figuran como típicos de algún aspecto de la vida de Jesús. (1) Abraham fue peregrino en una tierra extraña; Jesús nació en Nazaret, no en Jerusalén, no tuvo un lugar estable de vivienda o ministerio, y en un sentido más exacto vino del cielo como un peregrino entre los seres humanos. (2) José fue usado por Dios para salvar a sus hermanos, que lo trataron injustamente; Jesús fue usado por Dios también para salvar a los que le habían rechazado y matado. (3) Moisés fue rechazado por sus compatriotas, pero escogido por Dios como libertador del pueblo; Jesús también fue rechazado por los de su pueblo, pero fue enviado por Dios para libertar y salvar a los que creyeran en Él. Es más, Moisés mismo predijo en Deuteronomio 18:15-19, que Dios iba a levantar otro profeta como él. Ese «profeta» es Jesús (cf Juan 1:21: «¿Eres aquel profeta?»).

Las circunstancias históricas que Esteban escogió para repasar responden al cargo de que él hablaba «contra este lugar santo» (Hch 6:13), no denunciando que era falsa la acusación, sino explicando por qué era preciso hablar así.[8] Abraham nació en la tierra de los caldeos (Babilonia) y nunca tuvo posesión en Palestina (Hch 7:4-5). Jacob y sus once hijos tenían que salir de Palestina a Egipto para salvarse del hambre (7:12-15). El sepulcro de José y su familia no estaba en Palestina, sino en Samaria (7:16). Aunque Moisés era judío, fue criado y educado como egipcio, además vivió como extranjero en Madián (7,21, 22, 29). Moisés tuvo visiones de Dios, hizo maravillas y señales, y recibió la ley en Sinaí y Egipto, no en Palestina (7:33, 36, 38). Los antepasados de los hebreos construyeron el tabernáculo en el desierto, no en Palestina (7:44-45). Aun la

8 Los judíos consideraban a Palestina, la tierra que Dios prometió a Abraham y a sus descendientes, como tierra santa. Ellos creían que ninguna otra parte de la creación tenía la misma importancia.

profecía de Isaías citada en Hechos 7:49-50 es un eco de las palabras que Salomón dijo en ocasión de la dedicación del templo.[9]

El tema del rechazo de los escogidos de Dios por la nación de Israel empieza tan pronto como hay israelitas. Los diez primeros hijos de Israel (Jacob) rechazaron a José (7:9). La nación entera (incluyendo a Aarón, hermano de Moisés) rechazaron repetidas veces a Moisés y transgredieron la ley de Dios dada por medio de Moisés (7:28, 35, 39, 40, 42, 43). Pero juntamente con el rechazo del pueblo, Esteban proclamó que Dios aprueba y defiende a sus escogidos.

Finalmente, en Hechos 7:51-53, Esteban, el acusado, acusa a sus acusadores:

> ¡Duros de cerviz, e incircuncisos de corazón y de oídos! Vosotros resistís siempre al Espíritu Santo; como vuestros padres, así también vosotros. ¿A cuál de los profetas no persiguieron vuestros padres? Y mataron a los que anunciaron de antemano la venida del Justo, de quien vosotros ahora habéis sido entregadores y matadores; vosotros que recibisteis la ley por disposición de ángeles, y no la guardasteis.

La reacción de ellos fue ira, rechazo y violencia, confirmando así que la acusación de Esteban era cierta. Note ahora cómo la conclusión del discurso de Esteban responde a cada acusación volviéndola contra los detractores:

a. Acusaron a Esteban de «hablar palabras blasfemas contra Moisés y contra Dios» (Hch 6:11); Esteban los acusa a ellos de resistir al Espíritu Santo (7:52), lo cual es un eco de la «blasfemia contra el Espíritu Santo» en Lucas 12:10.
b. Acusaron a Esteban de «hablar palabras blasfemas contra este lugar santo y contra la ley» (Hch 6:13). Esteban los acusa de recibir la ley y no guardarla (7:53).

9 Compare la profecía citada en Hechos 7:49-50 con 2 Crónicas 6: 18, «He aquí, los cielos y los cielos de los cielos no te pueden contener; ¿cuánto menos esta casa que he edificado?»

c. Acusaron a Esteban de «decir que ese Jesús de Nazaret destruirá este lugar, y cambiará las costumbres que nos dio Moisés» (6:14). Él los acusó de matar al «Justo» [Jesús] a quien en verdad se refiere por lo dicho en Juan 2: 19, «Destruid este templo, y en tres días lo levantaré».

El discurso de Esteban fue una respuesta bíblica no solamente a estas acusaciones, sino también a la situación de la Iglesia primitiva. Hechos fue escrito en 62 d.C. o después (véase el primer capítulo del libro). En esa época, la Iglesia había sufrido bastante persecución de parte de los judíos, y rechazo especialmente por los líderes del pueblo. Este discurso de Esteban emplea las mismas Escrituras de los hebreos (y de la Iglesia) para explicar esa actitud y para animar a los perseguidos con la noticia de que Dios los apoyaba, y que eran la continuación de aquellos personajes como Abraham, José, Moisés, los profetas y Jesús mismo.

Este discurso también tiene vigencia hoy día por dos razones: (1) Muchos cristianos sufren persecución. Por ejemplo, en Sudán, el gobierno promueve la conversión forzada al islam; cierran, destruyen y prohíben construir iglesias cristianas; consideran las reuniones de cristianos como disturbios públicos y detienen maestros de la Biblia como líderes de esos disturbios. Además, prohíben predicar públicamente y castigan a los predicadores con azotes y cárcel. En Mitziton, San Cristóbal de las Casas, Chiapas, México, se negaron a matricular en la escuela primaria a cien hijos de cristianos evangélicos. En Colombia, grupos guerrilleros han cerrado 300 iglesias cristianas, y han matado a más de 80 creyentes porque dicen que esos cristianos hablan en contra de la violencia y rehúsan involucrarse con la guerrilla. El mensaje de Esteban anima a los que sufren persecución afirmando que Dios está obrando a través de sus sufrimientos. [10]

10 Esta información se halla en la página web http://www.persecution.org/humanrights/index.html

(2) El dedo acusador de Esteban, que apuntó con precisión al pueblo de Dios en aquel tiempo, todavía señala a la Iglesia con igual precisión. La historia de la Iglesia muestra que repetidas veces hemos resistido al Espíritu Santo, valorando la tradición de los hombres más que la Palabra de Dios. Cada denominación y rama de la Iglesia Cristiana tiene episodios en su historia que muestran una actitud cerrada a lo que Dios estaba tratando de hacer. Congregaciones y movimientos que empiezan vibrando con el poder del Espíritu Santo terminan congelados en ritualidad y rigidez. El pueblo judío no es el único ejemplo de ese fenómeno. Necesitamos oír y proclamar el mensaje de Esteban con humildad y quebranto, permitiendo al Espíritu hablar a nuestros corazones lo que Él quiere hacer en nuestro medio. Que Dios nos libre de ser como los que apedrearon a Esteban, pensando que somos los únicos que tienen la razón cuando en verdad estamos trágicamente equivocados. Seamos, más bien, como los perseguidos que salieron de sus lugares confortables para arriesgar todo predicando y viviendo la Palabra.

Reacción de los oyentes y muerte de Esteban. Hechos 7:54-60

La última exclamación de Esteban, «He aquí, veo los cielos abiertos, y al Hijo del Hombre que está[11] a la diestra de Dios» (Hch 7:56), les dio rabia a los oyentes. Note el paralelo con Lucas 22:69, donde Jesús respondió al Sanedrín en la ocasión de su juicio («Pero desde ahora el Hijo del Hombre se sentará a la diestra del poder de Dios»). El evangelista destaca la aprobación divina de lo que Esteban había dicho por medio del contraste entre la tranquilidad de él frente a sus acusadores alterados con furor. La visión de la gloria de Dios y de Jesús en pie a la derecha del Padre es notable, porque este es el único lugar que menciona Jesús **parado** al

11 Aunque la versión Reina Valera no lo indica explícitamente, el texto griego y algunas otras versiones en español especifican que Jesús está parado (vv. 55 y 56).

lado del Padre para recibir al primer mártir de la Iglesia.[12] También es notable lo que Esteban dijo en el versículo 56 ya que es el único lugar fuera de los evangelios y Apocalipsis (1 :13) donde se refiere a Jesús como «Hijo del Hombre». De las 87 veces que aparece esta frase en el Nuevo Testamento, 85 es Jesús mismo quien la utiliza. Lucas relata con ironía el contraste entre los asesinos enfadados gritando, empujando y asaltando con violencia a Esteban, que encomienda su Espíritu con serenidad a Jesús en forma semejante al Señor cuando murió pidiendo perdón para los que le mataron (Lc 23:34, 46).

Finalmente, debemos notar la presencia de Saulo, cuidando la ropa de los que apedrearon a Esteban (Hch 7:58) y aprobando su muerte (8:1). Lucas introduce a este hombre, que tendría un papel importantísimo en el desarrollo de Hechos y de la Iglesia Cristiana como perseguidor de ella. Es preciso notar que el milagro de la conversión de Saulo el perseguidor a Pablo el apóstol es un fenómeno histórico innegable que comprueba la verdad del mensaje bíblico acerca del poder de Jesús para transformar pecadores. Las epístolas de Pablo enseñan esto como doctrina, pero en Hechos, Lucas lo narra en una forma dramática y atractiva que acerca al lector también a Jesús, el autor de la salvación.

COMENTARIO DEL AUTOR. HECHOS 8:1-4

Lucas conecta la narración del ministerio de Esteban con el de Felipe por medio de estos cuatro versículos explicativos. La muerte de Esteban fue la causa indirecta del éxito evangelístico de Felipe. Como siempre, Dios utiliza lo malo que hacen los pecadores para generar bendición. Lo hizo en la forma más perfecta a través de la crucifixión de su Hijo Jesús, pero lo hace en toda época a través de

12 Otras citas bíblicas muestran a Jesús a la diestra de Dios o sentado a la diestra de Dios (Mc 16:19; Ro 8:34; col 3:1; Heb 10:12; IP 3:22).

personas que confían en Él. Es casi seguro que algunos creyentes que experimentaron la persecución de Saulo se preguntaran: «¿Dónde está la victoria de Dios en todo esto?» En medio del apuro y el peligro del momento es, a veces, difícil ver cómo Dios traerá bien por medio del mal. Pero Lucas no nos permite aguantar el suspenso, pues en Hechos 8:4 nos da la respuesta: «Así que los que habían sido esparcidos iban predicando la palabra».

EL MINISTERIO DE FELIPE. HECHOS 8:4-40

El foco de atención en Hechos fue primeramente Pedro, desde la segunda mitad de capítulo 1 hasta el final del 5, Juan estaba lejos en la escena, y los otros apóstoles formaban un fondo de apoyo. Con el problema interno de las viudas al comienzo del capítulo 6, el foco iluminó a Esteban, y ahora a Felipe, dos de los siete escogidos para solucionar ese problema. Lucas lleva adelante el drama de la expansión de la Iglesia desde que se inició con los ciento veinte discípulos reunidos en un aposento alto en Jerusalén hasta lo último de la tierra a través de las actividades de los seres humanos llenos del Espíritu Santo.

Lo notable del cambio de foco de Pedro a Esteban y Felipe es que Pedro fue un apóstol propiamente dicho, es decir, un testigo presencial de todo el ministerio de Jesús hasta su muerte y resurrección. Esteban y Felipe fueron creyentes que seguramente llegaron a creer por el testimonio de los apóstoles. Ambos eran judíos helénicos, que no estuvieron con Jesús durante sus breves años de ministerio en Galilea y Jerusalén. En esa forma Dios empleaba ahora la segunda generación de creyentes para extender el mensaje más allá de Jerusalén y de los de judíos. Es probable que Pedro no hubiera podido ministrar como Esteban y Felipe debido a la barrera cultural que seguramente existía entre él y los helenos y más aún entre él y los samaritanos.

También es notable que el ministerio de Esteban resultó en su rechazo total y martirio, mientras el de Felipe dio como fruto la conversión de muchos en Samaria. Este contraste no refleja falta de habilidad por parte de Esteban, sino que es parte del énfasis de Lucas en el hecho de que el mensaje de salvación por medio de Jesús produce gran gozo y aceptación en algunos e ira y rechazo total en otros. Es irónico que el aparente fracaso de Esteban fuera la causa indirecta del gran éxito de Felipe, y seguramente de otros, como Pablo más adelante.

La extensión del evangelio fuera de Jerusalén. Hechos 8:4-5

Este pasaje bíblico da a entender que Felipe fue solamente uno de varios dispersos que se fueron predicando. Siguiendo su costumbre, Lucas nos da un ejemplo —un caso específico— de lo que sucedía casi en general. Los apóstoles irónicamente, según 8:1, se quedaron en Jerusalén.

Felipe en Samaria. Hechos 8:6-25

Es necesario comentar acerca del trasfondo cultural del conflicto entre los judíos (especialmente de Jerusalén) y los samaritanos. Desde el tiempo del patriarca Jacob (cuyo nombre fue cambiado por Dios a Israel), hubo disensión entre sus hijos, los padres de las doce tribus de Israel. La rivalidad fue evidente durante toda la historia del éxodo, la conquista de la tierra prometida y el período de los jueces. Después del reino de Salomón, en 930 a.C., diez tribus se separaron de las dos restantes para formar una nación aparte. Las primeras formaron la nación de Israel (el reino del Norte), y las otras dos la nación de Judá (el reino del Sur). Con la división política, vino la discordia religiosa: Israel practicó una forma de idolatría y cambió ciertos pasajes de las Escrituras.[13] En el

13 Véanse 1 Reyes 12:25-33, 2 Reyes 3:3; 10:29, 31; 13:2, 6; 17:21-22; 23:15.

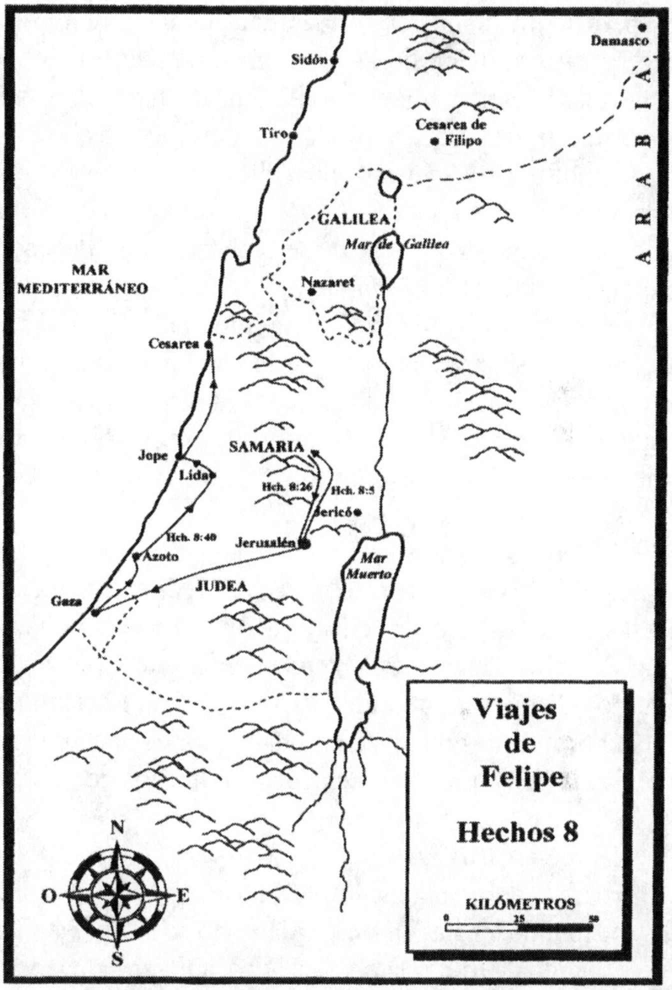

año 722 a.C., Israel fue vencido por Asiria. Parte de su población fue deportada y parte dejada en la tierra con inmigrantes de otras naciones vencidas por Asiria. El resultado fue una mezcla racial y religiosa que dio como resultado los samaritanos. La nación de Judá fue deportada a Babilonia en 587 a.C. (135 años después de Israel), pero logró mantener su identidad racial y religiosa por medio de la institución de la sinagoga y porque Babilonia no mezclaba las naciones conquistadas. Cuando Judá regresó de la cautividad a la tierra de Palestina, 70 años después, hubo una serie de conflictos y guerras entre ellos y los samaritanos; lo que profundizó el rechazo mutuo entre ambos pueblos. En el tiempo del Nuevo Testamento, ese rechazo había degenerado aún más. Los judíos (especialmente los de Jerusalén) odiaban a los samaritanos y los consideraban inmundos. Estos a su vez también rechazaban a aquellos, por lo que había una profunda desconfianza entre ellos. Todo eso hace notable la extensión del evangelio a Samaria. Había necesidad de penetrar una barrera gigantesca establecida por la cultura y la religión.

- *El comienzo. Hechos 8:6-8*

Antes en el relato, Pedro el apóstol, predicaba con éxito y realizaba milagros; luego, Felipe, que no era apóstol, hacía lo mismo. A través de la narración entendemos que no es la persona (Pedro o Felipe), ni su título (apóstol), sino el Espíritu Santo quien importa. El resultado de las palabras y los hechos de Felipe fue que la gente prestaba atención y se llenaba de gozo.

- *El antagonista. Hechos 8:9-13*

El progreso del evangelio implica un ataque contra el príncipe de este mundo, el diablo. Desde el huerto de Edén, Satanás ha tenido el hábito de imitar la obra de Dios, adulterando la verdad para engañar a la gente. Simón practicaba magia y hechicería y afirmaba ser un representante de Dios; pero cuando llegó un verdadero representante de Dios haciendo y diciendo maravillas con el poder del Espíritu Santo se acabó el fraude. A pesar de haber sido engañados por mucho tiempo, los samaritanos «creyeron a-

Felipe, que anunciaba el evangelio del reino de Dios y el nombre de Jesucristo» (Hch 8:12).[14] Los que creyeron fueron bautizados.

Es interesante notar que Simón también creyó y fue bautizado, y se hizo compañero constante de Felipe. Aun él se asombró al ver el auténtico poder de Dios en lugar del poder engañador del diablo al que antes servía.

- *La llegada de los apóstoles. Hechos 8:14-17*

Lucas ahora relata la llegada de los apóstoles, Pedro y Juan, enviados desde la Iglesia de Jerusalén. No dice el motivo de su llegada. ¿Fue para apoyar a Felipe? ¿O para averiguar si esa actividad era realmente del Señor? La primera acción, según Lucas, fue orar y poner sus manos sobre los creyentes recién bautizados para que recibieran el Espíritu Santo. No se sabe cuál fue la señal de que lo recibieron (Hch 8: 17), pero posiblemente fue hablar en lenguas, como en Hechos 2:4; 10:44-46 y 19:6.

Los católicos romanos usan este pasaje para comprobar la necesidad de la confirmación después del bautismo. Los pentecostales lo emplean como evidencia de que la llenura del Espíritu es posterior a la conversión, y que hablar en lenguas es la señal definitiva de tener el Espíritu Santo. Otros grupos lo usan para justificar la necesidad de que un «apóstol» imponga las manos sobre un nuevo creyente. Estas cuestiones no vinieron a la mente de Lucas. El solo narraba lo que sucedió. El Espíritu Santo es Dios y Él es soberano y sabio. Las diferentes narraciones en Hechos muestran que Él actúa en formas distintas según la situación y la necesidad. Probablemente, por el profundo rechazo entre judíos y samaritanos, fue necesaria esta manera de proceder para convencer a los apóstoles

14 La palabra griega que traduce la frase «anunciaba el evangelio» es *euaggelizomenô,* que significa «anunciando buenas nuevas» acerca del reino de Dios y el Nombre de Jesucristo. Así que los dos temas incluidos en la evangelización de los samaritanos por Felipe fueron acerca del reino de Dios y el Nombre de Jesucristo.

y a los judíos de la Iglesia de Jerusalén respecto a la autenticidad de la conversión de los samaritanos ante la predicación de Felipe.[15]

- *El problema con Simón. Hechos 8:18-24*

Cuando Simón vio a Pedro y a Juan imponer sus manos y orar, y observó luego la evidencia de que el Espíritu llenó a los creyentes, quiso tener también ese poder. Al ofrecer dinero para comprarlo, fue regañado por Pedro, quien dio a entender que Simón no era salvo, «No tienes tú parte ni suerte en este asunto, porque tu corazón no es recto delante de Dios» (Hch 8:21).[16] La respuesta de Simón muestra que en verdad, a él le faltaba mucho. Pues dijo: «Rogad vosotros por mí al Señor, para que nada de esto que habéis dicho venga sobre mí» (Hch 8:24). En vez de arrepentirse, como le dijo Pedro, buscó evadir la consecuencia de su error por medio de las oraciones de Pedro. Simón todavía consideraba que el acceso al poder de Dios era por medio de otros, y no directamente a través de Jesucristo.

Hay muchas tradiciones de la Iglesia primitiva acerca de Simón. Su nombre aparece en varios escritos muy antiguos como el fundador de una rama del gnosticismo, y cual adversario tenaz del cristianismo desde ese momento en adelante. No hay forma de saber la veracidad de esas tradiciones.

Lo que debemos aprender de este suceso es el peligro verdadero que presentan muchos que llegan a Cristo procedentes de religiones falsas o de misterio —como la magia y la hechicería— que no entienden la realidad de la obra de Cristo en la cruz. Es

15 Además, es peligroso tomar un evento que sucedió en el tiempo de transición entre el Antiguo y el Nuevo Testamento como un criterio para la práctica de la Iglesia sin que haya alguna indicación explícita de que los apóstoles lo consideraban así.

16 Es debatible si Simón fue salvo o no. Hechos no registra el bautismo de personas que —según mención explícita del texto— se apartaban de la fe. En el relato de Ananías y Safira, también, hay debate acerca de si fueron creyentes o no. En fin de cuentas, eso es potestativo de Dios. Sin embargo, podemos concluir que pretender comprar el poder de Dios con dinero no es correcto.

necesario un periodo de enseñanza intensiva y de prueba para ayudarlos a aprender la verdad y librarlos del error que antes esclavizaba sus vidas. Además, las palabras duras de Pedro nos muestran que hay que enfrentar el error doctrinal de inmediato y con firmeza. Es necesario conocer la verdad y defenderla a todo costo ante errores graves. En nuestro medio, hay gran cantidad de doctrinas falsas que tienen una apariencia parcial de verdad. Es necesario denunciar lo falso públicamente, explicarlo con claridad y exponer las consecuencias de seguirlo. En esta época de «tolerancia» esta idea nos hace despreciables, pero la verdad de la Biblia no se negocia, y tolerar la maldad nunca trae provecho a nadie.

- *Los apóstoles continúan predicando. Hechos 8:25*

Una vez que vieron la autenticidad del ministerio de Felipe a los samaritanos, los apóstoles se unieron al movimiento participando también en la proclamación a ellos. Los apóstoles, efectivamente, reconocieron que Dios era el líder del programa, y no ellos. Es lastimoso ver muchas iglesias bajo el liderazgo de los hombres. Cuando Dios empieza a hacer algo por medio de alguien que no es del grupo de líderes, estos muestran temor, rechazo y a veces hasta prohíben la actividad que está en acción. Es cierto que no todo lo que sucede es del Señor. Pedro aprobó lo que Felipe hizo y rechazó lo que Simón intentó hacer. Pero hay que examinar todo a la luz de la Palabra, y en dependencia del Espíritu Santo, y apoyar lo que es de Dios.

Felipe y el Etíope. Hechos 8:26-40

La narración que sigue nos llama la atención por varias razones:

1. El Espíritu llamó a Felipe a abandonar un ministerio a muchas personas para atender a una sola persona. Esto muestra la soberanía del Espíritu, y el valor de la salvación de cada persona ante el Señor.

2. El etíope era natural de un país lejano, al sur. Un lugar ubicado en lo último de la tierra.
3. La Iglesia Cristiana de Etiopía es una de las más antiguas del mundo. Ellos dicen que su historia empezó con la llegada de este eunuco y su encuentro con Felipe. Así que es posible que, por medio de la evangelización de una sola persona, Felipe hiciera más que lo que hizo en su ministerio a muchos en samaria.
4. Posiblemente todo esto aconteció para cumplir la profecía de Isaías 18, en especial el versículo 7.

- *La providencia del Señor. Hechos 8:26-31*

A veces, el Señor crea una situación en la que la evangelización de una persona es especialmente sencilla. Recuerdo aún el día cuando una persona que vivía en la selva —y que caminó muchas horas— llegó a mi casa. Después de un saludo formal, me dijo: «Vine acá para que usted me diga cómo ser salvo». Antes de que esto ocurriera, pasé mucho tiempo en aquel lugar evangelizando con muy poco fruto.

En Hechos 1:26, un ángel ordena a Felipe abandonar el campo misionero en Samaria para un viaje largo a un lugar desierto. Al llegar, Felipe se encuentra con otro viajero que lee un pasaje de la Biblia que habla proféticamente de la muerte de Jesús por nuestros pecados. Es necesario entender que solo las personas muy ricas podían tener una copia de cualquier libro en aquel entonces. Solo los ricos podían viajar en «carro». Además, una persona como Felipe jamás podía acercarse a un rico. Viajar era más peligroso en aquel tiempo que ahora, y los ricos viajaban protegidos con escoltas armados que no permitían a nadie acercarse. Sin embargo, cuando Felipe se aproxima al etíope, este lo recibe con una pregunta que abre la puerta para compartir el evangelio. El Señor obra en el creyente para hacerlo estar en el lugar apropiado y en el tiempo propicio. También obra en el que no cree todavía preparando su corazón para recibir el mensaje de salvación.

- *La Palabra del Señor. Hechos 8:32-35*

De todo el Antiguo Testamento, Isaías 53 es la parte que habla más explícitamente acerca del significado de la muerte de Jesucristo. El etíope estaba leyendo los versículos 7 y 8 de ese capítulo. El Nuevo Testamento lo cita o se refiere a ese capítulo sin citarlo directamente 37 veces, viendo siempre su cumplimiento en el Señor. Sin embargo, antes de Cristo, los judíos no entendían el pasaje.

Las diferentes interpretaciones de ese texto antes de Cristo surgieron precisamente de la pregunta: ¿Quién es ese siervo que sufrirá por la justificación de los demás? Esa es exactamente la pregunta que le hace el etíope a Felipe: «¿De quién dice el profeta esto; de sí mismo, o de algún otro?» (Hch 8:34). La interpretación de la Iglesia —el Siervo es Jesucristo que murió por los pecados de toda la humanidad— tiene su origen en las palabras de Jesucristo preservadas en varios de los evangelios. En Marcos 9:12 y 10:45, Jesús predice que va a tener que sufrir y ser rechazado y que daría su vida para rescatar a muchos. En Lucas 22:37, el Señor habla del sufrimiento venidero y cita Isaías 53: 12, diciendo que es necesario que se cumpla. Después de su resurrección, Jesús enseñó a sus discípulos que sus sufrimientos cumplieron las profecías (Lc 24:25, 27, 44-47). En sus cartas, Pablo y Pedro citan Isaías 53 para comprobar el mensaje del perdón de pecados por medio de la fe en Jesucristo.

Entonces, cuando el etíope preguntó: «¿De quién dice el profeta esto; de sí mismo, o de algún otro?», Felipe fue preparado para anunciar «el evangelio [buenas nuevas] de Jesús» (Hch 8:35). Lucas no nos dice las palabras que habló Felipe, pero podemos imaginar que contó cómo hizo Jesús muchos milagros, anuncio el reino de Dios, fue crucificado, resucitó y ascendió al cielo. Imaginémonos que persuadió al etíope a confiar en Jesucristo para que este le perdonara sus pecados y le diera vida eterna.

- *El bautismo del etíope. Hechos 8:36-39*

Sabemos el resultado de esa conversación porque el etíope pidió el bautismo y Felipe lo bautizó. Después parece que Felipe desapareció, pero el etíope «siguió gozoso su camino» (Hch 8:39).

Hay tres asuntos que debemos aclarar respecto a este relato hasta ahora. Primero, el etíope fue un eunuco (es decir, estaba castrado). En tiempos antiguos, se solía castrar a los guardias de las mujeres de un rey o alto oficial para prevenir que tuvieran relaciones sexuales con ellas. En el caso del etíope, servía a una reina como alto funcionario. Es probable que fuera castrado por el mismo motivo. Según Deuteronomio 23:1, «Ninguno que haya sido castrado o que tenga cortado su miembro viril entrará en la asamblea del Señor». El hecho de que el etíope estuviera en Jerusalén para adorar y que tuviera una copia propia del rollo de Isaías, muestra que era un hombre que creía en la Biblia y tal vez quería ser parte del pueblo de Dios. Por su condición física de castrado, no pudo entrar en la asamblea del Señor ni ser circuncidado, requisito físico para entrar al pueblo de Dios. Es interesante notar ahora que las mujeres tampoco eran consideradas parte del pueblo de Dios, porque ellas tampoco podían ser circuncidadas. La señal para entrar a ser parte del pueblo de Dios **era** la circuncisión, desde Abraham hasta Jesucristo. A partir de Jesucristo, la señal para entrar en el pueblo de Dios es el bautismo, acto que debe celebrar cada creyente, incluidos eunucos y mujeres.

Segundo, hasta ahora vemos en Hechos que apenas la persona cree en Jesús, se bautiza. Hoy las iglesias tienden a bautizar a las personas después de un tiempo de enseñanza y prueba. Esta costumbre resultó del hecho histórico de que algunos —después de decir que eran salvos— retrocedían a su antigua manera de vivir, lo que comprueba que nunca nacieron de nuevo. La Biblia aclara que la salvación es por fe, no por el bautismo. Entonces, no es perjudicial para la persona esperar un tiempo prudente después de nacer de nuevo para bautizarse. Pero tampoco debe la iglesia posponer o negarle el bautismo a una persona que dice creer en Jesús y obedece su Palabra.

Finalmente, en Hechos 8:37 de la versión Reina Valera de 1960, aparece la respuesta de Felipe a la pregunta del etíope acerca de si puede bautizarse: «Felipe dijo: Si crees de todo corazón, bien puedes. Y respondiendo, dijo: Creo que Jesucristo es el Hijo de Dios». Este versículo probablemente fue añadido luego al texto de Hechos, porque no aparece en ningún manuscrito de fecha anterior al siglo sexto.[17] Sin embargo, la frase «Creo que Jesucristo es el Hijo de Dios» fuera parte de la ceremonia bautismal de los nuevos creyentes.

- *La carrera de Felipe. Hechos 8:40*

Cuando Felipe fue arrebatado por el Espíritu y apareció en Azoto, siguió evangelizando hasta llegar a Cesarea. La próxima vez que Hechos lo menciona es en 21:8-9: «Fuimos a Cesarea; y entrando en casa de Felipe el evangelista, que era uno de los siete, posamos con él. Éste tenía cuatro hijas doncellas que profetizaban». Vemos que todavía, después de algunos años, Felipe continuaba la carrera de ganar personas para Cristo. También notamos que ganó a su familia. El primer sermón de Pedro nos enseñó principios importantes acerca de la predicación evangelística. El encuentro de Felipe con el etíope nos puede enseñar bastante acerca del evangelismo personal.

17 Si quiere averiguar más acerca de cómo investigan los académicos este tipo de problema textual, lea el apéndice de este libro de texto y la sección «El Texto del Nuevo Testamento» en *El Nuevo Testamento: su trasfondo y su mensaje,* por Thomas D. Lea (Editorial Mundo Hispano, 2000), pp. 73-79.

* Felipe tuvo la oportunidad de evangelizar al etíope porque obedeció al Espíritu.
* Dios preparó el tiempo y el lugar del encuentro y tanto a Felipe como al etíope.
* Felipe se acercó al etíope para hablarle aunque este era de diferente raza, cultura y estrato socioeconómico.
* Felipe reflexionó en cuanto a cuál fue la inquietud del etíope en vez de lanzarse a hablar sobre lo que le parecía bien.
* Su testimonio se basó en las Escrituras.
* El tema de su evangelización era Jesucristo.
* Felipe animó al etíope a expresar con sus propias palabras su fe en el Hijo de Dios.

PREGUNTAS

1. Repase las notas que apuntó en su cuaderno acerca del texto de Hechos antes de leer este capítulo, agregue algunas ideas nuevas que haya aprendido y revise lo que sea necesario.
   Busque y lea todas las citas en las que aparece Bernabé en Hechos y en el resto del Nuevo Testamento (use una concordancia completa o un programa bíblico electrónico para realizar la búsqueda). Escriba en qué manera la información dada en Hechos 4:36-7 acerca de Bernabé es importante para el desarrollo narrativo de Hechos. Explique cómo complementa esa información —en el resto del Nuevo Testamento— el retrato de Bernabé.
2. Compare Hechos 5:1-11 con Levítico 10: 1-5, Números 12 y Josué 7. Evalúe estos actos de Dios. ¿Cuáles atributos divinos muestran? ¿Se puede discernir el amor y la misericordia de Dios en estos eventos también? ¿Deja Dios de ser amor (1 Jn 4:8, 16) cuando actúa con juicio contra su pueblo?
3. De Hechos 5:1-11 y 6:1-6, destaque varios principios para el buen tratamiento de problemas internos en la iglesia a la que

asiste. Evalúe el manejo de algún conflicto ocurrido en su congregación a la luz de esos principios.

4. Estudie las referencias a viudas en el Nuevo Testamento y haga un resumen de su estado social y económico según los textos bíblicos. ¿Cuáles son las personas más necesitadas e indefensas en su congregación? ¿Qué está haciendo la iglesia para atender sus necesidades básicas?
5. Compare el discurso de Esteban con **uno** de los siguientes pasajes. Comente acerca de sus semejanzas y diferencias. Deuteronomio 26, Josué 24, Nehemías 9, Salmos 78, 105, 106, 136, Ezequiel 20 y Hechos 13:16b-41.
6. Reflexione acerca de la iglesia a la que asiste desde la perspectiva del discurso de Esteban. ¿Hay áreas en las que usted o su congregación están resistiendo lo que Dios quiere hacer? Escriba en términos concretos lo que deben hacer para someterse a la voluntad de Dios en esas áreas.
7. Estudie lo que Esteban dijo cuando murió (Hch 7:56, 59-60) en comparación con lo que expresó Jesús en Lucas 22:69; 23:34 y 46. Luego compare lo que Mateo, Marcos y Juan relatan acerca de las palabras del Señor durante su juicio y crucifixión. ¿Cree usted que Lucas enfatiza intencionalmente el paralelo entre la muerte de Jesús y la de Esteban? A la luz del contenido del discurso de Esteban, ¿qué razón sugeriría que explique el deseo de Lucas de enfatizar este paralelo?
8. Escriba un párrafo acerca de los principios de evangelismo personal que podemos aprender del relato de Felipe y el etíope. Incluya citas que comprueben cada principio. Compare estos principios con los que aprendemos del sermón de Pedro en Hechos 2. De su propia experiencia evangelizadora, ¿qué otros principios puede usted mencionar?

Lección 4

METAS

En esta lección, usted aprenderá acerca de unos eventos de transición entre la evangelización de los judíos y la evangelización de los gentiles. Observará varias técnicas que Lucas usa para desarrollar su narración, y analizará el significado de varios pasajes a la luz de estas técnicas. Además, aprenderá por el método inductivo acerca de la salvación, y aplicará su conocimiento a la tarea de evangelización.

OBJETIVOS

La lectura de este capítulo y los pasajes correspondientes de la Biblia le guiarán a entender la transición en la historia de la Iglesia; de ser una iglesia primordialmente judía a ser una iglesia primordialmente gentil. Las preguntas le ayudarán a seguir con la práctica de la interpretación de Hechos. El apéndice le guiará a descubrir algo más acerca de la salvación y a reflexionar acerca de la práctica moderna de evangelización.

Lectura bíblica

Lea cuidadosamente Hechos capítulos 9:1—12:24 sin parar en dos diferentes versiones de la Biblia. Mientras lee, anote ideas claves y cosas que le llama la atención en su cuaderno. Después de leer, trate de resumir lo que narran estos capítulos en sus propias palabras (es decir sin copiar versículos textualmente de la Biblia), en forma de un bosquejo breve y conciso.

Lectura del libro de texto

Lea el capítulo 4 del texto y el apéndice 4.

Preguntas

En su cuaderno, escriba sus propias respuestas a las preguntas que están al final del capítulo 4 y al final del apéndice 4. **No debe mirar las respuestas dadas en el «Manual para el facilitador» todavía.** Puede remitirse a lo que leyó en este libro, usar comentarios, diccionarios bíblicos, concordancias, atlas bíblicos u otras fuentes de referencia bíblica. Escriba sus respuestas después de hacer su investigación independiente.

Comprobación de respuestas

Ahora, busque las respuestas correctas a las preguntas que contestó. Compruebe que contestó cada pregunta correctamente. Si se equivocó en alguna respuesta, anote el número de la respuesta equivocada y la respuesta correcta en su cuaderno.

Lectura adicional

Lea 75 páginas de lectura adicional y escriba el informe de lectura adicional que corresponde. Esto completa el requisito de lectura adicional para el curso. El informe debe incluir la información bibliográfica de los libros leídos, el número de páginas leídas, y las respuestas a las siguientes preguntas: a) ¿De qué se trata esta lectura?; b) ¿Qué le llamó la atención?; c) ¿Está en desacuerdo con el autor con respecto a algún tema? ¿Por qué?; y d) ¿Cómo afecta —de manera práctica— su vida y su ministerio lo que ha aprendido en esta lectura? Guarde el informe de lectura adicional para enviarlo a las oficinas de FLET juntamente con los otros trabajos requeridos cuando complete todo.

Ensayo

En la lección anterior, usted redactó una oración que expresó la idea principal (o tema) de su ensayo, y un bosquejo que comprendió por lo menos tres puntos principales acerca de la idea principal que tratará en su ensayo. En esta lección, deberá redactar todo el primer párrafo del ensayo, usando la oración que expresa la idea principal y mostrando la manera en que va desarrollar esa idea principal de acuerdo al bosquejo. Es decir, deberá incorporar los puntos del bosquejo en el primer párrafo en forma breve y relacionada. Si tiene alguna consulta que hacer con respecto a la redacción del primer párrafo, puede escribir a tareas@flet.edu.

Empiece a hacer la investigación necesaria en el texto bíblico y en otras fuentes de información sobre el tema. Tome apuntes organizadamente para cada punto de su bosquejo. Identifique cuidadosamente la fuente de referencia de cada apunte, anotando el nombre del autor, el título del artículo, libro, periódico, etc. y el número de página, para poder incluir esa información en las notas a pie de página donde sea necesario.

Capítulo 4

CONSOLIDACIÓN Y COMIENZO: CONVERSIÓN, CURACIÓN, CÁRCEL, Y CASTIGO, HECHOS 9:1-12:24

Mientras lee este capítulo, es absolutamente necesario que mantenga abierta su Biblia. Lea cada pasaje antes de observar el comentario y busque las referencias bíblicas sugeridas. Así aprovechará al máximo esta oportunidad para aprender.

La sección de Hechos que vamos a estudiar ahora es diferente a las anteriores. La primera relataba el nacimiento de la Iglesia y su rápido crecimiento en Jerusalén. La segunda, describía la expansión de la Iglesia a Samaria, aunque no observamos un crecimiento muy rápido o impresionante.

Los apóstoles eran los personajes principales en la narración de la primera sección. Esteban y Felipe protagonizaron la segunda. En esta continúa la introducción de Saulo, que es el personaje prominente después de Hechos 12. A la vez nos despedimos de Pedro, personaje principal hasta el final del capítulo 12, aunque no aparece después sino en un papel relativamente importante en el concilio indicado en el capítulo 15. Es preciso ahora recordar una frase que usamos al comienzo de este comentario acerca de Hechos: Es **el relato de los hechos de Jesús por medio del Espíritu Santo actuando a través de sus discípulos**. Lucas narra los eventos de varias personas para adelantar este proyecto principal. Pedro, Esteban, Felipe y ahora Saulo son los agentes que actúan bajo el poder del Espíritu Santo para adelantar la obra de Jesús en el mundo. Los acontecimientos que Lucas seleccionó de personajes como Saulo para narrar, sirven al propósito más amplio de Hechos.

En la primera sección del libro, hallamos una persecución creciente contra la naciente Iglesia. En la segunda, la persecución cruel obliga a muchos creyentes a huir de Jerusalén, pero entendemos que la voluntad de Dios no es frustrada, sino que se cumple a través de los eventos. En esta sección, Lucas nos relata el juicio de Dios contra un perseguidor.

Ninguna persona no judía creyó en Jesús en la primera sección de Hechos. Unos samaritanos (etnia mezclada con los judíos) se convirtieron en la segunda sección, y luego lo hizo un etíope. Pero en ambas secciones, la Iglesia es principalmente judía. La que estamos estudiando ahora narra en detalle y extensamente la conversión de un gentil, Cornelio, y además menciona una iglesia en territorio gentil compuesta de miembros tanto judíos como gentiles: la Iglesia de Antioquía. De ahora en adelante, el énfasis de Hechos se enfoca en el crecimiento de la obra entre los gentiles, los conflictos causados por ese cambio y el relato de las persecuciones judías contra aquella obra.

En las primeras dos secciones, la conversión de nuevos creyentes fue resumida, y se enfatizaba en grupos grandes de creyentes. En esta sección, Lucas narra la conversión de Saulo primero, y después la de Cornelio en detalles. Esta última ocurre dos veces en esta sección, y la de Saulo un total de tres veces: una en esta sección, otra en Hechos 22:3-16 y la última en Hechos 26:12-18. Notamos que Lucas tiende a ser más extenso en su obra en cuanto a cosas que considera más importantes; además, la repetición es señal de su relevancia. Así que debemos estar alerta ante la importancia de esta sección de Hechos, especialmente por lo relevante de la conversión o salvación como tema principal en Hechos.

En resumen, esta sección narra la consolidación de lo anterior y la preparación para lo que viene después en Hechos. Aquí encontramos la resolución parcial de algunos temas y el comienzo de otros nuevos. El lector tiene la oportunidad de pausar, respirar y reflexionar mientras Lucas lo prepara para nuevos asuntos maravillosos.

CONVERSIÓN Y PRIMEROS AÑOS DE MINISTERIO DE SAULO. HECHOS 9:1-31

La conversión de Saulo es notable. No puedo pensar en ningún otro relato en toda la Biblia que muestre con tanta claridad y detalle el cambio absoluto que ocurre cuando un pecador se rinde a Jesucristo. El inglés George Lyttleton, escribió una vez que consideraba que la conversión de Saulo fue «la prueba suficiente para demostrar que el cristianismo es una revelación de Dios».[1] Antes de estudiar el texto de Hechos 9, conviene reflexionar acerca de por qué este relato tiene tanto significado.

Los actos de Saulo —antes y después de su conversión— muestran la naturaleza radical del cambio que experimentó. Lucas crea un contraste deliberado entre Esteban, con rostro como de ángel, dispuesto a morir por la causa de Jesucristo; y Saulo, viendo el juicio (Hch 7:58), consintiendo apedrear a Esteban (Hch 8:l), y furioso contra la Iglesia (Hch 8:3). La palabra griega que la Reina Valera traduce como «hacía estragos», en Hechos 8:3, aparece solamente esta vez en el Nuevo Testamento. En la LXX, versión del Antiguo Testamento, aparece en el Salmo 80:13, donde el puerco montés «devora» la viña del Señor; y también en la literatura clásica aparece refiriéndose a la manera en que los glotones «destrozan» sus propios cuerpos con su intemperancia.

1 Baron George Lyttelton, *Observations on the Conversion and Apostleship of Saint Paul* [Observaciones sobre la conversión y el Apostolado de San Pablo], Edinburgh, revisado en 1769, pp. 3, 9-10.

Irónicamente, Saulo «arrastraba» a los seguidores de Cristo a la cárcel en Hechos 8:3; más tarde él mismo sería «arrastrado» fuera de la ciudad de Listra como un cuerpo muerto después de predicar (Hch 14: 19). Esteban estuvo dispuesto a morir por lo que consideraba la verdad; Saulo mató a los cristianos que creyeron en esa verdad (Hch 22:4). En Hechos 9:1-2 Lucas explica que Saulo respiraba amenazas y muerte contra los discípulos de Jesús, no solo en Jerusalén, sino también contra los que habían escapado a Damasco.

Reflexionando después en su carrera persecutoria contra la Iglesia, Pablo se denominó «blasfemo, perseguidor e injuriador» (1 Ti 1.13), el «primero» entre los pecadores (1 Ti 1:5), e indigno de ser llamado apóstol (1 Co 15:9). Sin embargo, no se excusó por sus actos, sino que pensó que fueron parte de su «justicia que es en la ley» (Fil 3:6), y cometidos en «ignorancia» e «incredulidad» (1 Ti 1:13). O sea, Saulo el perseguidor, actuaba implacablemente en contra de la Iglesia basado en sus convicciones erróneas acerca de Jesucristo. Pablo el apóstol, actuaba enérgicamente en pro de la Iglesia basado en sus convicciones correctas acerca de Jesucristo. En ambos casos, fue en verdad sincero.

Notemos que Saulo no buscaba este cambio. Iba a Damasco para seguir en lo que consideraba correcto. La iniciativa en su conversión vino totalmente de afuera, de Jesucristo. Saulo lo había rechazado, pero Jesús lo había escogido. Sin embargo, en ningún momento el Señor lo obligó a actuar en contra de sus convicciones. De otro modo, le dio suficiente evidencia para que sus convicciones cambiaran radicalmente. El carácter templado y fuerte de Saulo le sirvió como perseguidor. El mismo carácter después fue puesto al servicio de Jesús como apóstol. Saulo tomó la iniciativa para perseguir a la Iglesia. Jesús la tomó para enviar a Pablo a edificar la Iglesia. Saulo, antes de su conversión, en su sinceridad equivocada, servía al diablo, aunque pensaba que lo hacía a Dios. Luego serviría sincera y correctamente a Dios y a su Hijo, Jesucristo.

SAULO ANTES DE SU CONVERSIÓN. HECHOS 9:1-2

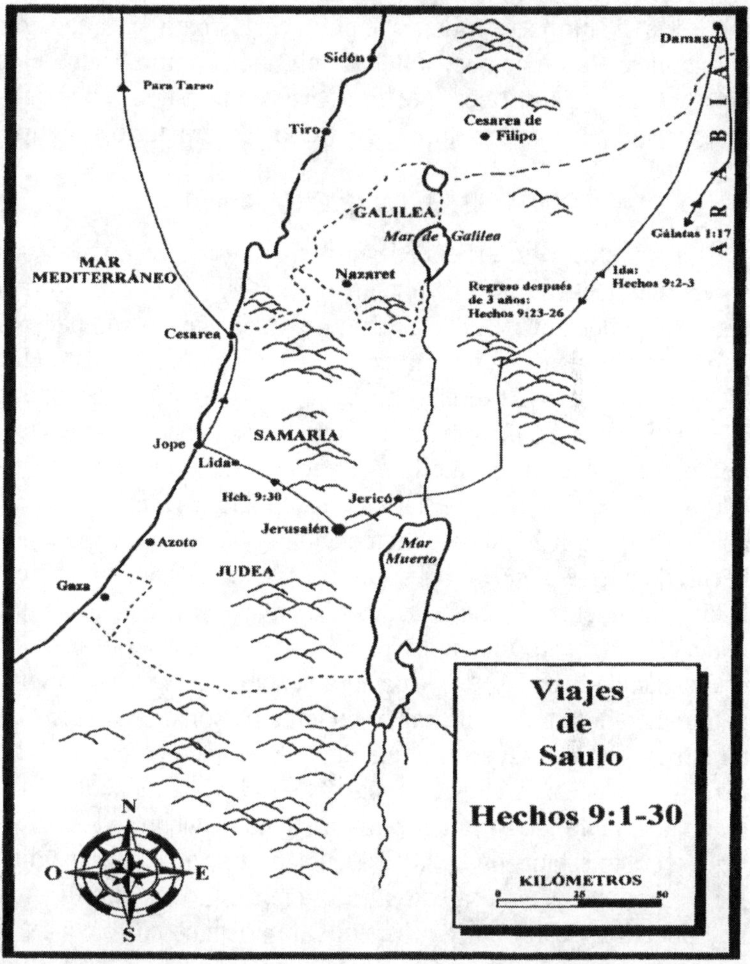

¿Se acuerda de Saulo? Lucas, como suele hacer, lo introdujo antes de este pasaje donde comienza a jugar un papel bastante importante en la narración. En Hechos 7:58, y 8:1, Saulo aprobaba la muerte de Esteban, y en 8:3 aparece como perseguidor implacable de la Iglesia en Jerusalén. El texto de Hechos 9:1-2, «Saulo, respirando aún amenazas y muerte contra los discípulos del Señor, vino al sumo sacerdote, y le pidió cartas para las sinagogas de Damasco, a fin de que, si hallase algunos hombres o mujeres de este Camino, los trajese presos a Jerusalén», parece una continuación del relato interrumpido en 8:4 por el ministerio de Felipe.

LA CONVERSIÓN DE SALLO, HECHOS 9:3-19

La manera en que el Señor Jesús se manifestó a Saulo fue física y personalmente a través de una luz brillante y una voz. El apóstol entendió lo que la voz le decía (aunque parece que sus compañeros de viaje, que vieron la luz, no entendieron aquello, compare Hch 22:9). El mensaje fue directo al grano: «¿Saulo, Saulo, ¿por qué me persigues?» Él pensaba que estaba persiguiendo a una secta que proclamaba falsamente la resurrección de Jesús. La voz que oyó daba a entender que estaba persiguiendo a Dios mismo. La aparición de la luz brillante, la mención doble de su nombre y el hecho de caerse al suelo muestran que Saulo consideraba que estaba experimentando una visitación de Dios semejante a las que relata el Antiguo Testamento. Cuando preguntó exactamente quién estaba hablando con él, usó la palabra Señor, que a veces se emplea como la manera formal de hablar con una persona, pero dadas las circunstancias es casi seguro que Pablo la empleó para referirse a Dios. La respuesta a su pregunta: «Yo soy Jesús», hubiera confirmado que Saulo estaba errado y los cristianos estaban en lo correcto: Jesucristo estaba vivo y la persecución que Saulo pensaba dirigir contra una secta falsa en realidad, era dirigida contra Él. Aun hoy podemos decir que cada vez que un cristiano sufre por su fe en Cristo, la persecución está dirigida también contra Jesús mismo.

En el versículo 6, Jesús manda a Saulo levantarse y esperar en Damasco hasta recibir instrucciones acerca de lo que debía hacer.[2] Siendo ciego, presumiblemente debido a la luz que vio, sus

2 La expresión en Hechos 9:5b-6a, «dura cosa te es dar coces contra el aguijón. Él, temblando y temeroso, dijo: Señor, ¿qué quieres que yo haga?», en realidad no

compañeros lo llevan, y Saulo permanece en un ayuno total durante los tres días de espera. Después de los tres días, Jesucristo manda a un discípulo que vive en Damasco ir a orar por Saulo; y a la vez, le informa a este por medio de una visión lo que va a suceder.

En respuesta a los temores humanamente justificados del discípulo, Ananías, Jesús dice: «Ve, porque instrumento escogido me es éste, para llevar mi nombre en presencia de los gentiles, y de leyes, y de los hijos de Israel; porque yo le mostraré cuánto le es necesario padecer por mi nombre» (Hch 9:15-16). Aquí vemos otra vez la iniciativa de Dios al escoger y preparar a Saulo para un ministerio específico. El ministerio de Saulo (Pablo) cumplió con lo que dijo Jesús aquí, pues ministró el evangelio a muchos gentiles a lo largo del Imperio Romano (Hch 13-20), testificó ante gobernadores (Hch 24:10-23; 25:1-27), y ante representantes del pueblo judío en sinagogas de diversas ciudades (Hch 13—20); además ante el sanedrín en Jerusalén (Hch 22:30—23: 11); por lo que sufrió mucho (numerosas citas en Hechos y el resumen de 2 Co 11:16-33).

El ministerio de Ananías a Saulo fue tierno, considerando la reputación que tenía este. Impuso sus manos y lo llamó «hermano Saulo», recibiéndolo, así como miembro de la comunidad de fe. Saulo recibió su vista, el Espíritu de Dios, el bautismo y alimento físico. Como resultado fue reanimado.

aparecen en ningún manuscrito griego de Hechos 9. Si usa la versión *NVI*, *La Biblia de las Américas o Dios habla hoy*, verá que esa frase no está en el texto de Hechos 9. Está en la versión Reina Valera porque algunas versiones en latín la tienen, y en los manuscritos que Reina usó aparecía. Es probable que fueron copiadas de Hechos 22:10 y 26:14, donde Pablo vuelve a relatar su conversión. Allí realmente forman parte del texto griego del Nuevo Testamento. Hasta la invención de la imprenta mecánica en el siglo XVI, los libros se copiaban a mano. Todos los manuscritos del Nuevo Testamento fueron hechos de esa manera. Por eso, muchos errores menores y algunos mayores resultaron en diferentes copias de las Escrituras. La ciencia de la crítica textual se encarga de discernir entre los diferentes manuscritos cuáles quizás representan lo que el autor escribió originalmente. En el caso del Nuevo Testamento, hay más de 5,000 diferentes manuscritos, y el estudio de estos ha producido el texto griego publicado por las Sociedades Bíblicas Unidas que contiene —con muy alta probabilidad— el texto original del Nuevo Testamento.

Este relato nos enseña que no hay caso en que la salvación sea imposible. No debemos desanimarnos al orar y predicar a los que rechazan fuertemente el Evangelio de Jesucristo. No hay límites a la gracia de Dios y el poder transformador del Espíritu Santo. No podemos discernir a quiénes escoge el Señor para un ministerio poderoso y eficaz. También nos enseña que los hechos de una persona antes de su conversión, por malos que sean, no impiden que Dios la pueda utilizar. No debemos rechazar a alguien que se entregue a Cristo, basados en lo que esa persona era anteriormente.

PRIMEROS AÑOS DE MINISTERIO DE SALLO. HECHOS 9:19-30

Saulo no perdió tiempo, empezó a predicar que Jesús era el Hijo de Dios en las sinagogas de Damasco (Hch 9:20). Esto es diferente de la predicación anterior en Hechos, la cual proclamaba a Jesús como el Mesías o Cristo —el ungido para reinar sobre Israel. El encuentro que Saulo sostuvo con Jesús en el camino, seguramente lo convenció de su divinidad. Además, el apóstol demostraba en forma irrefutable que Jesús era el Cristo o Mesías (Hch 9:22), pero la afirmación de que es Hijo de Dios era nueva en el libro de Hechos.

Hechos 9:23 habla de un lapso de tiempo relativamente extenso (muchos días). Compare ahora la información biográfica que Pablo nos brinda en Gálatas 1:15-19:

> Pero cuando agradó a Dios, que me apartó desde el vientre de mi madre, y me llamó por su gracia, revelar a su Hijo en mí, para que yo le predicase entre los gentiles, no consulté enseguida con carne y sangre, ni subí a Jerusalén a los que eran apóstoles antes que yo; sino que fui a Arabia, y volví de nuevo a Damasco. Después, pasados tres años, subí a Jerusalén para ver a Pedro, y permanecí con él quince días; pero no vi a ningún otro de los apóstoles, sino a Jacobo el hermano del Señor.

Parece que Saulo predicó un tiempo en Damasco, luego pasó a Arabia (una región al oeste de la ciudad de Damasco), y regresó a Damasco. Sus predicaciones habían causado fuerte oposición por parte de los hebreos, y tuvo que escapar (compare el relato aquí con 2 Co 11:32-33).

La llegada a Jerusalén fue también una desilusión para Saulo, pues los creyentes allá tenían miedo de él. Al fin, Bernabé se arriesgó a confiar en él y llevarlo ante los apóstoles. Comparando otra vez el relato en Gálatas con Hechos, parece que no vio a todos los apóstoles sino solamente a Pedro y Jacobo, y eso por solo quince días. Nuevamente los judíos no recibieron la predicación de Saulo con agrado, por lo que tuvo que huir a Cesarea y después a Tarso (la ciudad de su nacimiento, según Hch 21:39; 22:3).

Saulo luego desaparece por un tiempo, hasta Hechos 11:25 cuando Bernabé toma otra vez la iniciativa y lo busca para ayudarlo en el ministerio en la Iglesia de Antioquía.

RESUMEN DE LUCAS. HECHOS 9:31

Lucas nota el crecimiento de la Iglesia ahora extendida a Judea, Galilea y Samaria. Esta observación nos ayuda a entender que Lucas no narra todo lo que pasa, sino que selecciona los eventos convenientes a su propósito. No sabemos nada del ministerio en Galilea desde Lucas 17:11, que menciona que Jesús pasaba entre Samaria y Galilea. Sin embargo, este resumen habla de la iglesia establecida allá; por quién y cuándo, no lo podemos saber. Este versículo también sirve para conectar el relato del ministerio temprano de Saulo en Damasco y Jerusalén con el de Pedro visitando iglesias en toda la región (Hch 9:32).

MINISTERIO GENERAL DE PEDRO. HECHOS 9:32-43

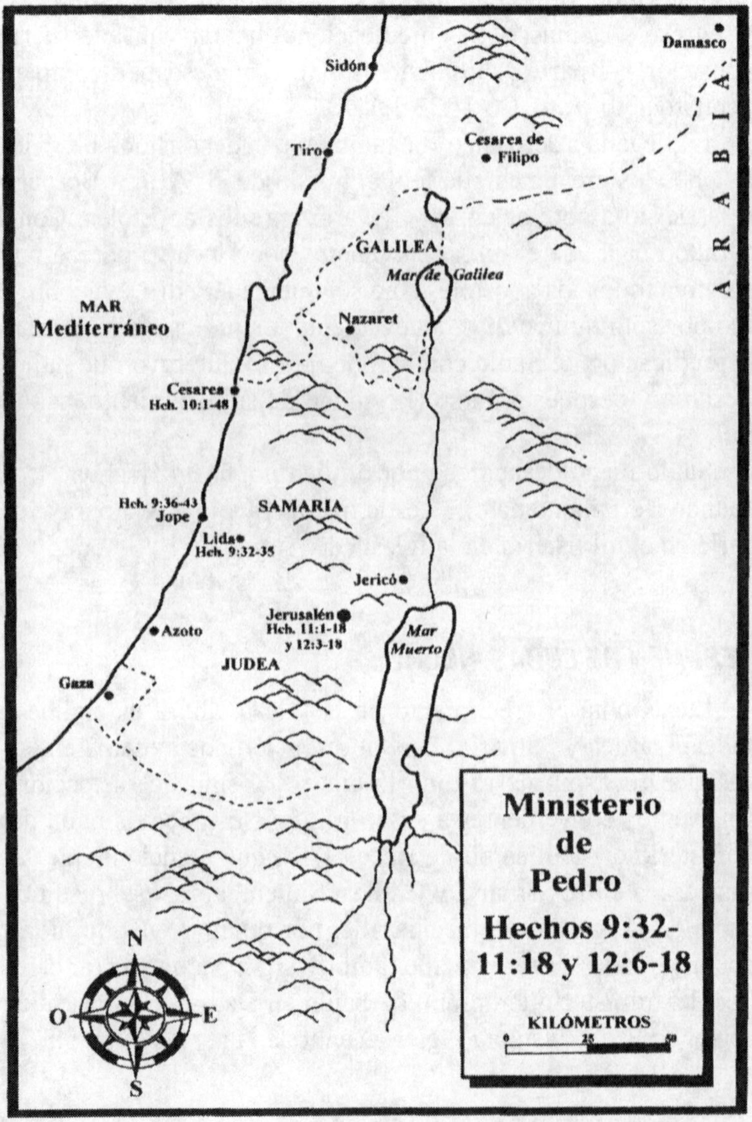

Esta sección de Hechos relata dos ejemplos típicos del ministerio de Pedro. No oímos nada de él desde Hechos 6 cuando los apóstoles nombraron a los siete para atender a las viudas de habla griega, y su salida de Jerusalén para visitar la obra de Felipe en Samaria. Durante los tres años (más o menos) que trata Hechos 9: 1-31, Pedro visitaba las congregaciones de todas partes (Hch 9:32).

Lo que Lucas nos relata del ministerio de Pedro en Hechos 9:32-43 parecen ser dos eventos seleccionados de entre las muchas cosas que seguramente hizo durante el tiempo en el cual Saulo se convirtió y estuvo en Damasco, Arabia y Jerusalén. Los dos acontecimientos que relata Lucas son milagros semejantes a los que hizo Jesús en el Evangelio de Lucas, fortaleciendo así la conexión entre Jesús en Lucas y sus discípulos en Hechos.

El primer milagro sucede en Lida, donde Pedro ministra sanidad en el nombre de Jesucristo a un paralítico que llevaba ocho años en cama, llamado Eneas. Es interesante comparar lo que el Señor le dijo al paralítico en Lucas 5:24 («A ti te digo: Levántate, toma tu lecho, y vete a tu casa»), con lo que Pedro le dijo a Eneas en Hechos 9:34 («levántate, y haz tu cama»). El resultado en Hechos es que muchos se convirtieron al Señor (Hch 9.35); en el milagro de Jesús en Lucas 5:26 el resultado fue asombro mientras la gente glorificaba a Dios.

En Hechos 9:36-42, Lucas relata un segundo milagro que Pedro hizo en la ciudad de Jope. Allá una discípula llamada Tabita (palabra aramea que significa «venado»), o Dorcas (término griego con el mismo significado), había muerto. Es significativo que Lucas mencionara que Tabita era una «discípula». Esto muestra el efecto liberador del evangelio en las mujeres, pues en el primer siglo, no se les permitía ser «discípulas» de ninguno de los maestros del mundo grecorromano o judío. Esta mujer había sido ejemplar en su servicio a las viudas de la iglesia en Jope, y cuando murió enviaron a Lida, porque sabían que Pedro estaba allá. Al llegar, el apóstol sacó primero a la gente del lugar donde estaba el cuerpo de la difunta, oró y dijo: «Tabita, levántate» (Hch 9:40). Aquí es interesante comparar los pasajes en los evangelios donde Jesús resucita a la de Jairo. En Lucas 8:45, Él dijo: «Muchacha, levántate». En el pasaje paralelo en Marcos 5:41, podemos leer las palabras en arameo con la traducción al español, «*Talita cumi*, que traducido es: Niña, levántate». *Cumi* es el arameo que significa «Levántate». Las palabras arameas de Pedro en Hechos 9:40 hubieran sido «*Tabita cumi*», un eco casi exacto de lo que Jesús afirmó en Marcos 5:41. Obviamente, Lucas muestra nuevamente que los hechos de los discípulos igualan a los del Maestro. Sobra decir que la resurrección de Tabita causó asombro en Jope y sus contornos, por lo que muchos creyeron. Hechos 9:42-43 dice que Pedro se quedó bastante tiempo en la ciudad donde cierto Simón, un curtidor (es decir, alguien que trabajaba con pieles de animales).

LA CONVERSIÓN DE CORNELIO. HECHOS 10:1-11:1

La escena cambia de repente a la ciudad de Cesarea, a un día de viaje al norte de Jope. Allá Lucas dirige nuestra atención a Cornelio, un gentil, temeroso de Dios, (uno de los gentiles que se afirmaban en la fe judía probablemente sin ser circuncidados). No es un accidente que el relato detallado de la conversión de Cornelio siga tan de cerca al de la conversión de Saulo. Lucas quiere que comparemos a ambas personas y sus conversiones.

Saulo fue un perseguidor de la Iglesia, aunque era sincero; pensaba que estaba sirviendo a Dios. Dios le concedió una visión de Jesús que sirvió para corregir su error. Cornelio fue un gentil que servía a Dios, también en la mejor manera que supo, con generosidad y en oración. Dios le concedió una visión de un ángel, para ayudarlo a saber más exactamente cómo servirle. Dios usó a un discípulo llamado Ananías para ministrarle sanidad, la llenura del Espíritu y el bautismo a Saulo. Dios usó un discípulo llamado Pedro para ministrarle salvación, la llenura del Espíritu y el bautismo a Cornelio. En ambos casos, Saulo y Cornelio ayunaban. En los dos casos, Dios llamó a Ananías y a Pedro por medio de una visión, y ambos tuvieron una objeción en contra de obedecer a Dios. En los dos casos hubo una demora de varios días (tres, Saulo; cuatro, Cornelio) entre la primera visión y la llegada del discípulo enviado por Dios. En ambos casos, los de la Iglesia se opusieron la inclusión del nuevo convertido. A Saulo por su reputación como perseguidor, y a Cornelio por ser gentil. En los dos casos alguien (Bernabé en cuanto a Saulo, y Pedro en cuanto a Cornelio) defendió al nuevo creyente, y la Iglesia al fin los aceptó.

Es preciso preguntar: ¿Por qué tantos paralelos? ¿Qué nos enseña Lucas a través de todo eso? La respuesta viene en parte cuando estudiamos Hechos 15. Allí hay un relato de un concilio en Jerusalén donde Pablo (Hch 15: 12) defiende su ministerio ante los gentiles (dado después de su conversión en Hechos 9); y Pedro (Hch 15:7-9) se refiere a la conversión de Cornelio para establecer que Dios acepta por igual a gentiles que a judíos, quienes creen en el Señor Jesús. Hechos 9—11 realmente pone el fundamento para todo el resto del libro, porque nos enseña cómo se convirtió y fue llamado el apóstol a los gentiles, y en qué modo fue convertido Cornelio (simbólicamente el primer gentil cuya conversión está oficialmente aceptada y confirmada por la Iglesia) por Pedro el principal entre los otros apóstoles.

LA VISIÓN DE CORNELIO. HECHOS 10:1-8

Cesarea fue una ciudad con cultura romana. Cornelio era un oficial del ejército romano, un hombre con fe en Dios; y expresaba esa fe con obras. La fe de Cornelio parece contagiosa, pues toda su casa la compartía. Orando a la hora novena (tres de la tarde), la hora normal de oración para los judíos, Cornelio vio a un ángel. La visión le dio miedo, pero el ángel lo tranquilizó diciendo que Dios había recibido sus oraciones y sus actos de misericordia como sacrificios ofrecidos a Él. Y le dio instrucciones a Cornelio para que llamara a Pedro de Jope. Cornelio obedeció inmediatamente, enviando un soldado de confianza con otros dos siervos.

Lucas relata la visión de Cornelio tres veces (Hch 10:1-8; 10:30-32, y 11:13-14) y la menciona en Hechos 10:22. Por eso podemos suponer que es muy importante. De igual manera, Lucas narra la conversión de Saulo tres veces. La importancia de la visión de Cornelio es que Dios acepta también a los gentiles que tienen fe verdadera. Este es realmente uno de los temas sobresalientes de Hechos a partir de aquí, y en muchas de las epístolas de Pablo. Es más, es un tema que creó mucha división entre cristianos judíos y cristianos gentiles; y presumiblemente fue un obstáculo grande para los judíos no creyentes en cuanto a la evangelización. Por eso Lucas lo trata en detalle y repetidas veces en Hechos.

LA VISIÓN DE PEDRO. HECHOS 10:9-23

Mientras los mensajeros de Cornelio viajaban, Dios obraba preparando el corazón de Pedro para la misión de predicarles a Cornelio y a su familia. Es difícil generalizar acerca del grado de prejuicio racial y religioso que tenían los judíos de esa época contra los gentiles. Dada la integración social y económica entre ambos grupos, era necesario cierto nivel de convivencia, especialmente fuera de Jerusalén. Sin embargo, los mandatos bíblicos a los judíos acerca de comida, idolatría, circuncisión y el día de reposo crearon una gran separación entre ellos y los gentiles. Por lo general, un judío nunca entraría en la casa de un gentil, y mucho menos comería en ella, para evitar cualquier posibilidad de contaminación ritual.[3] Dios mandó a Cornelio que llamara a Pedro, ahora Él tenía que alistar al apóstol para que aceptara la invitación. El hecho de que Pedro estuviera hospedado en la casa de un curtidor, muestra que posible-

3 En Juan 18:28-29, por ejemplo, los líderes judíos no entraron en el palacio de Pilato para evitar la contaminación ritual.

Una casa en Judea de un piso sin ventanas. Esta casa es típica de las casas en el tiempo de Pedro.

mente tenía menos prejuicios que otros judíos, puesto que esa persona tenía que trabajar con animales muertos, lo cual le hacía a él y a su casa ritualmente impuros.

Es probable que la casa donde Pedro estaba tuviera un techo plano y una escalera exterior para subir. A mediodía, Pedro subió para estar solo y orar. El hambre quizás le hizo que pensara en la comida, y Dios le dio una visión relacionada con alimentos preparándolo para ir donde Cornelio. Levítico 11 especifica los animales que los judíos podían comer y los que debían abstenerse. Pedro vio una tela llena de animales de ambas clases y oyó una voz que le ordenó matar y comer. Pedro negó con la contradictoria frase «Señor, no» (Hch 10: 14); pues llamar a quien le habla «Señor» implica que tiene derecho a mandarlo, y Pedro se negó a obedecerle. Sin embargo, esto de negar parece ser característico de Pedro, que frecuentemente habla en Lucas y Hechos sin considerar sus palabras antes de pronunciarlas. Además, la reacción fue la distintiva de un judío deseoso de obedecer a Dios en cuanto a su dieta. La voz corrigió a Pedro con las palabras: «Lo que Dios limpió, no lo llames tú común» (Hch 10:15). La triple repetición de la visión y la conversación entre Pedro y Dios enfatiza la gran importancia de todo esto.

Mientras Pedro reflexionaba acerca del significado de la visión, llegaron los enviados de Cornelio, y el Espíritu le comunicó al apóstol que debía ir con ellos sin dudar. Después de oír la invitación a ir donde Cornelio, Pedro invitó a los hombres a quedarse la noche con él. Al día siguiente fue con ellos y con algunos de la Iglesia de Jope.

EN LA CASA DE CORNELIO. HECHOS 10:24-48

Cuando Pedro llegó a la casa de Cornelio, este lo estaba esperando con sus familiares y amigos. Pedro no le permitió postrarse, como era costumbre al recibir una visita distinguida, dando solo a Dios ese honor. Pedro primeramente menciona el obstáculo religioso y cultural entre judíos y gentiles, y se refiere a la visión de los animales y su interpretación, que «a mí me ha mostrado Dios que a ningún hombre llame común o inmundo» (Hch 10:28). A la pregunta de Pedro: «¿Por qué causa me habéis hecho venir?», Cornelio respondió con un relato detallado de su propia visión (Hch 10:29 -33). Así tanto Pedro como Cornelio, y también los lectores estaban en suspenso viendo qué iba a hacer Dios en esa reunión llamada sobrenaturalmente por medio de ángeles y visiones.

Lucas introduce el sermón de Pedro con las palabras «Entonces Pedro, abriendo la boca, dijo» (Hch 10:34); muy semejante a la introducción de la evangelización del eúope en Hch 8:35 donde dice lo mismo de Felipe. El etíope fue el primer gentil que aceptó el evangelio en Hechos, Cornelio es el primer gentil cuya conversión es oficialmente reconocida por la Iglesia.

Resumen	Hechos 2:14-40	Hechos 3:12-26, 4:8-12	Hechos 10:34-43
Primeros dos sermones a los judíos, el último a los gentiles.	A «Varones judíos» (v. 14).	A «Varones israelitas» (3:12).	A un grupo de gentiles (vv. 34-5).
Se refiere a los milagros de Jesús.	Jesús hizo «maravillas, prodigios y señales» (v. 22).	Un hombre sanado por la fe en el «nombre» de Jesús (vv. 3:16 y 4:10).	Jesús «anduvo haciendo bienes y sanando a todos los oprimidos por el diablo» (v. 38).
Se refiere a la muerte de Jesús.	«prendisteis y matasteis» a Jesús (v. 23).	«matasteis al Autor de la vida» (3:15).	«mataron colgándole en un madero» (v. 39).
Se refiere a la resurrección de Jesús.	«Dios levantó» (v. 24).	«Dios ha resucitado de los muertos» (3:15).	«levantó Dios al tercer día» (v. 40).
Testigos de la resurrección de Jesús.	«todos nosotros somos testigos» (v. 32).	«nosotros somos testigos» (v. 3:15).	«los testigos ... nosotros» (v. 41).
Juicio venidero y arrepentimiento.	«Arrepentíos» (v. 38).	«convierta de su maldad» (3:26).	«Juez de vivos y muertos» (v. 42).
Jesús cumple profecías.	«Profeta» (Joel, v. 16; David, v. 30).	«Profetas» (vv. 18, 24).	«Profetas» (v. 43).
Jesús ofrece perdón y salvación a los que responden con fe.	«perdón de pecados» (v. 38).	«salvación» (4:12).	«perdón de pecados» (v. 43).

Este tercer sermón evangelístico de Pedro concuerda con los anteriores en varios puntos, aunque tiene uno diferente. Como puede ver, la diferencia es que el sermón en Hechos 10 está dirigido a gentiles. En los otros puntos principales, es el mismo mensaje antes dirigido a los judíos.

Como en el caso de los otros sermones, hubo conversión de los oyentes (Hch 2:41; 4:4; 10:44-48). Otra vez la diferencia es que en Hechos 10, los oyentes son gentiles. Lucas enfatiza el asombro de «los fieles de la circuncisión», que son creyentes judíos, al ver la evidencia de que Dios acepta a los gentiles que creen en Jesús, aunque no son circuncidados. Basado en la evidencia del derramamiento del Espíritu, Pedro mandó bautizar a Cornelio y a los que creyeron con él; luego se quedó con ellos algún tiempo, posiblemente para discipularlos.

LA DEFENSA DEL BAUTISMO DE CORNELIO. HECHOS 11:1-18

Cuando Pedro llegó a Jerusalén, los creyentes judíos disputaban con él. La queja era que este había entrado y comido en la casa de un gentil. Pedro explicó sus acciones en detalle, relatando primeramente su visión acerca de los animales y el mandato de no llamar impuro lo que Dios limpió. Luego narró cómo el Espíritu le ordenó ir con los enviados por Cornelio y la visión que había tenido él. Es interesante notar que en las tres veces anteriores que se menciona la visión de Cornelio en Hechos (10:1-8, 22, 30-33), el ángel no le dijera qué iba a decir Pedro. Pero cuando el apóstol menciona la visión de Cornelio, añade: «Te hablará palabras por las cuales serás salvo tú, y toda tu casa» (Hch 11:14). Pedro, el mensajero de salvación, no supo por qué Dios lo había enviado a Cornelio en Hechos 10:29; pero ahora después de ver la evidencia del derramamiento del Espíritu Santo sobre Cornelio, pudo declarar el motivo de la intervención divina mediante visiones y ángeles.

En Hechos 11:15, Pedro confiesa que ni había acabado de hablar, cuando el Espíritu descendió sobre los gentiles. Cita luego las palabras de Jesús en Hechos 1:5, «Juan ciertamente bautizó en agua, más vosotros seréis bautizados con el Espíritu Santo» como justificación por haberlos bautizado con agua. Y finalmente afirma que Dios es responsable de la conversión de Cornelio y su bautismo con la frase: «¿Quién era yo que pudiese estorbar a Dios?» (Hch 11:17). El versículo 18 narra la aceptación del hecho por los judíos, y su alabanza. Lucas resume aquí uno de los temas sobresalientes del resto de Hechos con las palabras de aquellos hebreos que se habían opuesto a Pedro: manera que también a los gentiles ha dado Dios arrepentimiento para vida!»

LA IGLESIA EN ANTIOQUIA. HECHOS 11:19-30

En el libro de Hechos hay dos ciudades llamadas Antioquía. Una en Pisidia (Hch 13:14; 14:19, 21), y la otra en Siria (Hch 6:5; 11:19-27; 13:1, 14; 14:26; 15:22-35, 18:22). El pasaje que estamos estudiando ahora habla de esta última, que en los tiempos bíblicos fue una ciudad grande e importante. Un próspero puerto marítimo en el río Orontes, con una población alrededor de 300,000 habitantes (tercera ciudad en el Imperio Romano), que fue la capital de Siria. Había mucha idolatría e inmoralidad asociada con el culto a la diosa Dafne; pero a la vez había una colonia grande de judíos y muchos prosélitos (gentiles que se habían convertido al judaísmo).

Hechos 11:19 nos hace recordar la persecución que resultó después de la muerte de Esteban en Hechos 8:1-4. El versículo 20 habla de algunos discípulos de Chipre (véase el mapa) y Cirene (en la parte occidental de África, que no está en el mapa), que anuncia ron el evangelio a los gentiles. Así que, después de la conversión de Cornelio, los gentiles entraron a formar parte de la Iglesia de Antioquía. Cuando los de Jerusalén supieron esto, mandaron a Bernabé para averiguar el asunto. Este vio que aquello era del

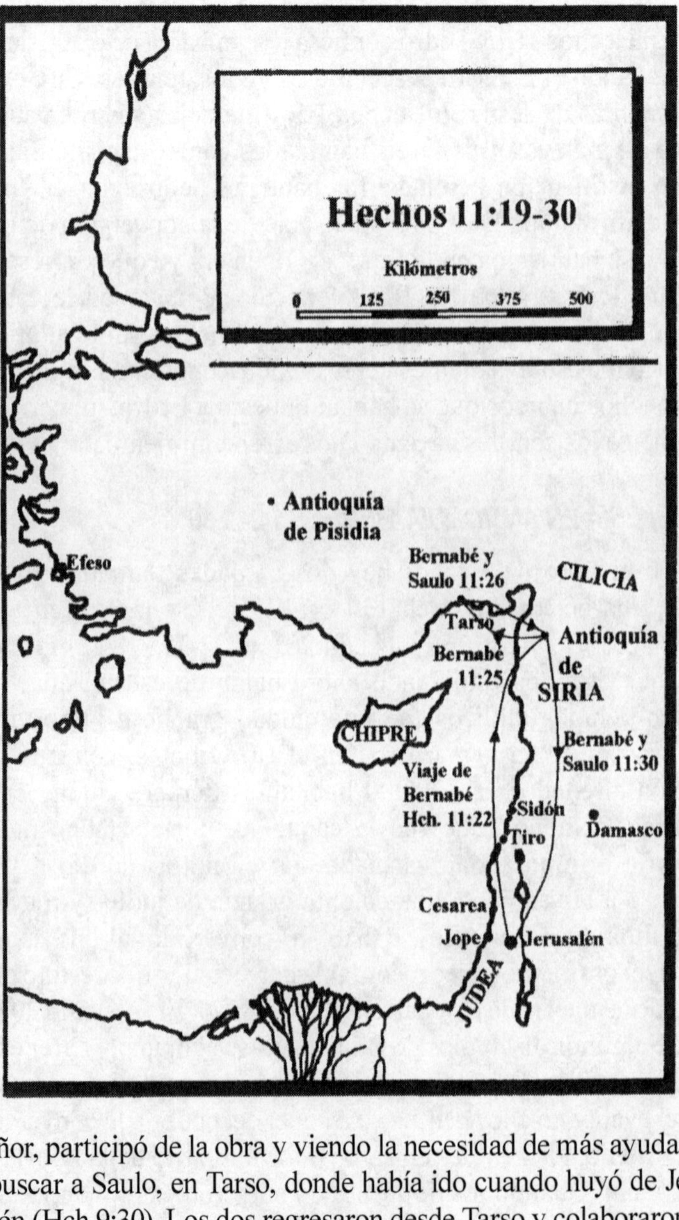

Señor, participó de la obra y viendo la necesidad de más ayuda fue a buscar a Saulo, en Tarso, donde había ido cuando huyó de Jerusalén (Hch 9:30). Los dos regresaron desde Tarso y colaboraron en la obra por un año. Durante esa época, los creyentes recibieron el apodo de «cristianos», probablemente en forma de burla.

Un profeta cristiano, Agabo, predijo una hambruna. La Iglesia de Antioquía respondió con una ofrenda para las congregaciones en Judea. La enviaron a Jerusalén por medio de Bernabé y Saulo. Este viaje es el segundo de Saulo a Jerusalén, mencionado en Gálatas 2:1-2: «Después, pasados catorce años, subí otra vez a Jerusalén con Bernabé, llevando también conmigo a Tito. Pero subí según una revelación, y para no correr o haber corrido en vano, expuse en privado a los que tenían cierta reputación el evangelio que predico entre los gentiles». La visión seguramente fue la profecía de Agabo, y el evangelio que Pablo predica entre los gentiles se refiere a su predicación en la Iglesia de Antioquía.

Hechos 11:28 menciona a Claudio, emperador de Roma del 41 al 54 d.C. El historiador Josefo relata que hubo una gran hambruna en Jerusalén y Judea en esos años.

La Iglesia de Antioquía es el modelo de las congregaciones que Pablo fundaría luego como se describe en los capítulos que siguen en Hechos. Compuestas de judíos y gentiles, personas de diversos trasfondos y estratos sociales y económicos (Hch 11:29), estas iglesias rompieron las normas culturales que los separaban en clases socioeconómicas, por etnias o religiones. El factor que pudo vencer los prejuicios y separaciones de esa época es el mismo que hoy todavía es capaz de transformar la cultura que nos rodea: el poder de la nueva vida en Jesús.

PERSECUCIÓN DE LA IGLESIA POR HERODES AGRIPA. HECHOS 12:1-23

Esta sección de Hechos (caps. 8—12) comienza con una gran persecución de los judíos contra la Iglesia después morir el primer mártir, Esteban. La sección termina con otra persecución por el gobierno romano y con el consentimiento de los judíos. Esta resulta en la muerte de uno de los apóstoles, Jacobo (hijo de Zebedeo, hermano de Juan) y el destierro de otro, Pedro. La primera persecución produjo una ola misionera hacia Judea, Samaria y otras regiones gentiles. La segunda no logró detener la extensión de la obra. Antes de la primera persecución, Lucas narró la muerte de un creyente, Esteban, que fue recibido en gloria por el Señor Jesucristo puesto en pie a la diestra del Padre. Después de la segunda persecución, Lucas narra la muerte de un perseguidor de la Iglesia, Herodes Agripa, comido por gusanos.

El rey Herodes, mencionado en Hechos 12, es el tercer Herodes en el Nuevo Testamento. El primero, Herodes el Grande (abuelo de este) asesinó a los bebés en Belén después del nacimiento del Señor Jesús, y murió poco después. El segundo (Herodes Antipas, uno de los hijos de Herodes el Grande) mató a Juan el Bautista, y se entrevistó con Jesús el día de su crucifixión (Lucas 2:37-12). Pocos años después este Herodes fue vencido en batalla y desterrado a Francia, donde murió. El mencionado en Hechos 12 es nieto de Herodes el Grande, pero no de la misma mujer que Herodes Antipas. Su nombre era Agripa I (a veces Herodes Agripa), padre del rey Agripa II que aparece en Hechos 25.

Era famoso porque buscaba congraciarse con los judíos, cosa que adelantó con el arresto de algunos de la Iglesia de Jerusalén (Hch 12:1). Mató a Jacobo el apóstol, y después encarceló a Pedro con la intención de juzgarlo y matarlo públicamente. Herodes tomó todo cuidado humano con Pedro, para que no escapara, pero no contó con el poder de la oración y el plan de Dios. La escena de la fuga de Pedro es graciosa e irónica. En primer lugar, Pedro estaba tan dormido que el ángel tuvo que despertarlo con un golpe suave en el costado. Luego, hasta que llegó a la calle, Pedro creía que era una visión o un sueño. La puerta de hierro de la cárcel abrió sin problemas, pero el apóstol se quedó esperando en la calle al llegar a la casa de sus amigos. La Iglesia oraba con fervor para que Dios lo libertara, pero cuando lo hizo, no creían lo sucedido. La última ironía es que el audaz poder de Herodes no logró la muerte de Pedro, pero Herodes mismo murió al no reconocer el poder superior de Dios. Lucas redactó este relato artísticamente para hacernos reír con la debilidad de la fe humana y disfrutar el inmenso poder de Dios a favor nuestro.

Pero hay otro asunto que nos deja fríos: la muerte de Jacobo. Ambos —Pedro y Jacobo— fueron fieles como apóstoles, según podemos saber. Estoy seguro que la Iglesia también oró fervientemente por Jacobo, pero el plan de Dios era que muriera, y que Pedro saliera en libertad. El hecho de que Lucas relate la muerte de Jacobo, la libertad de Pedro y la muerte de Herodes tan cerca, muestra que quería que captáramos una enseñanza importante acerca de la soberanía de Dios. La vida y el tiempo de morir de cada uno están en las manos de Él. Podemos orar intensamente acerca de estos asuntos, pero tenemos que reconocer y someternos a la voluntad soberana de Dios en todo.

Cuando Pedro supo que estaba libre, fue a la casa de María, madre de Juan Marcos. Es posible que esa casa fuera la misma donde celebraban la pascua con Jesús antes de su crucifixión, y donde se reunían los discípulos en Hechos 1 y 2. De todas formas era una casa amplia para que pudieran celebrar reuniones de iglesia, por eso podemos suponer que era una familia pudiente. Este es otro ejemplo de cómo Lucas presenta un personaje antes de que juegue un papel importante en la narración: Juan Marcos aparece en Hechos 12:25, en el capítulo 13 y otra vez en el 15.

En Hechos 12: 17, Pedro se despide de la Iglesia de Jerusalén diciendo: «Haced saber esto a Jacobo y a los hermanos. Y salió, y se fue a otro lugar». Este Jacobo ciertamente no es el apóstol que Herodes mató en Hechos 12: l, sino el hermano del Señor Jesús. Él también empezaba a jugar un papel importante en Hechos, como líder de la Iglesia. El comentario de Pedro muestra que Jacobo ya tenía relevancia entre los dirigentes de la Iglesia de Jerusalén, y que posiblemente fue en ese momento en que tomó una posición aún más central en la dirección de la Iglesia de Jerusalén.

Según Hechos 12: 18-19 Herodes, frustrado y avergonzado por la fuga de Pedro, interrogó a los soldados que lo habían custodiado y los mató. Después se fue a Cesarea, posiblemente para escapar al escarnio de los judíos respecto a su incapacidad de ejecutar a Pedro.

En Cesarea, los ciudadanos de Tiro y Sidón trataron de ganar el favor del rey con soborno. Es interesante comparar el relato del historiador contemporáneo, Josefo, con el de Lucas. Las «ropas reales», del versículo 21, fueron hechas de plata y brillaban al exponerlas al sol. Cuando los de Tiro y Sidón gritaron: «¡Voz de Dios, y no de hombre!» (Hch 12:22), Josefo dice que el rey no reprendió ni rechazo las palabras impías. En Hechos 12:23, afirma: «Al momento un ángel del Señor le hirió, por cuanto no dio la gloria a Dios; y expiró comido de gusanos». Josefo comenta que tuvo dolor severo

El teatro donde Herodes dio su discurso y después fue herido por el Señor y expiró comido por gusanos.

en el estómago y murió después de cinco días. Los creyentes que murieron fueron recibidos en gloria después de sus sufrimientos físicos. El rey Herodes, perseguidor de la Iglesia, sufrió una enfermedad infernal aquí en la tierra, y luego fue peor.

RESUMEN DE LUCAS. HECHOS 12:24

«Pero la palabra del Señor crecía y se multiplicaba» (Hch 12:24). El retrato de la Iglesia primitiva que Lucas nos da no es idealizado. Hay problemas internos, problemas externos, persecución y hasta falta de fe o entendimiento por parte de los creyentes. Pero a pesar de todo, el plan de Dios marchaba, y aún marcha hacia la meta: que el mensaje de Jesucristo —como Señor y Salvador— se extienda hasta lo último de la tierra.

PREGUNTAS

1. Busque las citas en Lucas y Hechos donde se emplee la palabra «levántate». Use una concordancia o un programa electrónico para realizar la búsqueda. Elabore una tabla que clasifique el uso de la palabra según el contexto del pasaje. Haga un breve comentario del uso que Lucas le da al vocablo «levántate».
2. Haga una comparación entre la personalidad de Cornelio —en Hechos 10—11—, y la del hombre principal en Lucas 18: 18-24. Compare también la manera en que cada uno de ellos respondió al Señor Jesús. ¿Qué papel juega el uso del dinero y los recursos físicos en nuestra relación con Dios?
3. ¿Qué semejanzas y diferencias hay entre la conversión de Cornelio en Hechos 10 y la del etíope en Hechos 8?
4. Estudie las maneras en que Bernabé animó a Saulo y facilitó su ministerio. Saque unos principios generales acerca del ministerio de animar en la Iglesia. Haga una lista de personas en su

iglesia que posiblemente necesiten que usted les anime. Empiece a orar al Señor por una oportunidad para animar a alguien y facilitar su crecimiento en la obra.

5. Resuma los datos de la vida y los viajes de Saulo hasta ahora, usando Hechos 9—11, 2 Corintios 11:30-33 y Gálatas 1—2. Hágalo en forma de una tabla que muestre los acontecimientos de la vida de Saulo, la(s) cita(s) bíblicas que relatan el evento, y el tiempo aproximado entre uno y otro evento.
6. Repase las veces que los ángeles han ayudado a los creyentes o a la Iglesia hasta ahora en Hechos. Destaque algunos principios generales acerca de la intervención de los ángeles en asuntos de la Iglesia en Hechos. Comente acerca de cómo esos principios pueden aplicarse a la Iglesia hoy.
7. Busque dos pasajes del Antiguo Testamento que relaten una aparición de Dios a alguna persona. Compárelo con el relato de Hechos, cuando Jesús aparece a Saulo. Escriba un párrafo mencionando las semejanzas y diferencias.

Lección 5

METAS

En esta lección, usted aprenderá acerca del primer viaje misionero de Bernabé y Pablo, y de un concilio importante de la Iglesia primitiva que intentó proveer solución a uno de los problemas más persistentes de la vida cristiana: ¿somos salvos por obras, o por fe por medio de gracia?

OBJETIVOS

La lectura del libro de texto y los pasajes de la Biblia correspondientes a esta lección le guiarán a entender el comienzo de la ola misionera que inundó el mundo grecorromano. Las preguntas le ayudarán a seguir con la práctica de la interpretación de Hechos. El apéndice le ayudará a investigar el tema de misión desde la perspectiva de la narración de Hechos y de las cartas de Pablo.

Lectura bíblica

Lea cuidadosamente Hechos capítulos 12:25—15:35, sin parar, en dos diferentes versiones de la Biblia. Mientras lee, anote ideas clave y cosas que le llamen la atención en su cuaderno. Después de leer, trate de resumir en sus propias palabras lo que narran estos capítulos (es decir sin copiar textualmente los versículos de la Biblia), en forma de un bosquejo breve y conciso.

Lectura del libro de texto

Lea el capítulo 5 del texto y el apéndice 5.

Preguntas

En su cuaderno, escriba sus propias respuestas a las preguntas que están al final de capítulo 5 y al final del apéndice 5. **No debe mirar las respuestas dadas en el «Manual para el facilitador» todavía.** Puede remitirse a lo que leyó en este libro, usar comentarios, diccionarios bíblicos, concordancias, atlas bíblicos u otras fuentes de referencia bíblica. Escriba sus respuestas después de hacer su investigación.

Comprobación de respuestas

Ahora, busque las respuestas correctas a las preguntas que contestó en el «Manual para el facilitador». Compruebe que contestó cada pregunta correctamente. Si se equivocó en alguna respuesta, anote el número de la respuesta equivocada y escriba la respuesta correcta en su cuaderno.

Ensayo

En la lección anterior, usted redactó todo el primer párrafo del ensayo, usando la oración que expresa la idea principal, y mostrando la manera en que desarrollaría esa idea de acuerdo al bosquejo. En esta lección, empezará a redactar el resto del ensayo. Póngase como meta redactar uno de los puntos subordinados de su ensayo por cada lección que le queda. Así terminará el ensayo cuando termine el curso.

Continúe haciendo la investigación necesaria del texto bíblico y de otras fuentes de información a medida que vaya redactando el borrador de su ensayo. Tenga cuidado de incluir los datos bibliográficos de sus fuentes de información en notas a pie de página. Mantenga al día su bibliografía.

Capítulo 5

LA METODOLOGIA Y LA TEORÍA DE LA MISIÓN LOS GENTILES HECHOS 12:25-15:35

Mientras lea este capítulo, es absolutamente necesario que tenga su Biblia abierta. Lea cada pasaje antes de estudiar el comentario y busque las citas sugeridas. Así aprovechará al máximo esta oportunidad para aprender.

La narración de Hechos alcanza un punto clave en su desarrollo aquí. Varios factores nos alertan ante la importancia del avance:

1. Hasta ahora, el impulso para el progreso del evangelio viene de la Iglesia de Jerusalén. De ahora en adelante, la de Antioquía en Siria impulsa su expansión. La expansión desde Jerusalén a Samaria y el ministerio a
2. los gentiles (el etíope y Cornelio) ocurrieron cuando el Espíritu impulsó a dos individuos (Felipe y Pedro) a evangelizarlos. Ahora, el Espíritu impulsa a una Iglesia entera a apartar dos miembros para que lleven a cabo una misión general para alcanzar a gentiles.
3. La Iglesia de Antioquía es una congregación mixta de gentiles y judíos, en contraste con la de Jerusalén, que es principalmente de hebreos.

Pentecostés, en Hechos 2, señaló el nacimiento de la Iglesia. Este episodio expone el nacimiento del movimiento misionero de la Iglesia que continúa llevando el evangelio al mundo hasta hoy.

La anterior sección de Hechos fue una de transición. Puso el fundamento de lo que estudiaremos en esta sección. La conversión de Saulo, que es el personaje principal desde ahora hasta el final de Hechos, fue un acontecimiento clave. También lo fue la conversión de Cornelio, el primer gentil cuyo acto recibe la aprobación de la Iglesia de Jerusalén. Finalmente, en la sección anterior, vimos el origen de la Iglesia de Antioquía, la cual va a servir como base para Pablo y su ministerio misionero a tierras plenamente paganas.

METODOLOGíA DE LA MISIÓN A LOS GENTILES. HECHOS 12:25-14:28

A grandes rasgos, la metodología de la misión no ha cambiado mucho en los dos mil años que lleva desde el comienzo en Antioquía. Todavía es el Espíritu Santo quien impulsa a las iglesias y a los misioneros al campo. Aun la iglesia local es la base principal de la misión (aunque hay organizaciones misioneras que trabajan con varias congregaciones, todavía es la iglesia la que apoya principalmente el movimiento misionero en el mundo). La misión involucra el esfuerzo por desplazarse a lugares y culturas diferentes y hasta peligrosos. Y todavía, su meta es establecer otras iglesias locales que luego se multiplican, sembrando otras congregaciones y así sucesivamente. Al estudiar esta sección, y la próxima del libro de Hechos, aprenderemos muchos aspectos de la metodología de las misiones que aún son relevantes y útiles.

EL ESPÍRITU APARTA A BERNABÉ YA SALLO PARA UNA MISIÓN. HECHOS 12:25—13:3

Hechos 12:25 concluye la historia interrumpida de la ofrenda enviada por manos de Bernabé y Saulo desde Antioquía a Jerusalén.[1] Esta estrategia es típica de Lucas. Casi siempre introduce

1 Lea Hechos 11:19-30 para repasar la historia completa.

tempranamente algo que va a tener relevancia luego. Es importante notar en 12:25 que Juan Marcos (probablemente el autor del Evangelio según Marcos), hijo de María (Hch 12:12) en cuya casa la Iglesia de Jerusalén se reunía, y sobrino de Bernabé (Col 4:10) regresó con Bernabé y Saulo a Antioquía.

Lucas menciona cinco hombres de la Iglesia en Hechos 13: 1 que eran profetas o maestros. Bernabé es el primero en la lista y Saulo el último. Los otros tres no aparecen en otro lugar en la Biblia. Por lo menos sus nombres muestran que la Iglesia de Antioquía tenía gran diversidad. Parece que Simeón era africano, de raza morena. Lucio tenía un nombre griego. Y Manaén estaba relacionado con Roma. Pero todos estaban unidos en Cristo.

Hechos 13:2 dice que estaban «ministrando... y ayunando». La palabra griega *leitourgountôv*, traducida como «ministrando», es un participio del verbo *leitourgeô*. Tanto el verbo como su forma tienen importancia. En la *LXX* (traducción al griego del Antiguo Testamento), el verbo *leitourgeô* casi siempre significa el servicio de los sacerdotes o levitas en el culto. Este significado aparece en el Nuevo Testamento (Heb 8:2, Lc 1:23). En Romanos 15:27 y 2 Corintios 9:12, Pablo emplea la palabra para referirse a donaciones de dinero. En Filipenses 2:25 y 30, se refiere a un servicio humano que Epafrodito prestó a Pablo como hermano en el Señor. Podemos concluir que el significado aquí es que los cinco líderes de la Iglesia de Antioquía se habían reunido para servir al Señor. Este servicio consistió por lo menos de ayuno, y tal vez incluía oración, alabanza y quizás lectura de su Palabra.[2]

El tiempo de la palabra (un participio en genitivo plural, acompañado por un pronombre en el mismo caso —genitivo absoluto) indica el momento cuando el Espíritu habló con ellos. Una traduc-

2 Este texto no indica que acostumbraran reunirse así, pero si lo comparamos con Hechos 14:23, parece que Bernabé y Pablo consideraban el ayuno y la oración entre líderes como una costumbre.

ción adecuada sería: «Mientras ellos hacían culto al Señor y ayunaban, el Espíritu Santo dijo: "Nombré a Bernabé y a Saulo para la obra a la cual les he llamado"». Este llamado soberano del Espíritu tiene mucha importancia en el desarrollo de la narración de Hechos y también en el avance de la Iglesia. Era la primera vez que el liderazgo de una iglesia local recibía una orden procedente de Dios para que llevara a cabo —como congregación— una parte específica de la Gran Comisión. De aquí en adelante, cada vez que Bernabé y Saulo salen a ministrar, es bajo la dirección y cobertura espiritual de la Iglesia de Antioquía. Después de sus viajes, siempre regresaban para rendir un informe de sus actividades y participar en la Iglesia. Dondequiera que iban, lo hacían como miembros de esa iglesia, y su ministerio misionero era en nombre de la misma.

Es más, el llamado llegó a los líderes mientras estaban en un culto de ayuno. Esto no era parte de la liturgia de la congregación completa, sino con el liderazgo solamente. He trabajado en varias organizaciones cristianas, incluidas iglesias locales. En cada organización con éxito siempre se han celebrado cultos entre el liderazgo. En estos se dedica tiempo a la oración, al estudio de la Biblia, a la alabanza a Dios y al ayuno; estos son los momentos cuando el Señor puede dirigir su obra en forma directa. Muchas veces las ideas que transformaron el ministerio llegaron en esos momentos. Aunque las reuniones de negocio también son importantes, las de líderes —dedicadas a la parte espiritual de ellos— es vital en cualquier iglesia u organización cristiana.

Hechos 13:3 indica que el mismo grupo continuó en oración y ayuno por cierto tiempo, luego impusieron sus manos sobre Bernabé y Saulo en señal de identificación con ellos y los despidieron. En ninguna parte dice exactamente cuál fue la obra a la cual el Espíritu los llamó, tenemos que descubrir eso mediante la lectura del resto de Hechos.

LA MISIÓN A CHIPRE. HECHOS 13:4-12

Viajar en el mundo antiguo era una aventura. Esta jornada de Bernabé y Saulo fue difícil y llena de peligros. Empezó en Antioquía de Siria por tierra (probablemente caminando) un día largo o dos días normales a Seleucia. El viaje en barco a Salamina seguramente tomó unos días. De Salamina a Pafos eran unos 160 kilómetros, casi una semana entera caminando. La embarcación a Perge, también fue de varios días. El camino de Perge a Antioquía de Pisidia fue de 160 kilómetros a través de un sistema montañoso, posiblemente tomaba unos diez días o más. De Antioquía de Pisidia a Iconio, otros diez días o más de viaje por tierra montañosa. Como puede ver, todo eso requirió tiempo y esfuerzo. Además, Bernabé y

Saulo tenían que depender de la hospitalidad de las personas en la vía. No había hoteles, y es probable que no conocieran a nadie personalmente. Solo durante el viaje de Salamina a Pafos en la isla de Chipre, donde había nacido Bernabé, es posible que pudieran quedarse con algunas personas conocidas durante el viaje.

Lucas no nos dice si la predicación de la Palabra en Salamina tuvo fruto. Lo que afirma es que predicaron en las sinagogas. Esta estrategia de llegar a las sinagogas resulta normal a partir de ese momento, siempre y cuando existan. Es notable que Juan Marcos les acompañara, aunque no se nombraba entre los llamados por el Espíritu Santo.

Cuando llegaron al otro extremo de la Isla de Chipre, le predicaron al gobernador. Es posible que tuvieran esa oportunidad porque Bernabé era natural de allí (Hch 4:36). De todas formas, junto con la oportunidad de predicar, hubo oposición de parte de un profeta falso llamado Barjesús (que significa hijo de Jesús). Lucas aclara que este era un hechicero. Sin embargo, Pablo manifiesta el poder del Señor cuando causa una ceguera temporal en Barjesús, que seguramente es figura de la ceguera espiritual que él tuvo. Este suceso ayuda a que el gobernador crea en la predicación de Pablo. Lucas no menciona si fue establecida una congregación en Pafos.

Es en Hechos 13:9 que Lucas llamó a Saulo con el nombre Pablo por primera vez. Ese es el nombre que Lucas usaría a partir de ese momento. Este versículo también marcó un cambio emergente en el orden de funciones de Bernabé y Pablo. Antes de este relato, Lucas siempre nombraba a Bernabé primero, indicando su autoridad. En Hechos 13:13 dice: Pablo y sus compañeros; y después, en varias ocasiones, nombra a Pablo y luego a Bernabé (aunque aún nombra a Bernabé primero en Hch 14: 12, 14; y 15:25).

LA MISIÓN A ANTIOQUÍA DE PISIDIA. HECHOS 13:13-52

Hechos 13:13 describe el viaje por mar desde la Isla de Chipre hasta Perge, y el regreso de Juan Marcos a Jerusalén. Juan Marcos era joven, y la parte del viaje por tierras conocidas ya había terminado. Recuerde que Juan Marcos era familiar de Bernabé. El camino delante de los misioneros era difícil y desconocido. Aunque había una carretera romana desde Perge (en la provincia de Panfilia) a Antioquía de Pisidia (en la provincia de Pisidia), sin embargo, tomó la ruta de las montañas. Lucas no menciona que Pablo predicara el evangelio en Perge en ese momento (aunque en Hch 14:25 sí relata que lo hizo al regreso). ¿Por qué tanto afán para irse de Perge? Y, ¿Por qué viajaron directamente a Antioquía de Pisidia en vez de a cualquier otro lugar? La respuesta más probable es que Sergio Paulo, el gobernador de Chipre que se convirtió, fuera natural de Antioquía de Pisidia. Su familia era una de las más ricas y conocidas de la región. Tal vez les recomendó a Pablo y a Bernabé que pasaran por allá, y posiblemente los envió con cartas de recomendación ante sus familiares.

Antioquía de Pisidia, donde Pablo llegó para predicar, era la ciudad principal de esa región. Estaba a 1,200 metros sobre el nivel del mar y tenía una población mixta de gentiles y judíos. Los gentiles incluyeron gente de descendencia romana, griega y nativos de la región. Los judíos en su mayoría llegaron unos trescientos años antes de la visita de Pablo. Es importante no confundir Antioquía de Pisidia con la ciudad desde la cual Pablo y Bernabé salieron (Antioquía de Siria). En realidad, había veinticinco ciudades con el nombre Antioquía en esa época. En este libro, siempre aclararemos a cuál de ellas se refiere, pero en la Biblia, a veces, es necesa rio leer el contexto para saber de cuál ciudad trata el texto.

La predicación de Pablo en la sinagoga Hechos 13:15-41

Hechos 13:14 relata que, el primer sábado, Pablo fue la sinagoga de Antioquía de Pisidia. El versículo que sigue dice que los de la sinagoga invitaron a Pablo y a Bernabé a compartir algún mensaje con ellos. Esto era costumbre en todas las sinagogas, cuando llegaba una visita. Según Hechos 13: 16, Pablo fue el que aprovechó la invitación.

Con el discurso de Pablo en Hechos 13, tenemos tres ejemplos de exposiciones extensas por tres diferentes personajes en Hechos (Pedro en el cap. 2, Esteban en el 7 y Pablo en el 13). Todos los mensajes fueron dirigidos a los judíos (aunque el de Pablo también se dirigió a los temerosos de Dios).

El de Pedro y el de Pablo tenían como propósito conseguir la salvación de los oyentes. El mensaje de Esteban y el de Pablo, por su parte, tenían como objetivo advertir las consecuencias de la desobediencia o la incredulidad. Pero todos seguían más o menos la forma clásica de un discurso: Introducción, narración, presentación de propósito, pruebas acerca de la veracidad del propósito y una conclusión. Estudie la tabla que aparece en la página siguiente para ver los puntos de semejanza y diferencia entre los tres discursos.

- *Introducción a la predicación. Hechos 13:16*

Al comienzo de su predicación, Pablo hace una señal con la mano (véase también Hch 21:40). Lucas presenta al apóstol como un orador entrenado en el arte de hablar en público (lo que se llama retórica). Los gestos, tono de voz, apariencia y señales forman una parte esencial de la retórica llamada «entrega del discurso». Las palabras de Pablo, «Varones israelitas, y los que teméis a Dios, oíd» (Hch 13: 16), muestran que le hablaba a un grupo mixto de judíos y gentiles que conocían el Antiguo Testamento y creían en Dios.

	Predicación de Pedro (Hch 2)	Defensa de Esteban (Hch 7)	Predicación de Pablo (Hch 13)
Introducción	Entonces Pedro, poniéndose en pie con los once, alzó la voz y les habló diciendo: Varones judíos, y todos los que habitáis en Jerusalén, esto os sea notorio, y oíd mis palabras (Hch 2:14).	Y él dijo: Varones hermanos y padres, oíd (Hch 7:2).	Entonces Pablo, levantándose, hecha señal de silencio con la mano, dijo: Varones israelitas, y los que teméis a Dios, oíd (Hch 13:16).
Narración	Cita Joel 2:28-32 (Hch 2:16-21).		
		Relata historia de Israel: Abraham, José, Moisés —Hch 7:2-44, **42 vv.** Conquista y Jueces: Hch 7:45, **1 v.** David, Salomón, Templo: Hch 7:46-49, **4 vv.**	Relata historia de Israel: Patriarcas, Éxodo: Hch 13:17-18, **2 vv.** Conquista y Jueces: Hch 13:19-20, **2 vv.** Saúl, David, Jesús: Hch 13:21-23, **3 vv.**
			Juan el bautista: Hch 13:24-25, **2 vv.**
Propósito	**Presentar a Jesús** Varones israelitas, oíd estas palabras: Jesús nazareno, varón aprobado por Dios entre vosotros con las maravillas, prodigios y señales que Dios hizo entre vosotros por medio de él, como vosotros mismos sabéis (Hch 2:22).	**Acusar a los judíos** ¡Duros de cerviz, e incircuncisos de corazón y de oídos! Vosotros resistís siempre al Espíritu Santo; como vuestros padres, así también vosotros (Hch 7:51).	**Presentar la salvación** Varones hermanos, hijos del linaje de Abraham, y los que entre vosotros teméis a Dios, a vosotros es enviada la palabra de esta salvación (Hch 13:26).
Pruebas		Compara la actitud de los judíos con la de sus antepasados (Hch 7:52).	
	Muerte de Jesús: Hch 2:23.		Muerte de Jesús: Hch 13:27-29.
	Resurrección de Jesús: Hch 2:24-32. Cita Salmo 16:8-11 (Hch 2:25-28).		Resurrección de Jesús: Hch 13:30-37. Cita Salmo 2:7 (Hch 13:33). Cita Isaías 55:3 (Hch 13:34). Cita Salmo 16:10 (Hch 13:35).
	El cuerpo de David vio corrupción, el de Jesús no (Hch 2:30-31).		El cuerpo de David vio corrupción, el de Jesús no (Hch 13:36-37).
	Exaltación de Cristo (Hch 2:33-36).		
Conclusión	Anuncio de la salvación (Hch 2:38-39).		Anuncio de la salvación (Hch 13:38-39).
		Advertencia contra la desobediencia (Hch 7:53).	Advertencia contra la incredulidad (Hch 13:40-41).

- *Narración de la predicación. Hechos 13:17-25*

La narración de la historia de Israel desde el momento en que Dios escogió al patriarca Abram (aunque Pablo no lo nombra específicamente), hasta la predicación de Juan el Bautista es notable por su brevedad. Es probable que Lucas solo tuviera un resumen verbal de ese discurso, y por eso da meramente el bosquejo de lo que Pablo expresó.

Los puntos principales de esta narración son: (l) Dios escogió a Israel y les dio una tierra a pesar de su mal comportamiento (Hch 13:17-20). (2) Cuando pidieron un rey, Dios les dio a Saúl y después a David (Hch 13:21-22). (3) David agradó a Dios y uno de sus descendientes, Jesús, fue el cumplimiento de las promesas hechas a Israel (Hch 13:22-24). (4) Juan el Bautista vino antes de Jesús, prediciendo su venida (Hch 13:24-25).

Esta narración es muy breve en comparación con la del discurso de Esteban; además, su propósito es distinto. La narración de Esteban tenía como propósito exponer la desobediencia de Israel. La narración de Pablo, aunque destaca la desobediencia de Israel, se enfoca en Jesús, el cumplimiento de la promesa de Dios. La de Pedro también es diferente: su propósito era contestar la queja de los oyentes en cuanto a que los discípulos estaban borrachos.

- *Propósito de la predicación. Hechos 13:26*

Para introducir su propósito (es decir la razón del discurso), Pablo nombró de nuevo a sus oyentes. Esta vez, en lugar del término «israelitas», usó «hijos del linaje de Abraham» para indicar a los judíos. Esto para enfatizar que ellos eran los herederos de la promesa de Dios. Se dirigió también a los gentiles con la misma frase que usó antes, «los que teméis a Dios». Pablo resume su propósito en la frase: «el mensaje de Salvación».

- *Pruebas de la predicación. Hechos 13:27-37*

En esta sección del discurso, Pablo presenta un resumen de la muerte y resurrección de Jesús, y luego expone una serie de citas del Antiguo Testamento junto con un comentario breve sobre cada una. Las citas llevan al oyente a concluir que Jesús es el medio de salvación que Pablo anunciaba.

El resumen de la muerte y resurrección de Jesús enfatiza que todo eso cumplió las profecías. Pablo se refería a la culpabilidad de los judíos y los romanos, a la inocencia de Jesús, su muerte, sepultura, resurrección y a los múltiples testigos de ella.

La primera cita del Antiguo Testamento, Salmo 2:7, junto con la segunda, Isaías 55:3, constituyen la evidencia que Pablo expuso de que Jesús fue el cumplimiento de las promesas de Dios al pueblo de Israel. La tercera cita, Salmo 16:10, muestra que Jesús cumplió la profecía en ese versículo referente a no experimentar la corrupción después de su muerte. El autor del salmo —David—, no lo cumplió, pero su descendiente —Jesús—, sí.

- *Conclusión de la predicación. Hechos 13:38-41*

Pablo volvió a dirigirse al grupo para enfatizar que llegó al punto clave del discurso. Esta vez empleó la frase «varones hermanos» para referirse sin distinción a los oyentes judíos y gentiles. La conclusión contiene una declaración de lo beneficioso de creer el mensaje y una advertencia contra las consecuencias de la incredulidad.

Los beneficios incluyen el perdón de los pecados y la justificación; lo que la ley de Moisés no pudo dar. Esto concuerda con lo que Pablo escribió en sus cartas (Ro 3:28-30; Ef 1:7; Col 1:14). Las consecuencias de la incredulidad vienen del contexto de Habacuc 1:5, la cita que Pablo usó en Hechos 13:41. El profeta Habacuc fue advertido por Dios respecto a que Él iba a usar a los caldeos —gente pagana y feroz— para castigar a los judíos por su desobediencia. Habacuc se quejó diciendo: «¿Por qué ... destruye el impío al más justo que él?» Dios, sin embargo, cumplió su propósito y los judíos fueron llevados cautivos por los caldeos. De manera muy semejante, Dios usó a los romanos para saquear y destruir a Jerusalén y la nación judía otra vez en 70 d.C. como resultado de su rechazo al Mesías, Jesús, y en cumplimiento de la advertencia de Pablo acá.

La reacción de los judíos y los gentiles. Hechos 13:42-50

La primera reacción de los judíos y los gentiles fue acompañar a Pablo y oír más de lo que predicaba. Pero cuando los primeros vieron la multitud reunida para escuchar al apóstol la semana siguiente, sintieron celos e ira. El resultado fue un debate en el que se opusieron a lo que Pablo decía. Este respondió con la frase: «A vosotros, a la verdad, era necesario que se os hablase primero la palabra de Dios; mas puesto que la desecháis, y no os juzgáis dignos de la vida eterna, he aquí, nos volvemos a los gentiles» (Hch 13:46), y añadió una cita de Isaías 49:6 que predice la extensión de la salvación de Dios a los gentiles. Es importante entender esto correctamente en el contexto global del libro de Hechos. No quiere decir que los judíos estuvieran eximidos de escuchar la predicación del evangelio desde ese momento en adelante, pues Pablo volvió a predicar en sinagogas repetidas veces a través del resto de Hechos. Lo que quiere decir es que Pablo tenía el respaldo de la Biblia al ir y evangelizar a los gentiles; aunque los judíos no lo escucharan, los gentiles sí lo harían.

El versículo 49 indica que el evangelio fue oído no solo en la ciudad de Antioquía de Pisidia, sino en toda la región aledaña. Podemos suponer que parte de la estrategia de Pablo fue animar y capacitar a los nuevos creyentes para que se multiplicaran evangelizando ellos mismos. Hoy hacemos lo contrario con frecuencia, diciendo que los nuevos creyentes no pueden hacer nada cuando en realidad ellos son los mejores evangelistas debido a su red de contactos con gente no creyente.

Los judíos, por su parte, se aliaron con mujeres y hombres distinguidos y prominentes —aparentemente no hebreos— para sacar a Pablo y a Bernabé de la región.

Pablo y Bernabé se van de Antioquía de Pisidia. Hechos 13:51-52

La acción de los apóstoles al sacudir el polvo de sus pies (Hch 13:51) fue un acto de rechazo hacia la incredulidad de los judíos (LC 9:5; 10: 11). Sacar a los apóstoles, sin embargo, no paralizó el movimiento. Al contrario, «los discípulos estaban llenos de gozo y del Espíritu Santo» (Hch 13:52).

LA MISIÓN EN ICONIO. HECHOS 14:1-5

El viaje de Antioquía de Pisidia a Iconio fue de unos 140 kilómetros, por una carretera romana.[3] Es probable que Pablo y Bernabé caminaran de tres a cinco días. Se debe notar que Iconio estaba en la misma provincia (Frigia) que Antioquía de Pisidia.

Los apóstoles entraron en la sinagoga, según su costumbre, e igual que en Antioquía de Pisidia, hubo resultados mixtos. Hechos 14:3 relata que demoraron allí bastante tiempo y que hicieron milagros. Los versículos 4-6 narran el complot contra ellos y su huida a las ciudades de Listra y Derbe (en la provincia vecina de Licaonia).

LA MISIÓN EN LISTRA. HECHOS 14:6-20

El viaje a Listra fue de unos 30 kilómetros por la misma carretera romana que siguieron desde Antioquía de Pisidia. No se menciona sinagoga alguna en Listra, ni tampoco en Derbe. Ambas ciu-

3 Las carreteras romanas, por lo general, eran pavimentadas con piedras planas, cortadas y unidas para proveer una superficie dura y segura aun en tiempos de invierno. Casi siempre había puentes para cruzar los ríos grandes; las rutas fueron trazadas de tal manera que los carros llevados por caballos o reses podían desplazarse con facilidad.

dades estaban en una región más aislada que Iconio y Antioquía de Pisidia. Los judíos no construían sinagogas si no había una población hebrea de al menos doce cabezas de familia. Así podemos concluir que Pablo y Bernabé pasaron a una parte donde la gran mayoría de la gente era pagana. Al cruzar la frontera provincial de Frigia a Licaonia, también cruzaron la barrera de otro idioma. Es casi cierto que Pablo y Bernabé podían predicar en griego, el idioma comercial, pero es probable que no conocieran el idioma vernáculo de la región.

La narración comienza con un milagro. Había un paralítico escuchando a Pablo, «el cual, fijando en él sus ojos, y viendo que tenía fe para ser sanado, dijo a gran voz: Levántate derecho sobre tus pies. Y él saltó, y anduvo» (Hch 14:9-10). Notemos la semejanza entre este suceso y la sanidad del paralítico por medio de Pedro en Hechos 3. En ambos pasajes, Lucas describe al hombre, «cojo de nacimiento». En ambos relatos describe la acción del apóstol, «fijando en él los ojos», y luego la orden: «levántate». En ambos relatos el cojo salta y anda. En mi opinión, estos son dos ejemplos bíblicos de lo que Pablo llama el don de sanidad (l Co 12:9).

Reflexione en la diferencia entre lo que Hechos relata en estos dos episodios, y nuestra experiencia normal en cuanto a la sanidad. Toda sanidad viene de Dios. El proceso natural de recuperación que experimenta el ser humano ante una enfermedad o herida es el mecanismo sanador que Dios incluyó en nuestros cuerpos al crearnos. El uso de la ciencia médica o de medicamentos naturales o sintéticos también proviene de Dios, porque Él le da al hombre la inteligencia y habilidad para investigar enfermedades y crear remedios. Cuando un cristiano ora por un enfermo, a veces Dios interviene para efectuar una sanidad milagrosa. Pero lo que leemos en Hechos 3 y 14 es algo distinto. Aquí, el apóstol —con conocimiento sobrenatural de lo que va a suceder—, ordena a un cojo de nacimiento que se levante y ande. En ambos casos, la sanidad ocurre para respaldar la predicación del evangelio y facilitar la fe de los oyentes.

Hechos 14: 11-13 narra el resultado sorprendente del milagro: un intento de parte de la multitud de ofrecer sacrificios a Bernabé y Pablo como si fueran dioses en forma humana. Esto ilustra a la perfección un problema que ocurre con los milagros: muchas veces, la gente no lo entiende y lo atribuye a cualquier elemento distinto al poder de Dios el creador. En los evangelios y Hechos podemos ver repetidas veces que los milagros en sí no resultan en fe salvadora. Al contrario, esta fe salvadora es necesaria para poder entender los milagros correctamente y atribuirlos a Dios. Recuerde que los fariseos pensaban que algunos de los milagros de Jesús eran hechos por el poder de Satanás.

Para entender lo que pasó en Listra frente a esta sanidad, es necesario referirse a un mito contemporáneo en el libro *Metamorfosis*, del poeta romano Ovidio. En la leyenda, los dioses paganos Júpiter (dios latino equivalente a Zeus en la mitología griega) y Mercurio (equivalente a Hermes) llegaron disfrazados como humanos a la región de Frigia y Licaonia. Visitaron mil casas sin encontrar a nadie que los hospedara. Al fin una pareja de ancianos le brindó humilde hospitalidad. Los dioses castigaron a toda la región con una inundación, pero convirtieron la casa de los ancianos en un templo, y ellos se hicieron sus sacerdotes.

Esto era un mito popular muy conocido en el tiempo de Hechos y en la región donde Pablo y Bernabé estaban. En consecuencia, cuando la gente vio la sanidad milagrosa del paralítico, concluyeron que los mismos dioses volvieron para ver si les iban a recibir mejor en esta ocasión, y ansiosos por evitar el castigo, trajeron animales y guirnal das para ofrecer sacrificios a los apóstoles y celebrar su llegada.[4]

4 Como la gente idólatra de hoy, ellos creían que los dioses falsos tenían poder para premiar o castigar. En contraste, Jeremías 6:3 dice que no tienen poder para hacer ni el bien ni el mal.

El que llamaran a Bernabé Zeus y a Pablo Hermes tiene que ver probablemente con sus funciones y sus edades respectivas. La imagen de Zeus era la de un anciano y Hermes era su vocero. Quizás Bernabé era el más viejo de los dos, y el mismo texto dice que Pablo predicaba. También es interesante notar que los apóstoles no entendieron inmediatamente lo que iban a hacer porque la gente hablaba en su propio idioma. Es por eso que concluimos que Pablo y Bernabé no hablaban ese idioma. Tan pronto entendieron, rasgaron su ropa (reacción normal de un judío ante una blasfemia, compárese con Mc 14:63-64) y se metieron entre la gente para tratar de prevenir lo que esta iba a hacer.

La predicación de Pablo a los paganos. Hechos 14:15-18

Esta primera predicación a gente pagana en el libro de Hechos resultó después del milagro que acabamos de estudiar. Todos los discursos anteriores relatados en Hechos fueron oídos por judíos o por «temerosos de Dios» que ya creían en Dios el creador, habiendo abandonado su fe pagana en los dioses míticos. Los discursos anteriores podían usar el Antiguo Testamento como una fuente de autoridad incuestionable para establecer sus argumentos acerca de Cristo. También los que hablaban podían estar seguros de que sus oyentes eran monoteístas (creían en un solo Dios, el creador del universo). La situación que Pablo y Bernabé enfrentaron en Listra fue totalmente distinta. Una multitud de paganos politeístas estaban convencidos de que ellos (Pablo y Bernabé) eran dioses, e iban a ofrecerles animales en sacrificio.

En sus discursos anteriores, podían hablar de Abraham, Moisés, David, así como también acerca de las profecías y promesas de Dios, pero esta multitud no sabía nada de eso. Este resumen que Lucas nos da respecto de todo lo que Pablo habló contiene varios puntos clave. (1) Pablo estableció que él y Bernabé eran mortales, igual que aquella gente (Hch 14:15). (2) Proclamó «al Dios vivo, que hizo el cielo y la tierra, el mar y todo lo que en ellos hay» (también 14:15). (3) Advirtió que ofrecerles sacrificios a ellos era vanidad y que debían convertirse de eso (14:15). (4) Anunció la paciencia de Dios al permitirle a la gente «andar en sus propios caminos» (Hch 14:16). (5) Y proveyó como evidencia de ello el testimonio de la lluvia, las estaciones, la comida y la alegría humana (Hch 14:17).

Si comparamos este discurso con el de Hechos 17: 22-31, que era también a una audiencia puramente pagana, podemos suponer que Pablo estaba tratando de preparar a la gente para anunciarles a Jesús y animar a la multitud a arrepentirse y creer en Él (compárese especialmente Hch 17:30-31 con Hch 14:16). Con todo, parece que había podido frenar a la multitud de ofrecer un sacrificio, cuando en el momento crítico, llegaron judíos de Antioquía de Pisidia y de Iconio. Estos influenciaron a la multitud en contra de Pablo y Bernabé con el resultado de que apedrearon al primero, y pensando que lo habían matado, lo arrastraron fuera de la ciudad y lo dejaron allí.

Antes de continuar, le animo a reflexionar un momento en lo que significa ser apedreado. Imagínese que está rodeado por gente muy brava, y que empiezan a lanzarle piedras. Usted siente los golpes en su espalda y por el costado. Se cubre su cabeza con las manos. Corre de un lado a otro, pero no puede escapar. Finalmente cae al suelo y, bajo una lluvia de golpes fuertes y dolorosos, pierde el conocimiento. Imagínese el dolor, la vergüenza y la impotencia. Años después, Pablo mencionaría ese episodio en 2 Corintios 11:25 entre una lista espantosa de padecimientos horribles que sufrió por causa del evangelio. Al final de su vida, le escribió a Timoteo (en su segunda carta 3: 10-11 «Pero tú has seguido mi doctrina, conducta, propósito, fe, longanimidad, amor, paciencia, persecuciones, padecimientos, como los que me sobrevinieron en Antioquía, en Iconio, en Listra; persecuciones que he sufrido, y de todas me ha librado el

Señor». Es saludable comparar lo que Pablo sufrió con los leves problemas y aflicciones que a veces tenemos que aguantar por la causa de Cristo.

Después de esta dolorosa y humillante experiencia, Pablo no huyó, sino que volvió a entrar en la ciudad con los discípulos que le rodearon cuando la multitud lo dejó por muerto. Este acto de valor por parte de Pablo, Bernabé y los que habían creído en Jesús es muy animador. Aun en medio de las situaciones más difíciles, aun cuando parezca que no habrá nada de fruto, Dios hace que algunos crean y reciban la salvación eterna por la proclamación del Evangelio de Jesucristo.

LA MISIÓN EN DERBE Y EL REGRESO A ANTIOQUÍA DE SIRIA, HECHOS 14:21-28

El viaje a Derbe era algo extenso. En primer lugar, fueron más de 50 kilómetros de viaje; segundo, fue por un sendero, no por una carretera; y tercero, Pablo estaba herido. Es probable que usted no ha tenido que viajar enfermo o herido por un largo camino, pero podemos estar seguros de que fue un viaje lento y doloroso para el apóstol. Cuando llegó a Derbe, tuvo al fin un tiempo triunfal en el ministerio y sin oposición. Tal vez no había judíos en Derbe, y parece que tampoco lo siguieron a Listra. La evidencia histórica y arqueológica muestra que hubo una Iglesia fuerte y grande en Derbe durante muchos siglos. Ahora, no hay ni un pueblo en el sitio antiguo de esta ciudad.

De Derbe, hubiera sido fácil para Pablo y Bernabé viajar directamente a Tarso, su ciudad de nacimiento; y de allá a Antioquía de Siria, de donde habían empezado el viaje. Sin embargo, no eligieron el camino más sencillo ni el más rápido. Al contrario, regresaron por la misma ruta de su viaje de llegada a pesar del peligro de la persecución, con el propósito de fortalecer a los que habían creído en Jesús.

El contenido básico de su mensaje a cada iglesia era este: «Es necesario que a través de muchas tribulaciones entremos en el reino de Dios» (Hch 14:22). Es preciso comparar este mensaje con el contenido de mucha predicación evangelística y aun enseñanza en las congregaciones cristianas de hoy. Tendemos a pintar un retrato idealizado de la vida cristiana. La experiencia de Pablo y Bernabé en este primer viaje misionero desmiente todo intento de afirmar que ser cristiano es sencillo. Erramos cuando aseguramos a los no creyentes que, con solo recibir a Cristo, todos sus problemas se solucionarán. Es cierto que el Señor nos ayuda a enfrentar los problemas de la vida, pero es muy probable que aumenten después de recibirlo a Él.

Otra tarea que Pablo y Bernabé cumplieron al visitar a las iglesias que habían establecido fue nombrar ancianos (Hch 14:23). La Iglesia de Cristo, como cualquier organización, debe tener una manera de gobernarse. La Biblia no nos da información detallada ni explícita acerca de cómo se debe organizar una congregación local. A través de los siglos, tres formas de gobierno han sido desarrolladas: la «episcopal», en la que hay una jerarquía firme y bien establecida; la «presbiteriana», en la que un grupo de líderes toma las decisiones; y la «congregacional», en la que todos los miembros participan en el gobierno de la iglesia. En mi opinión, cualquiera de estas formas puede funcionar si los líderes se someten a Dios y reconocen que en realidad la Iglesia pertenece a Cristo, y que Él es la cabeza. Al contrario, ninguna de las tres formas puede operar si los líderes no se someten a Dios ni reconocen la soberanía de Cristo. Pablo reconocía la necesidad de establecer un liderazgo en cada iglesia que sembraba. Puede leer las páginas 257-8 para una breve reflexión teológica sobre el tema del gobierno de la Iglesia según el libro de Hechos.

Cuando llegaron de nuevo a Perge, en la provincia de Panfilia (véase mapa al comienzo de este capítulo), predicaron el evangelio en esa ciudad por primera vez (recuerde que no lo predicaron en el viaje de ida). De Perge, fueron camino de medio día a Atalía, una ciudad marítima, para buscar una embarcación a Antioquía de Siria. Cuando arribaron a la Iglesia que los había enviado, contaron todo lo que había sucedido, y se quedaron allí bastante tiempo. Hechos 14:27 comenta que su reporte contaba la manera en que Dios «había abierto la puerta de la fe a los gentiles». Podemos ver el progreso de la evangelización, desde la del etíope a la de Cornelio; este último aprobado por la Iglesia de Jerusalén. Luego, la Iglesia de Antioquía en Siria, una mezcla de judíos y gentiles (quizás todos temerosos de Dios, al principio), fue establecida y reconocida por la de Jerusalén. Ahora esa iglesia enviaba un equipo a evangelizar las regiones donde había mucha gente pagana, que ni creían en Dios ni sabían del Antiguo Testamento. El resultado de ese viaje fue un avance crucial en el desarrollo del cristianismo. El capítulo 15 de Hechos cuenta la manera en que ese avance fue interpretado por el liderazgo de la Iglesia de Jerusalén.

La teoría de la misión. Hechos 15:1-35

Mientras Pablo y Bernabé estuvieron en Antioquía de Siria, sucedió una disputa acerca de la teología de la salvación que provocó un concilio de la Iglesia de Jerusalén. Puesto que el tema de la misión tiene que ver con exponer el mensaje de salvación, este suceso provocó reflexión sobre la teoría de la misión (o sea, teología de la misión). Para entender el problema, es necesario comparar Hechos 15 con Gálatas 2. Hay diferentes opiniones acerca de la relación entre Gálatas y Hechos. Particularmente creo que la carta a la Iglesia en Galacia fue escrita durante la estadía de Pablo y Bernabé en Antioquía de Siria a las iglesias que habían establecido durante el viaje de Hechos 13 y 14.[5] Puesto que Gálatas no menciona las conclusiones del concilio relatadas en Hechos 15, concluyo que la carta fue escrita antes del concilio. Esto implica el siguiente transcurso de eventos: (l) Pablo y Bernabé llegan a Antioquía de Siria de su viaje (Hch 14:26-28); (2) Después de algún tiempo llegan personas de Jerusalén que dicen que los gentiles tienen que ser circuncidados y que deben guardar la ley de Moisés para ser salvos (Hch 15:1) (3) Pedro y Bernabé se apartan de los gentiles de la Iglesia (Gl 2:11-13); (4) Las personas que causaron el problema siguieron de viaje hasta las regiones donde Pablo y Bernabé habían llegado (mi opinión); (5) Llegan noticias a Pablo, tal vez por medio de algunas personas provenientes de Galacia, de que los nuevos creyentes de allá eran atraídos a las enseñanzas falsas acerca de la circuncisión y la ley de Moisés (mi opinión); (6) Pablo escribe la carta a los Gálatas y la manda con las personas que llegaron con la mala noticia (mi opinión); (7) La Iglesia de Antioquia, en Siria, manda a Pablo y Bernabé a Jerusalén para consultar con sus líderes acerca del problema de la salvación a los gentiles (Hch 15:2-4).

SE PRESENTA EL PROBLEMA. HECHOS 15:1-2

Este problema básicamente se repite de continuo en la Iglesia. La cuestión gira alrededor de la afirmación que la salvación es por medio de la fe en Cristo. Como muchas citas del Nuevo Testamento aclaran, si es por fe y por gracia, no puede ser algo merecido por acciones u obras de nosotros. El desafío de los que llegaron de Jerusalén amenazaba la doctrina afirmando que se debía hacer algo humanamente para obtener la salvación: ser circuncidados según el rito de Moisés.

5 Aunque las provincias mencionadas en Hechos 13 y 14, Panfilia, Pisidia y Licaonia corresponden a la parte sur de Asia menor, y la provincia de Galacia está al norte de Asia menor; sin embargo, toda esa región era llamada Galacia, también.

Este mismo problema se presenta en miles de diferentes disfraces, pero todas esas máscaras añaden algo a la fe para lograr la salvación: cierta manera de vestirse, cierta manera de bautizarse, cierto código moral, ciertos hábitos o costumbres... la lista es interminable. Es cierto que al ser salva, la persona muestra que Cristo está transformando su vida; sin embargo, ningún cambio anterior de vida es requisito para la salvación. Podemos decir que la transformación que hace Cristo en nosotros es una evidencia de que somos salvos.

Cuando este problema se presentó en Antioquía de Siria, Pablo y Bernabé se opusieron vigorosamente a quienes lo plantearon. La Iglesia de Antioquía decidió enviar a Pablo y a Bernabé con otros a Jerusalén para resolver el debate con los líderes de la congregación.

SE CONVOCA UN CONCILIO. HECHOS 15:3-29

Durante el viaje, y al llegar a Jerusalén, Pablo y Bernabé contaron lo que había sucedido durante su jornada misionera. El relato provocó «gran gozo a todos los hermanos» (Hch 15:3). Luego en Jerusalén, algunos creyentes que eran todavía de la secta de los fariseos decían respecto de los nuevos creyentes gentiles: «Es necesario circuncidarlos, y mandarles que guarden la ley de Moisés» (Hch 15:5).

EL DEBATE. HECHOS 15:6-21

El debate involucró tanto a los apóstoles como a los ancianos de la Iglesia. Es posible que toda la congregación estuviera presente también, porque Hechos 15:22 aclara que la Iglesia estaba de acuerdo con la decisión que los líderes tomaron.

Después de una discusión, Pedro habló y repasó la conversión de Cornelio (Hch 15:7-11). Y enfatizó que el Espíritu Santo dio evidencia de su conversión, «purificando por la fe sus corazones» (Hch 15:9). En Hechos 15:11, Pedro afirma: «por la gracia del Señor Jesús seremos salvos».

Después hablaron Bernabé y Pablo (note que acá, entre los de Jerusalén, es probable que fuera Bernabé quien tomó la palabra, pues los de Jerusalén lo conocían y confiaban más en él que en Pablo). El enfoque de sus palabras fue también en señales concretas de que la obra allá entre los gentiles fue respaldada por Dios (Hch 15:12).

Finalmente habló Jacobo, el medio hermano del Señor Jesús, que había llegado a ser el anciano y líder principal de la Iglesia de Jerusalén. Después de referirse a lo que Pedro había dicho, citó Amós 9:11-12 (en Hch 15:16-18) para respaldar su conclusión de que «no se inquiete[6] a los gentiles que se convierten a Dios» (Hch 15:19). En la cita de Amós, el argumento es que Dios está reedificando el tabernáculo de David por medio de la Iglesia Cristiana, con el objetivo final de incluir al resto de los hombres. Si lee el texto de Amós en su Antiguo Testamento, usted encontrará que es algo diferente de lo que Jacobo cita aquí en Hechos. La razón es que Jacobo citó la LXX (Septuaginta) traducción del Antiguo Testamento en griego. No se sabe si las diferencias están en la traducción o en los manuscritos que los traductores usaron. De todas maneras, Jacobo concluye el debate con la decisión de que no iban a poner más dificultades sobre los nuevos convertidos paganos.

Habiendo aclarado que la salvación es por fe, por medio de la gracia de Dios (según lo que Pedro dijo), y que no es necesario exigir que los gentiles se circunciden, ni obedezcan la ley de Moisés (según lo que afirmó Jacobo), Hechos 15:20-21 enumera cuatro cosas que los cristianos gentiles deben evitar para no ofender innecesariamente a los creyentes judíos, ni a los judíos que algún día pudieran convertirse al cristianismo. Esto concuerda perfectamen te con la estrategia de Pablo expuesta en 1 Corintios 9—10 de evitar toda ofensa posible por el bien del evangelio. La lista de lo

6 La frase «no se inquiete» en la RVR 1960 traduce las palabras griegas *mê parenoclein* que significan «no añadir dificultades adicionales».

que se debe evitar incluye ídolos, fornicación, ahogado y sangre. La cultura pagana era muy idolátrica, y los judíos eran monoteístas. La idolatría pagana implicaba muchas veces la práctica de la prostitución religiosa como parte de los ritos de fertilidad. La prohibición de ahogado y sangre se refiere al mandamiento en Levítico 17:10-14 que dice que no se debe comer ninguna carne con su sangre, porque la sangre es dada por expiación de los pecados. De forma que las cuatro cosas que los creyentes gentiles debían evitar ayudaban a que los judíos, que vivían entre ellos y que hasta compartían su fe cristiana, fueran ofendidos innecesariamente.

La decisión. Hechos 15:22-29

Toda la congregación estuvo de acuerdo con la decisión de Jacobo, y escogieron a algunos para acompañar a Bernabé y a Pablo en su regreso a Antioquía de Siria con una carta que comunicaba la decisión en forma escrita. Un hecho importante de la carta es que aclara que los que enseñaban que los gentiles tenían que circuncidarse y guardar la ley de Moisés no estaban autorizados por la Iglesia de Jerusalén (Hch 15:24).

SE COMUNICA LA DECISIÓN. HECHOS 15:30-35

La manera de hacer llegar tal decisión a los demás fue que Pablo y Bernabé viajaran con los dos escogidos por la Iglesia de Jerusalén, Judas y Silas, y comunicaran la decisión en cada lugar. Después de un tiempo de comunión y edificación mutua, los de Jerusalén regresaron (menos Silas), y Pablo y Bernabé se quedaron en Antioquía de Siria.

APLICACIÓN

Hay mucho que se puede aprender de Hechos 13—15 en cuanto a misiones. El problema misionero en esencia es «desenculturar» el mensaje de salvación de la cultura del misionero y «enculturarlo» en la cultura del grupo que está tratando de evangelizar. En otras palabras, cada misionero entiende el evangelio bajo el matiz de su propia cultura, y tiene que comunicarlo bajo el de la cultura que desea alcanzar. Hay factores culturales que son neutrales, y también los hay malos y pecaminosos. Por ejemplo, Bernabé era un judío circuncidado, uno que había obedeció la ley de Moisés. A él le parecía normal y natural todo aquello; lo había aprendido desde niño. Cuando llegó a Listra, se encontró con gente que no sabía nada de esas costumbres judías. De hecho, hacían cosas que le parecían odiosas. Bernabé y Pablo y los de la Iglesia de Jerusalén tenían que discernir qué cosas de su propia cultura eran realmente necesarias para el evangelio y cuáles eran costumbres culturales ajenas a él. Ellos pensaron que ser circuncidados no era requisito para ser salvo. Sin embargo, una persona salva no debía cometer idolatría, ni ninguna otra cosa asociada con esta, porque en su condición de salva debía entender que hay un solo Dios, y que Él no es una estatua.

Un ejemplo más contemporáneo de lo que estoy diciendo es la música. Cuando los misioneros de los siglos diecinueve y veinte llevaron el evangelio a América Latina, tradujeron al español los himnos que conocían en inglés. Los primeros convertidos se los aprendieron y los cantaban. Esos cánticos tenían un estilo musical correspondiente al tiempo y la cultura en que fueron compuestos. Hoy día muchos compositores cristianos en Latinoamérica crean música auténticamente latina para alabar al Señor. Hay sectores de la Iglesia que resisten eso alegando que esa música no es apropiada porque es del mundo. Lo que no saben es que los himnos traducidos que cantan pensando que eran realmente espirituales fueron compuestos al estilo de música popular de su época. Char les Wesley, por ejemplo, usó la música de los bares para sus himnos. Él quería atraer a los borrachos escuchando música popular con letra cristiana, de modo que después oyeran la predicación del evangelio. Himnos como «¿Qué me puede dar perdón?», «Hallé un buen amigo», y «La mañana gloriosa» eran considerados escandalosos en su tiempo, porque la gente conservadora de ese momento los consideraba mundanos.

Nos conviene reflexionar en esta pregunta:¿Qué es en verdad el evangelio? Debemos tratar de separarlo de lo que son meramente manifestaciones culturales. Cierta liturgia, manera de vestirse, expresiones verbales, modo de comportarse—pautas de identificación planteadas por algunos evangélicos—,¿Son realmente pertinentes al evangelio? ¿Cuáles serían las manifestaciones culturales del evangelio en otra cultura totalmente ditinta?

PREGUNTAS

1. Use una concordancia para buscar todas las veces que se menciona a Juan Marcos en el nuevo testamento. Reflexione en el papel de Bernabé al discipular a Juan Marcos.
2. En su propia iglesia local, ¿hay oportunidad para que los líderes se reunan a administrar a Díos, rindiendóle culto, orando o ayunando? Nombre algunas ventajas o desventajas del sistema de liderazgo de su congregación.
3. Compare el encuentro entre Pablo y Barjesús en Hechos 13 con el que sostuvieron Pedro Y Simón el Mago de Hechos 8. Apunte sus semejanzas y sus diferencias. Compare la sanidad del paralítico por medio de Pablo en Hechos 14 con la que obró Pedro en Hechos 3. Anote sus semejanzas y diferencias. En su opinión, ¿Será que Lucas trata de presentar a Pablo y a Pedro como iguales? ¿Hay otros paralelos entre el relato del ministerio de Pedro y el de Pablo? ¿Hay paralelos entre el ministerio de Jesús y los de Pedro y Pablo? ¿Cuál sería el motivo que Lucas tenía para presentar la historia en está forma?
4. Busque las citas en Hechos donde se menciona a Bernabé antes que a Saulo (o Pablo), y las que citan a Pablo antes de

Bernabé. Sugiera una razón del cambio de orden. Estudie el contexto las tres citas (Hch 14:12, 14, y 15:25) donde se menciona a Bernabé primero, desúés del cambio inicial de orden en Hch 13:13. Sugiera una razón de estas excepiones al cambio de orden.

5. Compare el mensaje de Pablo en Hechos 13 a los judíos y temerosos de Dios en Antioquía de Pisidia, con el que transmitió a los paganos en Listra. ¿ Cuáles son las diferencias más marcadas? ¿Por qué cree que Pablo no cita al Antiguo Testamento en su mensaje en Listra?
6. Si tuviera que llevar el evangelio a un grupo de indígenas en su país que nunca ha oído de Jesús, ¿qué factores de su cultura y de la de ellos tendría que considerar cuando trate de evangelizarlos?
7. Estudie Miqueas 6:6-8, Isaías 1:10-20; 29:13; Mateo 5:20-48; 23:13-39. ¿Cuáles son algunas manisfestaciones de la fe judía que Dios no aprueba? ¿Cuáles son las manifestaciones de fe que Dios aprueba? Analice su iglesia local. ¿Hay manifestaciones de la fe cristiana en su congregación que Dios no aprobaría? ¿Hay manifestaciones de la fe en su iglesia que Dios sí aprobaría?

Lección 6

METAS

En esta lección, usted aprenderá acerca del segundo viaje misionero de Pablo. También aprenderá de la disciplina de la crítica textual del Nuevo Testamento, y especialmente el estudio del texto griego de Hechos.

OBJETIVOS

La lectura de este capítulo y los pasajes correspondientes de la Biblia le guiarán a entender la continuación de la ola misionera que inundó el mundo grecorromano. Las preguntas le ayudarán a seguir con la práctica de la interpretación de Hechos. El apéndice le ayudará a investigar el tema de la crítica textual del Nuevo Testamento, y especialmente del libro de Hechos.

Lectura bíblica

Lea cuidadosamente Hechos capítulos 15 :36—18:22 sin parar en dos diferentes versiones de la Biblia. Mientras lee, anote en su cuaderno ideas claves y cosas que le llamen la atención. Después de leer, trate de resumir lo que narran estos capítulos en sus propias palabras (es decir sin copiar textualmente versículos de la Biblia), en forma de un bosquejo breve y conciso.

Lectura del libro de texto

Lea el capítulo 6 del texto y el apéndice 6.

Preguntas

En su cuaderno, escriba sus propias respuestas a las preguntas que están al final de capítulo 6 y al final del apéndice 6. No debe mirar las respuestas dadas en el «Manual para el facilitador» todavía. Puede remitirse a lo que leyó en este libro, usar comentarios, diccionarios bíblicos, concordancias, atlas bíblicos u otras fuentes de referencia bíblica. Escriba sus respuestas después de hacer su investigación independiente.

Comprobación de respuestas

Ahora, busque las respuestas correctas a las preguntas que contestó en el «Manual para el facilitador». Compruebe que contestó cada pregunta correctamente. Si se equivocó en alguna respuesta, anote el número de la respuesta equivocada y escriba la respuesta correcta en su cuaderno.

Ensayo

Hasta el momento, usted debe tener listo su bosquejo del ensayo y redactado un borrador del primer párrafo y uno de los tres (o más) puntos subordinados (o sea más o menos un tercio del ensayo). En esta lección, deberá redactar otro punto subordinado (o sea otro tercio del ensayo total). Así terminará el ensayo cuando termine el curso.

Continúe haciendo la investigación necesaria en el texto bíblico y en otras fuentes de información a medida que redacte su borrador. Tenga cuidado de incluir los datos bibliográficos de sus fuentes de información en notas a pie de página. Mantenga al día su bibliografía.

Capítulo 6

CONTINUACIÓN DE LA MISIÓN A LOS GENTILES HECHOS 15:36 – 18:22

Mientras lee este capítulo, es absolutamente necesario que tenga su Biblia abierta. Lea cada pasaje antes de ver el comentario, y busque las otras citas que se sugieren. Así puede aprovechar al máximo esta oportunidad para aprender. En el capítulo anterior, estudiamos el primer viaje misionero de Pablo y Bernabé. En este, analizaremos el segundo viaje de Pablo.

LA VISITA A LAS IGLESIAS YA ESTABLECIDAS HECHOS 15:36-16:5

Como ya vimos en Hechos 14:21-22, Pablo se preocupó por las iglesias que había establecido. Esta era una característica propia de su ministerio que se comprueba en el resto de Hechos y en sus cartas. Para él, no era suficiente predicar el evangelio solamente, ni tampoco le satisfacía el solo hecho de dejar fundada una iglesia local. Siempre procuraba mantener contacto con las congregaciones y velaba por el bienestar de ellas, aun estando en la cárcel, como ocurrió años después.

DESACUERDO ENTRE PABLO Y BERNABÉ. HECHOS 15:36-41

Previamente Lucas informó acerca de los problemas surgidos en la Iglesia de Jerusalén.[1] Acá encontramos un problema entre hermanos, líderes de la Iglesia de Antioquía en Siria. Bernabé, que

1 Por ejemplo, Hechos 4 y 12 relatan problemas externos de persecución mientras

fuera instrumento de Dios en abrir las puertas a Pablo para ministrar en la Iglesia, quiso llevar a Juan Marcos en el viaje que Pablo sugirió para visitar a las iglesias que habían establecido. Pablo no quería a Juan Marcos con ellos en esta ocasión puesto que los había abandonado anteriormente en lo más difícil del viaje (Hch 13:13). Lucas informa que el desacuerdo fue tan severo que se separaron. Esto indica que ninguno de los dos quería ceder al punto de vista del otro.

Vale la pena preguntar: «¿Quién tenía razón?» Algunos podrían decir: «Pablo», porque es el personaje principal en el resto de Hechos, y quien logra gran éxito en su labor misionera. Otros dirán que Bernabé, porque al final de su carrera, Pablo reconoció el valor de Juan Marcos, y parece que se reconcilió con Bernabé (1 Co 9:6; Col 4:10). Pienso que ambos tenían razón. En términos generales, el conflicto entre ambos radicaba en lo siguiente: «¿Qué es más importante, el ministerio o las personas que ministran?» La respuesta era: «Ambas cosas». Sin personas, no habría ministerio, pero si nos enfocamos exclusivamente en ellas, tampoco habría ministerio. Pablo tenía la visión de evangelizar y establecer iglesias, sin importarle el costo personal suyo ni de ninguna otra persona. Bernabé tenía la visión de animar, preparar y discipular a las personas, como el eje principal del ministerio. Él vio el potencial en Juan Marcos como algo más relevante que el ministerio de fortalecer a las iglesias. Pablo, por el contrario, se enfocó en ministrar a las congregaciones, considerando eso como más importante que hacer un esfuerzo especial para discipular a Juan Marcos y darle otra oportunidad.

El resultado del conflicto entre Pablo y Bernabé tampoco fue negativo. En primer lugar, visitaron todas las iglesias. Bernabé fue a Chipre con Marcos, y Pablo a Asia Menor con Silas. En vez de un equipo misionero, hubo dos. En segundo lugar, el desacuerdo entre los dos hermanos no produjo una división en la Iglesia. Ellos

que Hechos 5 y 6 trata de conflictos internos de carácter moral y desacuerdo entre diferentes grupos.

no insistieron en aumentar su pelea para incluir a otros. Finalmente se reconciliaron (1 Co 9:6; Col 4:10). Evitaron plantear una ofensa grave que hiciera imposible resolver el problema. En verdad, la decisión de separarse e ir cada uno a un lugar diferente tal vez fue una manera sabia de resolver el conflicto, y Dios lo usó para bien.

Segundo Viaje de Pablo Hechos 16-18

TIMOTEO. HECHOS 16:1-3

Pablo viajó por tierra hasta Derbe esta vez.[2] Este viaje probablemente siguió una ruta que llevó a Pablo a su tierra natal de Tarso, donde había estado antes de ministrar en la Iglesia de Antioquia, en Siria (Hch 11:25-26). Lucas no nos relata qué pasó en Derbe, pero en la segunda ciudad, Listra, Pablo reclutó a Timoteo como compañero de ministerio. Para ese momento el equipo de trabajo de Pablo constaba de tres personas, incluido él mismo, Silas y Timoteo.

Es interesante el hecho de que Pablo circuncidara a Timoteo «por causa de los judíos que había en aquellos lugares; porque to-

2 Puede comparar esto con el viaje anterior, donde Derbe fue el último destino.

dos sabían que su padre era griego» (Hch 16:3). Sabemos por Gálatas, que Pablo consideraba que «en Cristo Jesús ni la circuncisión vale algo, ni la incircuncisión, sino la fe que obra por el amor» (Gl 5:6). También sabemos que «ni aun Tito, que estaba conmigo [en una visita a Jerusalén] con todo y ser griego, fue obligado a circuncidarse» (Gl 2:3). Además, Pablo declara que «He aquí, yo Pablo, os digo que, si os circuncidáis, de nada os aprovechará Cristo» (Gl 5:2), dando a entender que de alguna manera los que se circuncidan están apartados de Cristo. ¿Cómo es posible pensar que el mismo Pablo —que escribiera la carta de Gálatas— circuncidaría a Timoteo «por causa de los judíos»?

La solución a este enigma yace en el motivo de la circuncisión. Cuando Pablo escribió la Epístola a los Gálatas, a esta misma gente en Derbe, Listra e Iconio, combatió a los que decían que era necesario circuncidarse para ser salvos. Pablo afirmaba que la salvación era por fe en Jesús, no por ninguna obra de la ley judía (Gl 2: 16). En el caso de Tito, Pablo estaba visitando a Jerusalén con él, y ambos padres del discípulo eran griegos. Los cristianos en Jerusalén habían entendido ya que la circuncisión no era necesaria para salvarse, y por eso no insistían en que Tito fuera circuncidado. Pero la situación con Timoteo fue diferente. En primer lugar, su madre era judía, más el padre griego. A Pablo no le preocupaba la salvación de Timoteo, sino la de los judíos de la misma región que conocían al joven. El apóstol no quería poner ningún tropiezo a la posible salvación de los hebreos que no habían creído todavía, por eso circuncidó a Timoteo como parte de su estrategia misionera:

> Siendo libre de todos, me he hecho siervo de todos para ganar a mayor número. Me he hecho a los judíos como judío, para ganar a los judíos; a los que están sujetos a la ley (aunque yo no esté sujeto a la ley) como sujeto a la ley, para ganar a los que están sujetos a la ley; a los que están sin ley, como si yo estuviera sin ley (no estando yo sin ley de

> Dios, sino bajo la ley de Cristo), para ganar a los que están sin ley. Me he hecho débil a los débiles, para ganar a los débiles; a todos me he hecho de todo, para que de todos modos salve a algunos. Y esto hago por causa del evangelio, para hacerme copartícipe de él (1 Co 9: 19-23).

En resumen, Pablo reconoció en Timoteo a una persona con potencial para el ministerio; hizo lo necesario para adecuarlo para el ministerio y lo llevó consigo para capacitarlo y ponerlo a ministrar. Es notable que Lucas incluyera esto inmediatamente después de la narración de cómo Pablo rechazó la idea de continuar con Juan Marcos.

RESUMEN DE LUCAS. HECHOS 16:4-5

En el viaje, Pablo y Silas comunicaron la decisión de la Iglesia de Jerusalén respecto a la necesidad de los creyentes gentiles de guardarse de idolatría, fornicación y sangre. A la vez, seguramente aclararon que no era necesario para ellos obedecer toda la ley judía ni circuncidarse para ser salvos.

El resultado de la visita de Pablo a las iglesias que había establecido en el viaje anterior fue que ellas crecían en dos aspectos importantes: madurez y número.

EL ESPÍRITU SANTO GUÍA A PABLO. HECHOS 16:6-10

Si examina el mapa del segundo viaje de Pablo, puede ver que el apóstol dejó Antioquía de Pisidia e hizo un viaje largo de más de 500 kilómetros hasta Troas. Hechos 16:6 indica que el Espíritu Santo no le permitió ir al suroeste, a la región que se llama Asia (cerca de la ciudad de Éfeso). Se fue hacia el noroeste a la provincia de Misia, pensando ir a Bitinia, pero una vez más descubrió que esa no era la voluntad de Dios (Hch 16:7). En este momento tal vez pensó evangelizar la ciudad de Troas (Hch 16:8), pero Dios tenía otros planes. Hechos 16:9 narra una visión nocturna que convenció a Pablo de que debía ir a Macedonia. He chos 16:10 es el primer versículo del libro que está narrado en primera persona del plural (nosotros), indicando que fue en Troas donde el autor, Lucas, primeramente empezó a acompañar a Pablo. Ahora el equipo de trabajo incluía (por lo menos) a Pablo, Silas, Timoteo y Lucas.

Particularmente he tenido varios períodos en mi vida cuando el Espíritu Santo me guió «cerrándome puertas». En otras palabras, trataba de hacer algo pensando que era la voluntad de Dios, pero las circunstancias me convencían de que me había equivocado. Desistía, entonces, y trataba otra cosa. No sabemos con exactitud cómo le comunicó el Espíritu a Pablo que no fuera a Asia ni a Bitinia, pero sabemos que finalmente lo guió a hacer la voluntad de Dios. Si usted está en una situación semejante, podría confiar en que Dios le guiará a su tiempo. Lo importante es estar realmente dispuesto a hacer la voluntad de Dios y permitir con humildad que le guíe. Nuestra tendencia humana, a veces, es persistir con obstinación en algo difícil simplemente porque nos parece bien, ignorando la posibilidad de que puede ser Dios diciendo: «No».

FILIPOS. HECHOS 16:11-40

La llegada a Filipos, la ciudad principal de la provincia de Macedonia, le presentó un desafío nuevo a Pablo. Parece que no había sinagoga en Filipos. El apóstol siempre iba primero a la sinagoga, si la había. Recuerde que en Listra y Derbe, le tocó hablar en público después de un milagro de sanidad. Tampoco allí había sinagoga. En Filipos, al principio, buscando el lugar donde se reunían los judíos, Pablo fue al río fuera de la ciudad. Parece que cuando los judíos no podían construir una sinagoga (porque no había suficientes familias, o no les era permitido por el gobierno local), buscaban un lugar cerca de alguna fuente de agua para poder hacer los ritos asociados con la purificación.

En este caso, la reunión era de mujeres. Lidia, una de ellas, era una gentil que creía en Dios y las Escrituras.[3] Ella era de clase alta, una mujer de negocios.[4] Hechos 16:14-15 indica que Dios abrió el corazón de Lidia, ella creyó el mensaje de Pablo y fue bautizada. Después les brindó hospitalidad al apóstol y a su equipo ministerial.

Hechos 16: 16 señala que Pablo siguió frecuentando ese lugar cercano al río, y que Lucas lo acompañaba.[5] En una de esas salidas, una joven adivina los seguía diciendo: «Estos hombres son siervos del Dios Altísimo, quienes os anuncian el camino de salvación» (Hch 16: 17). En realidad, lo que decía era verdadero, pero Pablo entendió que provenía de Satanás, y la estrategia del diablo era desacreditar el mensaje del apóstol, asimilándolo a la adivinación. Hoy muchas sectas falsas afirman ser bíblicas y cristianas, cuando en verdad niegan cosas fundamentales de la doctrina bíblica. La joven siguió molestándolos por muchos días hasta que Pablo finalmente echó fuera el espíritu de adivinación (Hch 16: 18).[6]

Así que los dueños de la joven perdieron su negocio, y acusaron a Pablo ante los magistrados de la ciudad diciendo: «Estos hombres, siendo judíos, alborotan nuestra ciudad, y enseñan costumbres que no nos es lícito recibir ni hacer, pues somos romanos» (Hch 16:20-21 La justicia en el mundo grecorromano dependía

3 Aunque el español no lo indica, el texto griego de Hechos 16: 14 afirma que Lidia era una mujer «temerosa de Dios».

4 Sabemos que pertenecía a la clase alta y rica porque era vendedora de tela púrpura. Solamente los ricos podían costearse esa clase de tela por lo caro, y consecuentemente, solo gente adinerada podía negociar con esos géneros. Tiatira, la ciudad de Lidia, fue un centro principal en ese negocio. Eran pocas las mujeres que lograban independencia económica y personal como Lidia. Es posible que haya sido esclava de una familia rica que le dio su libertad y el medio para defenderse.

5 Nótese Hechos 16:16, «íbamos».

6 El hecho de que el espíritu de adivinación conociera algunos datos acerca de Pablo, es una señal de que reclamaba cierta autoridad o poder sobre él. En los relatos de exorcismo de los evangelios y Hechos, «conocer el nombre» es importante para obtenerla victoria en la batalla espiritual. En esta batalla entre el espíritu y Pablo, este gana la victoria en el poder de Cristo Jesús.

más del dinero y la reputación de los litigantes que de la verdad del caso. Los que acusaron a Pablo y Silas fueron ciudadanos de Filipos que tenían suficiente dinero como para ser dueños de una esclava. En cambio, Pablo y Silas eran personas desconocidas, extranjeras y judías. Todo eso prácticamente decidió el caso en contra de ellos. Parece que no tuvieron oportunidad de hablar antes de ser desvestidos y azotados con varas.

La arqueología moderna ha descubierto el lugar en Filipos donde Pablo y Silas fueron juzgados. Era una plaza abierta con sillas para los magistrados; y la cárcel estaba detrás. Fueron trasladados a la prisión y el carcelero los metió en la sección más segura. Ahí no había ni ventanas ni baños. Fueron encadenados y, además, les aseguraron sus pies en un aparato que les impedía moverse (cepo). ¿Se imagina la incomodidad y el dolor de ellos? Sus espaldas heridas y sangrantes, sentados con un muro de piedras rodeándoles, cadenas en los brazos, los pies inmovilizados en el cepo, sobre un piso frío y duro. No podían recostarse por el dolor de sus heridas ni mover las piernas. Después de media hora, seguramente sufrirían de calambres debido al frío y al dolor intenso por la inmovilización. Así se quedaron por horas interminables hasta la medianoche. Me imagino que estarían por desmayarse cuando empezaron a orar y a cantar alabanzas a Dios. En ese momento un terremoto los soltó a ellos y a los otros presos.

El carcelero, al enterarse de lo sucedido, pensó en matarse.[7] Cuando Pablo le informó que nadie había escapado, le preguntó: «Señores, ¿qué debo hacer para ser salvo?» (Hch 16:30). Pablo y Silas contestaron: «Cree en el Señor Jesucristo, y serás salvo, tú y tu casa» (Hch 16:31). Como hemos notado, es posible que el carcelero estuviera pensando en una salvación física (véase Apéndice

7 Recuerde lo que les pasó a los carceleros en Hechos 12: 19 cuando no encontraron a Pedro dentro de la prisión. Este carcelero en Filipos tal vez quería evitar la humillación y el dolor del castigo en público.

4, pág. 286),[8] pero Pablo y Silas aprovecharon la situación para hablarle acerca de la salvación espiritual. Es importante entender que Hechos 16:31, «Cree en el Señor Jesucristo, y serás salvo, tú y tu casa», no quiere decir que si el carcelero cree, su familia sería salva automáticamente. El significado verdadero de este versículo es, «Serás salvo tú si crees; también tu familia será salva si ellos creen». Hechos 16:32 respalda esto, porque expusieron la Palabra al carcelero y a toda su familia, y según el versículo 33, el carcelero lavó las heridas de Pablo y Silas, mientras que Cristo «lavó» los pecados del carcelero y de su familia. Después hubo banquete y fiesta, en el cielo y también en la casa del carcelero.

Cuando los magistrados ordenaron soltar a Pablo y Silas, ellos se negaron, diciendo: «Después de azotarnos públicamente sin sentencia judicial, siendo ciudadanos romanos, nos echaron en la cárcel, ¿y ahora nos echan encubiertamente? No, por cierto, sino vengan ellos mismos a sacarnos» (Hch 16:37). En el mundo grecorromano era un delito castigar a un ciudadano romano sin darle la oportunidad de defenderse de los cargos. Los magistrados se vieron en peligro de ser juzgados ellos mismos si Pablo entablaba pleito contra ellos. Siendo así, es normal preguntar: ¿Por qué no mencionó Pablo su ciudadanía antes de ser azotado y encarcelado? Una posible respuesta es que no hubo oportunidad por el alboroto y la rapidez de su juicio. Pero otra respuesta más probable es que Pablo no quería un trato, ante el gobierno, que fuera diferente al de cualquier nuevo creyente. Es decir, Pablo estaba dispuesto a sufrir humillación y dolor físico si fuera necesario, para no poner ningún tropiezo a la extensión del evangelio.

8 No es posible saber qué había exactamente en la mente del carcelero cuando hizo la pregunta. Se vio en una situación altamente peligrosa en cuanto a su trabajo, pero supo la razón por la que Pablo y Silas estaban en la cárcel, y si escuchó sus cantos de alabanza, es posible que su pregunta refleje algo de inquietud espiritual.

Cuando los magistrados llegaron a escoltarlo a él y a Silas para liberarlos, ellos volvieron a la casa de Lidia, y habiendo animado a los hermanos, se fueron de la ciudad. Notemos que Lucas no se incluye con Pablo y el grupo del ministerio desde Hechos 16: 16, y no aparece en persona con el grupo otra vez hasta Hechos 20, cuando Pablo está nuevamente en Macedonia.

TESALÓNICA. HECHOS 17:1-9

El viaje desde Filipos a Tesalónica fue de unos 160 kilómetros y por una carretera romana muy buena. Cuando llegaron a Tesalónica, Pablo y Silas fueron a la sinagoga, y predicaron allí tres sábados seguidos. El resumen de la predicación de Pablo, «que era necesario que el Cristo padeciese, y resucitase de los muertos; y que Jesús, a quien yo os anuncio ... es el Cristo» (Hch 17:3), muestra que otra vez, empleaba el Antiguo Testamento para convencer a los judíos y a los temerosos de Dios de que Jesús era el Cristo.

Como siempre, una parte de los oyentes creyeron y se unieron con Pablo, mientras otros judíos formaron un grupo y asaltaron la casa de Jasón, un creyente. Acusaron a Pablo y a los demás creyentes diciendo: «Estos que trastornan el mundo entero también han venido acá; a los cuales Jasón ha recibido; y todos éstos contravienen los decretos de César, diciendo que hay otro rey, Jesús» (Hch 17:6-7). La primera parte de la acusación, se refiere a que la fe en Jesús transforma a la persona de tal manera que no se conforme más a las costumbres culturales que están en contra de la voluntad de Dios. El creyente nuevo en Tesalónica tenía que dejar varias costumbres culturales que mencionamos en el apéndice 3 de este libro. La segunda parte de la acusación fue la más seria en cuanto a la ley romana. Cualquier persona que desafiaba la soberanía (y divinidad) de César, corría el peligro de un juicio súbito y severo. Cuando Jasón fue puesto en libertad bajo fianza, enviaron a Pablo y su compañía a Berea.

BEREA. HECHOS 17:10-15

El viaje a Berea fue por un sendero[9] de unos 80 kilómetros. Al llegar, fueron otra vez a la sinagoga y encontraron gente dispuesta a escuchar y examinar las Escrituras para ver si la predicación de Pablo era verdadera. Mucha gente creyó el mensaje, pero los judíos de Tesalónica enviaron a algunos para agitar la ciudad con la acusación de que el mensaje de Cristo era en contra de César y Roma. Los creyentes de Berea enviaron a Pablo a Atenas, mientras Silas y Timoteo se quedaron en Berea presumiblemente para fortalecer a los hermanos.

ATENAS. HECHOS 17:16-34

El mapa del segundo viaje misionero de Pablo muestra que la travesía fue de Berea a la costa y luego por mar hasta llegar cerca de Atenas. Hechos 17:14 indica que llevaron a Pablo a la costa y lo acompañaron hasta Atenas, pero no dice la ruta exacta que tomaron. Había también una ruta por tierra por toda la costa hasta Atenas. Por tanto no se sabe cuál fue el trayecto exacto de Pablo. Los de Berea, que acompañaron al apóstol a Atenas, lo dejaron allá y les llevaron su mensaje a Silas y a Timoteo: que debían ir también a Atenas lo más pronto posible. Mientras tanto, Pablo quedó solo en la ciudad intelectual del mundo pagano.

Lo que vio allá llenó su alma de dolor e ira. Sabemos que Atenas estaba llena de ídolos de todo tipo. La inmoralidad sexual era representada en forma explícita y pública en el arte, y aun la homosexualidad era considerada por algunos como una virtud. Pablo no guardó silencio ante todo aquello, sino que hablaba en la sinagoga y también en las plazas públicas a todos los que lo escuchaban. Hechos 17:18 menciona en especial a los epicúreos y estoicos. La

9 Es decir, no una carretera romana, sino un camino donde una o dos personas podían transitar, lleno de barro en invierno y polvo en verano.

filosofía de los epicúreos consideraba todo como material, aun los «dioses». Creían que el mayor bien era el placer, especialmente el placer más «alto» de la tranquilidad y la paz. Para ellos, la vida consistía en buscar la comodidad y la tranquilidad. Los estoicos eran panteístas y fatalistas. Consideraban que todo estaba determinado por los dioses, y lo mejor que uno podría hacer era someterse a lo que la vida le trae sin quejarse. El texto dice que ellos insultaron a Pablo, llamándolo «palabrero», y lo acusaron de predicar «nuevos dioses». Esta acusación fue bastante seria, pues, el filósofo griego Sócrates del cuarto siglo antes de Cristo fue asesinado cuando al juzgarlo fue declarado culpable de eso.

Llevaron a Pablo al «Areópago», una palabra que significa tanto un lugar, como también un grupo de filósofos y líderes de la ciudad que se reunían en ese sitio. La palabra significa literalmente, el alto de Marte, un dios pagano. Hechos 17:19-20 indica que los miembros del grupo querían que Pablo explicara sus enseñanzas. No sentían curiosidad, sino que molestia con él. Hechos 17:21 expresa la opinión de Lucas acerca de los atenienses. Los llama, efectivamente, chismosos sin oficio.

Hechos 17:22-31 narra el discurso de Pablo a este grupo de líderes atenienses. Este era semejante al que relata Hechos 14 ante los ciudadanos paganos de Listra. La principal diferencia es que en Listra, Pablo estaba hablando a la gente común de la ciudad; mientras en Atenas se estaba dirigiendo a los más intelectuales y respetados de la ciudad, y tal vez del mundo griego.

En Hechos 17:22, Pablo abre su discurso con una breve introducción y la afirmación de que los atenienses eran «muy religiosos». Este término es realmente neutral, no halaga la religiosidad de ellos, ni la crítica. El versículo 23 es una manera muy hábil de introducir el tema del Dios verdadero ante una audiencia politeísta, y es una forma de refutar la acusación por predicar «dioses nuevos». Pablo afirmó que no estaba predicando dioses nuevos, sino revelando al verdadero Dios, el que los atenienses todavía no conocían.[10] Hechos 17:24-29 presenta una serie de pruebas diseñadas para comprobar que el Dios verdadero era como Pablo decía. El apóstol insistía en que Dios (1) no vive en templos, (2) no necesita lo que el hombre le puede dar, (3) es creador de todo, (4) hizo a todos los hombres de un solo hombre, (5) determina dónde vive cada uno, (6) determina la historia y la política, y (7) hizo todo eso para que el hombre le buscara. Luego citó a dos griegos: Arato, quien dijo: «En él vivimos, y nos movemos, y somos»; y Epiménides, que afirmó: «Porque linaje suyo somos» (Hch 17:28). Estas citas fueron mejores que las referencias del Antiguo Testamento a los efectos de los oyentes, porque estos conocían a aquellos poetas, y no a los de la Biblia. Hechos 17:29 resume las ideas de Pablo en cuanto a la Deidad: Dios hizo al hombre, por lo que este no debe «hacer» un «dios». Los versículos 30-31 animan a los oyentes a arrepentirse de su ignorancia, y se refieren implícitamente a Jesús como el que resucitó de los muertos.

En eso, los oyentes interrumpieron a Pablo, no permitiéndole terminar su discurso. Unos se burlaron del apóstol, mientras otros manifestaron que querían oírlo de nuevo. Cuando salió de la reunión, algunos lo siguieron, incluido un miembro del Areópago, una mujer y otras personas.

Esta exposición de Pablo ante el Areópago es un ejemplo valioso de cómo podemos adaptar la predicación del evangelio a la si-

10 Existe un relato en el libro *Las vidas de filósofos eminentes* escrito por Diógenes Laértius, un antiguo autor griego, acerca del filósofo cretense Epiménides. Según el relato, hubo una plaga en Atenas, en el siglo sexto antes de Cristo, debido a la traición de un rey. Un adivino ordenó que llamaran a Epiménides para consultarlo, y él mandó a sacar un hato de ovejas en la madrugada, cuando tenían hambre, y que escogieran a las que no comieran para sacrificarlas. Unas se echaron en vez de comer, y Epiménides ordenó construir un altar a un dios no conocido para sacrificarlas. Según el relato, la plaga terminó con ese sacrificio al dios no conocido. Es posible que Pablo hubiera leído ese relato en Diógenes, y usó su referencia al dios no conocido pensando en esa tradición griega.

tuación y a los oyentes. Pablo buscó un punto de entendimiento común entre él y ellos y lo halló en la imagen al dios no conocido. Hábilmente desarrolló su explicación en cuanto a cómo era el Dios verdadero que sus oyentes todavía no conocían, basándose en la lógica humana, la creación y algunas citas de la cultura de los receptores, los cuales seguramente conocían. El hecho de que algunos le hicieran caso y salieran con Pablo muestra que el efecto de la exposición fue poderoso. Debemos aprender también a presentar el evangelio en una manera creativa y sensible a la cultura y el conocimiento de los que nos oyen.

CORINTO. HECHOS 18:1-18

El viaje desde Atenas a Corinto fue corto. No sabemos si lo hicieron por mar o por tierra. La ciudad de Corinto estaba sobre una franja angosta de tierra que conecta a Macedonia con Acaya. Corinto tenía dos puertos marítimos, uno al este y el otro al oeste de esa franja. Estaba en la ruta principal del este al oeste y del norte al sur. Era una ciudad nueva en la época de Pablo, porque los romanos la habían destruido y la edificaron de nuevo. La población de Corinto incluía a muchos romanos, una colonia grande de judíos y ta mbién griegos. Además, había una gran población de transeúntes por el lugar que ocupaba la ciudad respecto a las rutas comerciales. Era conocida por una mezcla de religiones paganas, mucha inmoralidad y un ambiente pluralista. Hechos 18:2 presenta al matrimonio integrado por Aquila y Priscila. Él era de Ponto, una provincia romana al norte de Bitinia; y ambos habían llegado recientemente de Roma. El emperador Claudio había expulsado a los hebreos (incluidos Aquila y Priscila) de Roma debido a ciertos disturbios entre los judíos cristianos y los judíos no creyentes de esa ciudad.[11] Es interesante especular acerca

11 El historiador romano Seutonius relata que el edicto de Claudio fue debido a los motines causados por «Chrestus», que tal vez era la palabra Christus [Cristo] mal deletreada.

de cómo fue fundada la Iglesia de Roma. Aquila y Priscila obviamente eran creyentes cuando Pablo los conoció. El libro de Hechos no cuenta de ninguna persona que viajara a Roma para establecer una iglesia, pero lo cierto es que ya existía una. La única pista que tenemos es la lista de regiones representadas por los oyentes del primer sermón de Pedro (Hch 2:9-11, especialmente v. 10, «viajeros de Roma»). Podemos especular que algunos de esos viajeros se convirtieron y regresaron a Roma para fundar allá una iglesia. Esto muestra que Hechos no nos provee todos los detalles acerca de la historia de la Iglesia primitiva; solo lo que Lucas consideró necesario para informarnos adecuadamente según sus propósitos.

Esta pareja de judíos creyentes, Aquila y Priscila, entablaron amistad con Pablo, brindándole alojamiento y compañía laboral en el oficio de fabricar tiendas. Como solía hacer en otros lugares, Pablo empezó su labor evangelizadora predicando en la sinagoga, dividiendo su tiempo entre el trabajo de fabricar tiendas y el ministerio de predicar y persuadir a la gente.

Foto de una tienda típica en Corinto. Pablo posiblemente trabajó con Aquila y priscila en una tienda como ésta.

Hechos 18:5 relata que dedicó todo su tiempo a la predicación después de la llegada de Silas y Timoteo. Tenemos que referirnos a las cartas de Pablo para una explicación completa del porqué de esta afirmación. En primer lugar, sabemos por 1 y 2 de Corintios que Pablo rehusó recibir apoyo económico de la Iglesia de Corinto mientras estuvo con ellos (1 Co 4: 12; 9:1-12; 2 Co 12:13). De Hechos 17:14-15, sabemos que Silas y Timoteo se quedaron en Berea cuando Pablo continuó a Atenas, y que este quiso que ellos se apuraran a reunirse con él allá lo más pronto posible. 1 Tesalonicenses 31-5 relata que Pablo mandó a Timoteo desde Atenas a Tesalónica (tal vez acompañado con Silas). 1 Tesalonicenses 3:6 narra la llegada de Timoteo a Corinto, donde estaba Pablo (la que Hch 18:5 seguramente también relata). En resumen, parece que Pablo viajó de Berea a Atenas sin Silas ni Timoteo. Ellos llegaron poco tiempo después, y Pablo los despachó a Filipos y Tesalónica para que averiguaran cómo estaban los hermanos allá. Mientras tanto, Pablo siguió a Corinto, donde se quedó para esperarlos. En Corinto, trabajó con Aquila y Priscila, y predicó en la sinagoga. Filipenses 4: 15-16 afirma:

> Y sabéis también vosotros, oh filipenses, que, al principio de la predicación del evangelio, cuando partí de Macedonia, ninguna iglesia participó conmigo en razón de dar y recibir, sino vosotros solos; pues aún a Tesalónica me enviasteis una y otra vez para mis necesidades.

Esto implica que probablemente Timoteo y Silas, cuando llegaron a Corinto, no solo trajeron noticias, sino una ofrenda de la Iglesia de Filipos para ayudar a Pablo en su ministerio en Corinto. Con esa ayuda económica, el apóstol pudo dejar de trabajar haciendo tiendas y dedicarse a la predicación exclusivamente. Es casi seguro que, durante ese tiempo de estadía en Corinto, Pablo envió a Timoteo y a Silas con su primera Epístola a los Tesalonicenses. También es probable que 2 de Tesalonicenses fuera escrito desde Corinto.

Hechos 18:6 narra el comienzo de la oposición de los judíos a Pablo en Corinto. Igual que en Hechos 13:46-48, el apóstol les amonesta por su oposición y afirma que se dedicará desde ese momento a evangelizar a los gentiles en esa ciudad.

Al salir de la sinagoga fue a la casa uno llamado Justo (Hch 18:7). El jefe de la sinagoga, Crispo, salió también con Pablo, que desde ese lugar predicó a los corintios. Fue durante ese tiempo que el Señor se le apareció en una visión para animarlo a seguir.[12] Las palabras que el Señor habló en Hechos 18:9-10 son semejantes a otros mensajes de ánimo dirigidos a otros personajes bíblicos en tiempos anteriores (Cf Gn 26:24; Jos 1:9; 1 Cr 28:20; Jer 1:8; Hch 27:23-24). Pablo respondió al mensaje de ánimo, quedándose un año y medio en Corinto, el tiempo más largo hasta ese momento que se quedó en un solo lugar.

Hechos 18: 12-17 relata un intento de los judíos por entregar a Pablo y juzgarlo ante el gobierno romano de Corinto. Este relato tiene gran importancia porque establece casi exactamente el año en que Pablo estuvo en Corinto. Galión fue procónsul de Acaya solo un año, desde mayo de 51 d.C. hasta mayo o junio de 52 d.C. Así sabemos que el año y medio de permanencia de Pablo allá incluyó el lapso de gobierno de Galión. Este relato también tiene importancia ya que este gobernante rehusó oír el caso. Los judíos trataron de acusar a Pablo de persuadir «a los hombres a honrar a Dios contra la ley» (Hch 18:13). Pero no aclaraban si era contra la ley romana o contra la ley judía, a lo que Galión replicó que no quería oír un caso que tratara de «cuestiones de palabras, y de nombres, y de **vuestra** ley» (Hch 18:15). Su decisión de no oír el

12 1 Corintios 2:3 nos informa que Pablo estuvo entre ellos con «temor y temblor». Tal vez debido a las experiencias de rechazo y persecución sufridas en otros lugares. Pablo fue a Macedonia en obediencia a una visión que entendió como una comunicación de Dios. Pero desde que llegó, tuvo problemas. Es posible que estuviera muy desanimado en Corinto y listo para dejar el ministerio, cuando Dios lo animó con esa nueva visión.

caso implica que no consideraba al cristianismo como una religión ilícita, sino como una secta del judaísmo —religión lícita en el Imperio Romano. Según el versículo 17, Galión ni siquiera prestó atención a un asalto contra Sostenes, el jefe de la sinagoga. 1 Corintios 1:1 también menciona a una persona que se llamaba Sostenes, que era creyente y quizás portador de noticias a Pablo desde la Iglesia de Corinto. Es posible que se tratara de la misma persona en ambos pasajes.

El lugar en Corinto donde Pablo apareció ante Galión

Hechos 18: 18 habla de la salida de Pablo de Corinto y menciona que se cortó su cabello «porque tenía hecho voto». No hay ninguna otra pista en el texto acerca de qué voto había hecho, cuándo y por qué. Lo más probable es que Pablo hiciera un voto de Nazareo (Nm 6:2-21) en algún momento y que este terminaba ese día en que se cortó el cabello. Eso también explicaría su afán por regresar a Jerusalén, puesto que hubiera sido necesario ofrecer ciertos sacrificios en el templo para cumplir con todo. Algunos sugieren que Pablo hizo el voto como acción de gracias a Dios por la protección divina prometida mediante la visión que tuvo en Corinto. Otros piensan que Pablo hizo el voto muchos años antes cuando era todavía un inconverso y lo guardó dado que involucraba una promesa solemne a Dios. En realidad, no lo sabemos.

ÉFESO, JERUSALÉN, Y ANTIOQUÍA DE SIRIA. HECHOS 18:19-22

Estos cuatro versículos narran una travesía —de alrededor de 1 ,500 kilómetros— que llevó a Pablo desde Corinto hasta Éfeso, Jerusalén y de nuevo a la Iglesia de Antioquia, en Siria, donde empezó su segundo viaje misionero. El pasaje posterior (Hch 18:2428) indica que Aquila y Priscila lo acompañaron hasta Éfeso, y que se quedaron allá, probablemente estableciendo una base para la larga visita de Pablo a esa ciudad en su tercer viaje misionero.

PREGUNTAS

1. Después de repasar el problema entre Bernabé y Pablo en Hechos 15:36-41, relate un conflicto que conozca entre algunos hermanos. Puede ser uno en el que usted haya participado. Saque varios principios bíblicos de Hechos 15:36-41 que puedan ayudar en la resolución del conflicto que relató.
2. Narre una circunstancia en su propia vida en la que Dios le indicó desistir de algo que creyó era la voluntad de Dios. ¿Fue difícil para usted aceptar lo que Dios le mostró? ¿Qué pasó cuando al fin se sometió a la voluntad de Dios?

3. Compare el rescate de Pedro y Juan en Hechos 5, el de Pedro en Hechos 12 y el de Pablo y Silas en Hechos 16. Note los factores semejantes y los que difieren. ¿Qué propósito tuvo Dios en estos tres milagrosos rescates?
4. Imagínese que algunas personas le obliguen a defender su fe cristiana ante un concilio de personalidades distinguidas de su ciudad o pueblo. La situación es tensa puesto que los que le llevaron allí le presentan como alguien que está haciendo mal al difundir el evangelio. Primeramente, describa las actitudes, costumbres y prejuicios de ese concilio. Trate de hacer la descripción según y como sea realmente la gente rica y poderosa de donde usted vive actualmente, entre quienes están: el alcalde, los concejales, gobernadores, profesores, doctores, abogados, negociantes, etc. Luego, usando Hechos 17 como modelo, presénteles el evangelio en una manera que puedan entender, si así lo quieren. No copie meramente lo que Pablo dijo. Piense en algo en su cultura que sea realmente un punto de contacto entre usted y ellos. El dios no conocido no le va a servir si no hay una estatua en su ciudad con ese nombre. Las citas que Pablo empleó no le van a ser útiles. Lo más probable es que ellos conozcan alguna obra escrita por un autor de su entorno. Este discurso suyo no tiene que ser muy largo, pero sí debe ser relevante para su propia situación.
5. Escoja algunas de las citas en las que el Señor anime a alguno de sus siervos a no temer, y compárelas con Hechos 18:9-10. Escriba las semejanzas y diferencias que observe en la situación, así como el mensaje de ánimo del Señor.
6. Es notable observar que Lucas usara menos espacio para relatar la visita de Pablo en Corinto que la que utilizó para referirse a la visita a Filipos, aunque el apóstol se quedó en esta ciudad solo un poco de tiempo, y en Corinto estuvo un año y medio. Es interesante notar también que el extenso viaje narrado en He

chos 18: 19-22 solo ocupe unos pocos versículos, mientras al final del libro, Lucas emplea 7 capítulos para relatar otro largo viaje de Pablo con mucho detalle. Esto muestra que Lucas no estaba relatando todo lo que pasó en cada lugar, sino que seleccionó lo que le parecía necesario para cumplir su propósito. Repase ahora algunos de los objetivos que Lucas probablemente tuvo al escribir Hechos. Sugiera algunas posibles razones por las que Lucas decidió dedicar más espacio y detalle a la visita de Pablo a Filipos que a la que hizo a Corinto; y más espacio al viaje final de Pablo a Jerusalén y Roma, que a la travesía narrada en Hechos 18.

Lección 7

METAS

En esta lección, usted aprenderá acerca del Tercer viaje misionero de Pablo. También aprenderá acerca de la vida de Pablo según las tres fuentes de información existentes: el libro de Hechos, las mismas cartas de Pablo y la tradición de la Iglesia primitiva.

OBJETIVOS

La lectura del capítulo del libro de texto y los pasajes de la Biblia correspondientes a esta lección, le enseñarán acerca de la continuación de la ola misionera que inundó el mundo grecorromano. Las preguntas le ayudarán a seguir con la práctica de la interpretación de Hechos. El apéndice le ayudará a investigar el tema de la vida de Pablo con más detalle.

Lectura bíblica

Lea cuidadosamente Hechos capítulos 18:22—21:16 sin parar en dos diferentes versiones de la Biblia. Mientras lee, anote en su cuaderno ideas clave y cosas que le llamen la atención. Después de leer, trate de resumir en sus propias palabras lo que narran estos capítulos (es decir sin copiar textualmente versículos la Biblia), en forma de un bosquejo breve y conciso.

Lectura del libro de texto

Lea el capítulo 7 del texto y el apéndice 7.

Preguntas

En su cuaderno, escriba sus propias respuestas a las preguntas que están al final de capítulo 7 y al final del apéndice 7. **No debe**

mirar las respuestas dadas en el «Manual para el facilitador» todavía. Puede remitirse a lo que leyó en este libro, usar comentarios, diccionarios bíblicos, concordancias, atlas bíblicos u otras fuentes de referencia bíblica. Escriba sus respuestas después de hacer su propia investigación.

Comprobación de respuestas

Ahora, busque las respuestas correctas a las preguntas que contestó en el «Manual para el facilitador». Compruebe que contestó cada pregunta correctamente. Si se equivocó en alguna respuesta, anote en su cuaderno el número de la respuesta equivocada y escriba la respuesta correcta.

Ensayo

Hasta el momento, debe tener listo su bosquejo del ensayo, y redactado en borrador el primer párrafo y dos de los tres (o más) puntos subordinados (o sea más o menos dos tercios del ensayo). Para esta lección, redacte el resto del ensayo. Haga la investigación necesaria en el texto bíblico y en otras fuentes de información a medida que redacta su borrador. Tenga cuidado de incluir los datos bibliográficos de sus fuentes de información en notas a pie de página. Mantenga al día su bibliografía.

Capítulo 7

LA CULMINACIÓN DE LA MISIÓN A LOS GENTILES

HECHOS 18:22 - 21:16

Mientras lea este capítulo, es absolutamente necesario que tenga su Biblia abierta. Lea cada pasaje antes de ver el comentario y busque las citas sugeridas. Así aprovechará al máximo esta oportunidad para aprender. En este capítulo estudiaremos el tercer viaje misionero de Pablo.

Tercer viaje de Pablo
Hechos 18:22-21:16

ÉFESO. HECHOS 18:22—20-1

El tercer viaje misionero de Pablo es notable por la extensa temporada que permaneció en la ciudad de Éfeso. Esta ciudad era la cuarta en el Imperio Romano, con aproximadamente 200,000 habitantes. Éfeso era un centro de comercio, cultura y religión en Asia Menor. Debido al cruce de varias rutas principales en Efeso, el cristianismo pudo extenderse fácilmente a otras regiones (por ejemplo, a Colosas, y a las seis ciudades en Apocalipsis 2 y 3 listadas después de Éfeso).

La religión pagana de Éfeso se basaba en la adoración a la diosa Diana (llamada Artemisa por los de habla griega). Esta diosa era representada por una estatua hecha parcialmente de un meteorito que cayó del cielo. La estatua representaba a una mujer con muchos senos, símbolo de su supuesta gran fertilidad. La adoración a ella estaba asociada a actos inmorales y casi todas las personas de la región aledaña a Efeso la adoraban. Incluso venían desde muy lejos solo para ver aquel espléndido templo.

EL VIAJE A ÉFESO, PRIMERA PARTE. HECHOS 18:22-23

Hechos 18:22 relata que Pablo regresó finalmente de su segundo viaje misionero a la Iglesia de Antioquía en Siria. Como solía hacer, estuvo allí por algún tiempo. No dice lo que hizo esta vez, pero podemos suponer que contó acerca de la gracia de Dios durante su anterior jornada, y ejercitó su ministerio allá como maestro y profeta.

El siguiente versículo narra que Pablo decidió salir otra vez a visitar a las iglesias que había establecido en su primer viaje. Esta sería la segunda vez que visitaría esas congregaciones (Hch 15:41— 16:5). También sabemos, por Hechos 18:19-21, que tuvo la intención de ir a Efeso.

APOLOS. HECHOS 18:24-28

Hechos 18:24-28 presenta al lector al judío Apolos, que llegó a Éfeso y se fue a Corinto antes que Pablo llegara a Efeso (Cf Hch 19: l). Apolos es un judío de Alejandría, la ciudad principal de Egipto, y la de segunda importancia en el Imperio Romano. Alejandría era un centro intelectual y comercial cuya cultura predominante era la helena. El famoso filósofo judío Filón vivió en Alejandría en la que se cree fue la misma época de Apolos en ese lugar. Según Hechos, este era un orador de primer rango y estaba «hirviendo en el Espíritu» (Hch 18:25). Él habló a los judíos de Éfeso «lo concerniente al Señor [la palabra en el texto griego aquí es Jesús], aunque solamente conocía el bautismo de Juan» (Hch 18:25). Esto quizás quiere decir que sabía que Jesús era el Mesías, y supo comprobarlo por el Antiguo Testamento, pero no conocía la doctrina apostólica del bautismo después de creer en Jesús; solamente conocía el bautismo de arrepentimiento que enseñó Juan el Bautista. Priscila y Aquila (los compañeros de trabajo y ministerio que Pablo había dejado en Éfeso) al oír a Apolos, lo tomaron aparte y le instruyeron «más exactamente» (Hch 18:26). Es notable que en el versículo 26, el nombre de Priscila, la mujer, apareciera primero. Esto era contrario a la costumbre patriarcal de esa cultura y quizás indique que fue ella quien tomó la iniciativa para instruir a Apolos. Hechos 18:2728 nos informa que Apolos quiso ir a Acaya (a visitar a la Iglesia de Corinto), y que Priscila y Aquila lo animaron y escribieron cartas para que los hermanos lo recibieran. Hechos caracteriza su ministerio allí como de «gran provecho» (Hch 18:27), aunque sabemos por 1 Corintios que resultaron finalmente algunos problemas en la Iglesia corintia debido a la visita de Apolos.[1]

EL VIAJE A ÉFESO, SEGUNDA PARTE. HECHOS 19:1

Este versículo aclara que Pablo todavía estaba recorriendo Asia Menor mientras todo eso sucedía con Apolos en Éfeso y Corinto.

1 Más adelante, comentaremos acerca de esos problemas.

LOS DISCÍPULOS DE JUAN. HECHOS 19:1-7

Cuando Pablo finalmente llegó a Éfeso, dice que se encontró con «ciertos discípulos». La pregunta del apóstol en Hechos 19:2, «¿Recibisteis el Espíritu Santo cuando creísteis?» y la respuesta de ellos, «Ni siquiera hemos oído si hay Espíritu Santo», da a entender que estos no eran creyentes todavía.[2] Después de una explicación del mensaje de Jesús, los doce discípulos creyeron, fueron bautizados y recibieron el Espíritu Santo.

Las referencias al bautismo de Juan en Hechos 18:25 (Apolos) y en 19:3-4 (los discípulos de Juan), implican que aun en esa época, había personas que oyeron de Juan el Bautista, pero no conocían toda la historia de la muerte y resurrección de Jesús. No sabemos mucho de esos grupos de discípulos de Juan, pero es seguro que el movimiento que surgió debido al ministerio del profeta continuó por muchos años, y algunos de sus seguidores nunca se convirtieron a Jesús.[3]

Es curioso que en el resto de Hechos no se mencione más a Aquila ni a Priscila. Cuando Apolos viajó a Corinto (Hch 8:27.19:1), ellos se quedaron en Efeso. Pablo los menciona en su primera carta a la Iglesia de Corinto (1 Co 16:19: «Aquila y Priscila, con la iglesia que está en su casa, os saludan mucho en el Señor»). Esta carta fue escrita desde Éfeso, durante los años del ministerio de Pablo allá. Por eso sabemos que se quedaron en Efeso durante ese tiempo y que tuvieron reuniones en su casa. Más tarde, Pablo los

2 Lucas consideraba que la presencia del Espíritu Santo en el creyente era la evidencia concluyente de su salvación. Compare las narraciones de la salvación de los samaritanos, Cornelio y este grupo. Ellos, después de creer eran bautizados; en cambio, aunque Apolos tenía que recibir instrucción adicional acerca de la doctrina cristiana, parece que fue creyente antes, porque no hay mención de que fuera bautizado nuevamente después de la enseñanza de Priscila y Aquila, y no recibe el Espíritu Santo, pues ya estuvo «hirviendo en Espíritu».

3 Sabemos esto porque las sectas de los discípulos de Juan existieron por más de doscientos años posteriores a su muerte en diferentes lugares alrededor del mundo mediterráneo.

mencionaría en su Carta a los Romanos («Saludad a Priscila y a Aquila, mis colaboradores en Cristo Jesús, que expusieron su vida por mí; a los cuales no sólo yo doy gracias, sino también todas las iglesias de los gentiles», Ro 16:34). Esa carta fue escrita desde Corinto, durante los tres meses que Pablo visitó esa congregación después de su ministerio en Éfeso (Hch 20:2-3). Parece que Aquila y Priscila salieron de Éfeso en algún momento, un poco antes que Pablo viajara a Macedonia, porque cuando el apóstol escribió Romanos ellos ya estaban establecidos en Roma. La referencia a que ellos arriesgaron la vida por Pablo, posiblemente se refiera al motín en Éfeso (Hch 19:29-31). La última mención de Aquila y Priscila ocume en 2 Timoteo 4: 19: «Saluda a Prisca y a Aquila, y a la casa de Onesíforo». Pablo escribió esta misiva desde la cárcel en Roma a Timoteo, que estaba en ese momento en la ciudad de Éfeso. Entonces, parece que Aquila y Priscila volvieron de Roma a Efeso para vivir y ministrar nuevamente cerca del final de la vida de Pablo.

MINISTERIO EN LA SINAGOGA. HECHOS 19:8-9

En Éfeso, como en otras ciudades, el ministerio evangelizador de Pablo empezó en la sinagoga, donde predicó por tres meses; pero pronto fue obligado —por la persecución de los judíos no creyentes— a salir y establecer su grupo aparte. Como antes, eso no quiere decir que abandonara su ministerio de evangelizar a los judíos, sino que tuvo que realizar sus actividades evangelizadoras en otro lugar y además ministrar a los gentiles, a los judíos y a los temerosos de Dios.

EL MINISTERIO EN LA «ESCUELA DE UNO LLAMADO TIRANO». HECHOS 19:9-22

Hechos 19:9 afirma que Pablo enseñó a un grupo «en la escuela de uno llamado Tirano», y el siguiente versículo dice que continuó allá por dos años.

El vocablo «escuela» traduce la palabra griega *skolç* cuyo significado básico es: «tiempo libre» o «una actividad que alguien hace durante su tiempo libre». El filósofo Platón empleó ese término para «tiempo de instrucción». Y gradualmente adquirió el siguiente significado: «Un auditorio para oír discursos educativos». No sabemos nada más de Tirano, si fue un discípulo de Jesús, simplemente el dueño del auditorio, o la persona que normalmente hablaba en ese recinto.

El texto occidental de Hechos[4] añade que las horas durante las cuales Pablo usó el auditorio de Tirano abarcó desde las 11:00 de la mañana hasta las 4:00 de la tarde cada día. Eso concuerda mucho con lo que sabemos del horario normal en el mundo grecorromano del primer siglo. El día de negocios empezaba casi siempre con la salida del sol y continuaba hasta la comida de mediodía. Después de comer, la mayoría de las personas tomaban una siesta hasta las 3:00 0 4:00 de la tarde. Tras ese descanso, la gente volvía a trabajar por unas horas. Así que las horas en las que Pablo tuvo acceso al auditorio, le permitió hablar a la gente cuando esta no estaba trabajando, y probablemente era las horas cuando el arriendo del local era más barato.[5]

Hechos 19:10 afirma que «todos los que habitaban en Asia, judíos y griegos, oyeron la palabra del Señor Jesús». Esto no quiere decir que todos lo oyeron directamente de Pablo, ni que cada persona lo oyó, sino que la palabra fue difundida generalmente para que todos tuvieran la oportunidad de oírlo. Es probable que fuera en esa época que la Iglesia de Colosas[6] fue fundada, por ejemplo. De

4 Repase el Apéndice 6 de este libro para mayor información acerca del texto occidental de Hechos.

5 Es posible que Tirano fuera creyente, por lo que le permitió a Pablo usar el local cuando nadie más lo estaba usando, fuera del tiempo normal de actividades formales en las que la audiencia pagaría por oír a alguien de renombre.

6 Una ciudad alrededor de uno o dos días de viaje de Éfeso al este. Laodicea estaba a unos 20 kilómetros de Colosas.

acuerdo a Colosenses 2:1, sabemos que Pablo nunca visitó esa ciudad; aunque habla en su carta de un creyente, Epafras, que había enseñado a los ciudadanos de Colosas acerca de Cristo. Parece que Epafras aprendió de Pablo (tal vez durante el tiempo que él enseñó en el auditorio de Tirano), y después viajó a Colosas para fundar la iglesia allá. Según Colosenses 2:1, podemos suponer que la Iglesia de Laodicea fue fundada de manera semejante.

¿Milagro o magia? Hechos 19:11-20

Lucas nos relata una serie de eventos en este pasaje que merecen un estudio detallado, debido a la esencia sobrenatural de la fe en Jesús y la imitación satánica de esa fe. Hoy día, tenemos que estar alerta y discernir con cuidado cada vez que se presenta algo sobrenatural para diferenciar entre lo que es de Dios y lo que es del diablo. Lucas presentó esta situación con la narración de Simón el Mago en Hechos 8, y la narración de cuando Pablo echó fuera un espíritu de adivinación en Hechos 16.

Hechos 19:11-12 habla de los milagros que Dios hacía por medio de Pablo, y además la manera en que las telas que habían tocado el cuerpo de Pablo fueron usadas para realizar sanidades y para sacar demonios de personas.[7] Es necesario aclarar que la gente en el mundo antiguo no tenía el concepto moderno de los microbios y los virus que causan enfermedades. Aunque reconocían que muchas enfermedades tenían causas naturales o normales, sin embargo, consideraban un concepto más integral de la salud, que incluía tanto el bienestar físico como el emocional y espiritual.[8] Ellos también podían distinguir entre lo que se consideraba un milagro de Dios y la magia. Algunas pautas asociadas con la magia, en el mundo antiguo y todavía hoy, son válidas: (1) El uso de ritos complicados, (2) El uso de nombres

7 Compare lo que pasó con Pedro en Hechos 5:15-16.
8 Repase el Apéndice 3, especialmente la última sección.

de dioses falsos o de espíritus, (3) Encantamientos o conjuros de palabras extrañas, (4) Una persona «profesional» que usualmente cobra dinero por su servicio de intermediario entre los espíritus y las personas, (5) Manipulación mediante temor y opresión.

El ministerio sobrenatural de Pablo (y de Pedro, Jesús, y los verdaderos cristianos hoy) carece de esos aspectos mágicos. En cambio, el ejemplo de Hechos 19: 13-16 demuestra algunos. En primer lugar, usaban el nombre de Jesús y de Pablo como palabras mágicas. Cuando una persona endemoniada respondió con violencia y sacó a siete hombres comiendo, la gente (judía y griega) sabía que algo sobrenatural estaba ocurriendo que tuvo más poder que la magia que ellos conocían (Hch 19: 17). Muchos, reconociendo la vanidad de sus prácticas mágicas, se arrepentían de ellas y confesaban a Jesús. El resultado fue que «era magnificado el nombre del Señor Jesús».

Otro resultado notable fue que los creyentes que habían estado involucrados en la magia quemaron sus libros ocultos y que tenían precios hasta de 50,000 monedas de plata, una suma de dinero exageradamente grande equivalente al pago de un jornalero por 50,000 días o casi 137 años de salario (Hch 19:19). Esto constituía una manifestación muy tangible del hecho de que habían abandonado y renunciado a toda conexión con el diablo.

El resultado de todo eso fue que «crecía y prevalecía poderosamente la palabra del Señor» (Hch 19:20). Es interesante comparar Hechos 19: 10 y 20. Ambos versículos enfatizan el poder de la Palabra de Dios. El primero destaca su extensión por toda la región, el segundo resalta la victoria que la Palabra de Dios tiene sobre toda potestad del diablo.

Hoy día, los líderes de las iglesias cristianas deberíamos animar a los creyentes a hacer lo mismo. Muchos han estado involucrados en algún grado en prácticas ocultas como la idolatría, la magia, el horóscopo, la adivinación, el uso de amuletos e invocando espíritus de muertos. Es necesario que se arrepientan y renuncien a esas prácticas; y que destruyan cualquier objeto relacionado con ellas (sin venderlas ni guardarlas).

Planes de Pablo. Hechos 19:21-22

Fue en ese momento de tanto éxito que Pablo determinó que el tiempo había llegado para salir de Efeso. La decisión de ir a Macedonia y Acaya tenía el propósito de fortalecer a las iglesias que había fundado en su viaje anterior (en Filipos, Tesalónica y Corinto). La decisión de ir a Jerusalén probablemente fue motivada en parte a su deseo de recolectar y entregar una ofrenda de las iglesias de Macedonia, Acaya y Asia para la Iglesia de Jerusalén. Este plan de llevar una ofrenda se conoce por las cartas enviadas a Roma y a Corinto (Ro 16:25-29, 1 Co 16:1-2 y 2 Co 8-9). Finalmente, Pablo explica en su Carta a los Romanos que quiere visitar Roma, para compartir la fe cristiana con la iglesia local (Ro 1 : 11-12) para luego seguir a España (Ro 16:23-24).

EL DISTURBIO. HECHOS 19:23-41

Hechos 19:23-27 relata cómo Demetrio, un artesano que hacía pequeños ídolos de la diosa Artemisa [Diana], reunió a sus compañeros de trabajo y los incitó contra Pablo. La queja principal era la económica, pues Pablo enseñaba que los ídolos no eran dioses y se estaba convirtiendo tanta gente que las entradas de Demetrio y sus compañeros se vieron afectadas. Demetrio se quejó, además, de que la reputación de la diosa estaba en peligro.

La reunión de los fabricantes de ídolos pronto creció, pues mucha gente se les unió al oír del peligro que pesaba sobre la reputación de Artemisa. La multitud llegó al teatro, un lugar al aire libre que aún hoy existe.[9] Arrastraron a Gayo y a Aristarco[10] con ellos.

9 El teatro en Éfeso está labrado en la roca de una montaña. Tiene casi 150 metros de diámetro y capacidad para miles de personas.

10 Esta es la primera mención de Gayo y Aristarco en el Nuevo Testamento.

Pues parece que no pudieron hallar a Pablo, que quiso presentarse en el teatro; pero los discípulos y algunos hombres del gobierno de Éfeso no le permitieron aparecer ante la multitud.

Hechos 19:32-34 relata la confusión casi total de la asamblea. Según Lucas, muchos de los presentes no sabían por qué se habían reunido. Un judío, Alejandro, trató de hablar, pero la multitud respondió gritando la frase: «¡Grande es Diana de los efesios!» (Hch 19:34), por unas dos horas.

Hechos 19:35-41 describe cómo terminó todo aquello. Un oficial del gobierno de la ciudad logró callar a la multitud. Su discurso fue una advertencia a la ciudadanía para que usaran más bien los recursos políticos legítimos para resolver cualquier disputa que tuvieran con Pablo. El Imperio Romano tenía poca paciencia con los disturbios. Cuando estos se presentaban, las autoridades podían revocar la libertad y la autonomía de la ciudad debido a que a una asamblea como esa la consideraban ilegítima.

El versículo 35 se refiere a «la imagen venida de Júpiter». Esto es una traducción de la palabra griega *diopetoâs*, que significa literalmente «*caído de Zeus*» (el principal entre los dioses griegos; a veces la palabra «Zeus» era sinónimo de «cielo»). La imagen de Diana (o Artemisa) fue parcialmente hecha de un meteorito (parece haber sido común usar objetos que caían del cielo como ídolos en esa época).

En el versículo 37 el oficial afirmó que Pablo y sus compañeros no habían blasfemado contra Diana ni habían cometido sacrilegio contra el templo de ella. Igualmente, al evangelizar, no habían cometido ningún delito legal. Por eso animó a Demetrio y a sus compañeros de trabajo a buscar una opción legítima a sus quejas, les advirtió el peligro si la asamblea continuaba y despidió a la multitud.

Aristarco era un hombre de Tesalónica (Hch 20:4; 27:2), que también acompañó a Pablo a Roma y estuvo con él durante su tiempo en la cárcel (Col 4:10). Gayo parece ser un nombre común. Por lo menos hay uno en Derbe (Hch 20:4), a quien está dirigida la carta de 3 Juan. Este Gayo, es probable que sea el mismo que después hospedó a Pablo en Corinto.

Nuevamente el sistema legal romano proveía cierta protección al movimiento cristiano. Aunque Pablo y sus compañeros habían sufrido castigo y encarcelamiento de los romanos, Lucas mostró que el imperio en sí y su sistema legal no eran enemigos del cristianismo en ese momento.

El teatro en Éfeso donde ocurrió el disturbio.

LA SALIDA DE ÉFESO. HECHOS 20:1

Hechos 20:1 nos informa que Pablo llamó a los discípulos para despedirse de ellos después del alboroto. Debemos notar que el apóstol ya había decidido irse de Éfeso antes del alboroto (Hch 19:21-22). Por eso, no estaba huyendo de una situación peligrosa, sino que estaba cumpliendo con los planes que ya tenía. Sin embargo, parece que Pablo no reunió a la gente en público (en el auditorio de Tirano, por ejemplo), sino que tuvo que despedirse privadamente de los creyentes.

MACEDONIA Y GRECIA. HECHOS 20:2-5

Esta breve sección de Hechos resume en forma muy concisa lo que ocurrió durante varios meses. Para tener una idea más precisa de todo lo que pasó durante ese tiempo, es necesario consultar las cartas de Pablo, en especial 2 Corintios. Primeramente, examinemos lo que dice Hechos para tener una idea general de los viajes de Pablo, luego iremos a 2 Corintios para aprender los detalles de lo que estaba pasando.

EL VIAJE SEGÚN HECHOS

Según Hechos 20:2, Pablo exhortó a los creyentes en cada lugar durante la travesía desde Efeso a Corinto.[11] Suponemos que este viaje siguió la ruta por tierra desde Éfeso a Troas, por mar hasta Filipos, luego Tesalónica, Berea, y finalmente Corinto (véase el mapa). Pablo se quedó en Corinto por tres meses (Hch 20:3), luego regresó por la misma ruta hasta Filipos (Hch 20:3 y 6). De allí viajó por mar a Troas (Hch 20:6). Después siguió su viaje hasta Mileto y finalmente a Jerusalén (Hch 20: 13—21 : 17).

El lector puede observar fácilmente el aumento en los detalles de la narración comenzando en Hechos 20:4. Esto debido a que Lucas empezó a viajar con Pablo en este punto (nótese el uso de la primera persona del plural, «nos» y «nosotros» en los versículos 5 y 6). Es posible que Lucas no incluyera muchos detalles del viaje antes de Hechos 20:4 sencillamente porque no tenía mucha información acerca de esos días. Hechos 20:4 nombra a varias personas que acompañaron a Pablo durante su viaje de ida de Corinto a Jerusalén: «Sópater de Berea, Aristarco y Segundo de Tesalónica, Gayo de Derbe, y Timoteo; y de Asia, Tíquico y Trófimo». Una posible razón de esto es que Pablo estaba cargando una suma de dinero destinado a la Iglesia de Jerusalén (Hch 24: 17, Ro 15:26, 2

11 Grecia es sinónimo de Acaya, la provincia donde está Corinto.

Co 8-9). Él aclara en 2 Corintios 8:16-24 que iba a administrar la ofrenda con mucho cuidado para evitar toda posibilidad de crítica. Así que, probablemente llevara a uno o dos representantes de cada iglesia local que había participado en la dádiva.

MÁS DETALLES DE LAS CARTAS DE PABLO

Para poder entender tanto el motivo de los viajes de Pablo en esta época como los detalles de sus movimientos, es necesario examinar cierta evidencia en sus cartas.

En primer lugar, Hechos solamente habla de dos viajes a Corinto: el primero en el capítulo 18, cuando Pablo se quedó casi dos años; y el otro que acabamos de estudiar en 20:2-3 cuando estuvo allá tres meses. Una lectura cuidadosa de 2 Corintios, indica que este último viaje en realidad fue el tercero que Pablo hizo a Corinto.[12] A continuación, incluyo los pasajes relevantes de 2 Corintios (con algunos comentarios míos) en el orden más conveniente para explicar lo sucedido.

> [2 Corintios] 1: 15 Con esta confianza quise ir primero a vosotros, para que tuvieseis una segunda gracia, 16 y por vosotros pasar a Macedonia, y desde Macedonia venir otra vez a vosotros, y ser encaminado por vosotros a Judea.

Obviamente, Pablo quiso ir a Corinto desde Éfeso por mar, y de Corinto ir hacia el norte por Macedonia en su viaje a Jerusalén. Hechos relata un viaje en dirección opuesta: por tierra a Macedonia, luego hacia el sur a Corinto, y finalmente la travesía de regreso por la misma ruta.

12 No sabemos por qué Lucas no menciona el segundo viaje a Corinto en Hechos. Es posible que no tuviera esa información, pues no estaba con Pablo en Éfeso y tuvo que apoyarse en lo que otros le decían. También es posible que este detalle no le pareciera tan relevante a su propósito como para incluirlo en la narración. Sabemos que fue un tiempo muy difícil para Pablo cuando algunos se opusieron fuertemente en Corinto, poniendo en peligro la Iglesia de esa ciudad.

[2 Corintios] 1:23 Mas yo invoco a Dios por testigo sobre mi alma, que por ser indulgente con vosotros no he pasado todavía a Corinto ... 2:1 Esto, pues, determiné para conmigo, no ir **otra vez** a vosotros con tristeza.

Pablo decidió no hacer este viaje que se había propuesto para no entristecer **otra vez** a los corintios.

[2 Corintios] 12: 14 He aquí, por **tercera vez** estoy preparado para ir a vosotros ... 13:1 Esta es la tercera vez que voy a vosotros.

Obviamente cuando Pablo escribió 2 Corintios, estaba planeando **la tercera visita** a ellos. Debemos tratar de averiguar cuándo y dónde escribió 2 Corintios. La respuesta está en la misma carta:

[2 Corintios] 2: 12 Cuando llegué a **Troas** para predicar el evangelio de Cristo, aunque se me abrió puerta en el Señor, 13 no tuve reposo en mi espíritu, por no haber hallado a mi hermano Tito; así, despidiéndome de ellos, **partí para Macedonia** ... 7:5 Porque de cierto, cuando vinimos a **Macedonia**, ningún reposo tuvo nuestro cuerpo ... 6 Pero Dios, que consuela a los humildes, nos consoló con la venida de Tito; 7 ... también con la consolación con que él había sido consolado en cuanto a vosotros, haciéndonos saber vuestro gran afecto, vuestro llanto, vuestra solicitud por mí, de manera que me regocijé aún más.

Pablo viajó de Éfeso a Troas y después a Macedonia (no se sabe al fin en cuál ciudad estuvo, Filipos, Tesalónica o Berea) donde se encontró con Tito, trayendo buenas noticias de Corinto. Así podemos saber que Pablo escribió 2 Corintios desde Macedonia; después de haber hablado con Tito, estuvo contemplando llegar dentro de poco por tercera vez a Corinto. Por eso podemos concluir que, durante su estadía de tres años en Éfeso, Pablo en verdad viajó por mar a Corinto brevemente, el resultado de cuya visita fue triste. Aunque esta segunda visita a Corinto no se menciona explícitamente en ninguna parte,[13] es la única explicación sobre la afirmación de Pablo en cuanto a que está preparándose para ir por tercera vez a ellos.

Puesto que no hay una narración que hable en manera detallada de ese segundo viaje a Corinto, ni de lo que sucedió en la travesía, tenemos que deducir lo que sucedió basándonos en 2 Corintios, porque esa carta fue escrita después del segundo viaje cuando Pablo estaba preparándose para ir a Corinto por tercera vez. En el pasaje a continuación, Pablo se refiere a una carta que escribió después de la segunda visita que causó mucha tristeza a los de la Iglesia de Corinto. [14]

> [2 Corintios] 2:4 Porque por la mucha tribulación y angustia del corazón os escribí con muchas lágrimas, no para que fueseis contristados, sino para que supieseis cuán grande es el amor que os tengo.5 Pero **si alguno me ha causado tristeza**, no me la ha causado a mí solo, sino en cierto modo (por no exagerar) a todos vosotros. 6 **Le basta a tal persona esta reprensión** hecha por muchos; 7 así que, al contrario, vosotros más bien debéis perdonarle y consolarle, para que no sea consumido de demasiada tristeza ... [2 Corintios] 7: 12 Así que, aunque os escribí, no fue por causa del que cometió el agravio, ni por causa del que lo padeció, sino para que se os hiciese manifiesta nuestra solicitud que tenemos por vosotros delante de Dios. 13 Por esto hemos sido consolados en vuestra consolación; pero mucho más nos gozamos por el gozo de Tito, que haya sido confortado su espíritu por todos vosotros.

13 Aunque 1 Corintios 16:7 dice: «Porque no quiero veros ahora de paso, pues espero estar con vosotros algún tiempo, si el Señor lo permite»; el texto puede ser una referencia a una visita que Pablo hizo «de paso». También 2 Corintios 2:1 indica: «Pero en mí mismo decidí esto: no ir **otra vez** a vosotros con tristeza», implicando que hubo una vez con un resultado triste.

14 No es esta 1 Corintios sino una carta que ahora está perdida. Para su información, I Corintios también se refiere a una carta anterior que también está perdida. Véase I Corintios 5:9.

De estos pasajes y otros en 2 Corintios, es claro que Pablo tuvo un altercado con alguna persona que se le opuso públicamente. No podemos saber con exactitud la causa del desacuerdo entre esa persona y Pablo, pero sabemos que algunos «falsos apóstoles» estaban llevando doctrinas y prácticas no bíblicas a la Iglesia de Corinto. Probablemente, el argumento tenía algo que ver con esa crisis. De todas formas, es obvio —de acuerdo con 2 Corintios 7 : 8-13—, que Tito llevó una carta que le causó mucha tristeza a la Iglesia de Corinto, y regresó con las buenas noticias de que la Iglesia se había arrepentido de su rebeldía. Eso dio mucho gozo a Pablo.

> 2 Corintios] 7:8 Porque aunque os contristé con la carta, no me pesa, aunque entonces lo lamenté; porque veo que aquella carta, aunque por algún tiempo, os contristó. 9 Ahora me gozo, no porque hayáis sido contristados, sino porque fuisteis contristados para arrepentimiento.

Luego que Pablo recibió la noticia de Tito que la Iglesia se había arrepentido, escribió 2 Corintios desde Macedonia. Tuvo la intención de visitar a Corinto y se preocupó acerca de cómo iba a hacer esa visita (la de tres meses que menciona Hechos 20:2-3).

[2 Corintios]... 12:20 Pues me temo que cuando llegue, no os halle tales como quiero, y yo sea hallado de vosotros cual no queréis; que haya entre vosotros contiendas, envidias, iras, divisiones, maledicencias, murmuraciones, soberbias, desórdenes ... [2 Corintios] 13:10 Por esto os escribo estando ausente, para no usar de severidad cuando esté presente, conforme a la autoridad que el Señor me ha dado para edificación, y no para destrucción.

Con todo vemos que Pablo tuvo un tiempo muy difícil durante los meses de su salida de Éfeso hasta llegar a Corinto. Pero como él mismo dijo en 2 Corintios 4:8-10:

> ...que estamos atribulados en todo, mas no angustiados; en apuros, mas no desesperados; perseguidos, mas no desamparados; derribados, pero no destruidos; llevando en el cuerpo siempre por todas partes la muerte de Jesús, para que también la vida de Jesús se manifieste en nuestros cuerpos.

TROAS. HECHOS 20:6-12

El relato de los siete días que Pablo se quedó en Troas es interesante, porque en Hechos no hay ninguna parte donde diga que Pablo fundó una iglesia allí; pero Hechos 20:7 habla de una reunión que probablemente fue la celebración de la Santa Cena de una iglesia. Eso nos ayuda a entender otra vez que Lucas no relata todo detalle de la vida de Pablo, ni tampoco de la historia de la Iglesia. Lo que leemos en Hechos es una selección de acontecimientos que Lucas narra a propósito.

Es también interesante que, durante el largo discurso de Pablo, un joven se durmiera profundamente. Esto me anima, cuando algunos se duermen durante mi predicación. ¿Si le pasó a Pablo, por qué no a mí? Es más, la muerte y resurrección del joven enseña que Dios no espera perfección de nosotros. Yo también me he dormido en cultos u orando. Me despierto con vergüenza, pero me acuerdo de Eutico y siento tranquilidad, que a pesar de mi debilidad, Dios me ama. Hechos 20: 11 tal vez relate la primera vigilia del Nuevo Testamento. Me imagino el gozo que sintieron todos al celebrar la Santa Cena después de haber visto una resurrección. Pablo aprovechó la situación y continuó dando instrucciones hasta el amanecer.

DESPEDIDA DE LOS ANCIANOS DE ÉFESO. HECHOS 20:13-38

Hechos 20:13-15 narra ciertos detalles del viaje que muestran claramente que Lucas estaba presente con el grupo y quizás tomando apuntes en un diario. Los versículos 16 y 17 explican el motivo de Pablo al no entrar a la ciudad de Éfeso. De otra manera mandó llamar a los líderes de la Iglesia ante él en Mileto. Tenía afán por llegar a Jerusalén para celebrar Pentecostés (y así entregar la ofrenda que llevaba durante la fiesta).

Hechos 20:18-35 es el único discurso extenso de Pablo a los creyentes. En muchas ocasiones, Lucas nos relata que Pablo exhortó, animó, consoló y enseñó a los creyentes, pero solo aquí narra lo que en realidad dijo. Por eso, de todos los discursos en Hechos, este tiene suma importancia. Algunos críticos de la Biblia alegan que Lucas representa a Pablo en una forma bastante diferente de lo que las cartas de Pablo muestran. Pero este discurso desmiente esa queja. Realmente los demás discursos de Pablo en Hechos están dirigidos a no creyentes judíos o griegos. Por eso es este el **único** discurso que debemos comparar con las cartas de Pablo, las cuales son todas dirigidas a creyentes.

Cada parte de este discurso tiene eco en alguna carta de Pablo. La tabla de la página siguiente muestra algunos versículos que se pueden comparar.

Como puede ver, este discurso es típico de lo que Pablo escribe en sus cartas a las iglesias, y podemos suponer que es también típico de lo que decía en cada ocasión en que exhortaba y animaba a la iglesia a seguir adelante en el libro de Hechos.

Podemos también suponer que el apóstol consideraba que estas cosas que les dijo a los ancianos de la Iglesia de Efeso tenían gran importancia, pues creía que no los vería otra vez (Hch 20:25), y quiso prepararlos para que siguieran adelante en su fe.

En el primer párrafo del discurso (Hch 20: 18-21 Pablo repasa su ministerio en Éfeso. Afirma que anunció el mensaje de salvación incansablemente a pesar de las dificultades y sin acepción de personas. Son pocos los pastores que pueden decir eso sin reservas. En el segundo párrafo (Hch 20:22-24), Pablo declara que sabía que su viaje

Discurso de Pablo en Hechos 20	Pasajes de las cartas de Pablo
Vosotros sabéis cómo me he comportado entre vosotros (Hch 20:18)	Vosotros sois testigos, y Dios también, de cuán santa, justa e irreprensiblemente nos comportamos con vosotros (1 Ts 2:10)
sirviendo al Señor con toda humildad, y con muchas lágrimas, y pruebas que me han venido por las asechanzas de los judíos (Hch 20:19)	en azotes sin número; en cárceles más; en peligros de muerte muchas veces. De los judíos cinco veces he recibido cuarenta azotes menos uno ... (2 Co 11:23-24)
cómo no rehuí declarar a vosotros nada que fuera útil, y de enseñaros públicamente y de casa en casa (Hch 20:20)	amonestando a todos los hombres, y enseñando a todos los hombres con toda sabiduría (Col 1:28)
que acabe mi carrera con gozo, y el ministerio que recibí del Señor Jesús (Hch 20:24)	He peleado la buena batalla, he acabado la carrera, he guardado la fe (2 Ti 4:7)
la iglesia del Señor, la cual él ganó por su propia sangre (Hch 20:28)	en quien tenemos redención por su sangre, el perdón de pecados (Ef 1:7)
entrarán en medio de vosotros lobos rapaces, que no perdonarán al rebaño. Y de vosotros mismos se levantarán hombres que hablen cosas perversas (Hch 20:29-30)	vendrán tiempos peligrosos. Porque habrá hombres amadores de sí mismos, avaros, vanagloriosos (2 Ti 3:1-9)
Ni plata ni oro ni vestido de nadie he codiciado ... para lo que me ha sido necesario a mí y a los que están conmigo, estas manos me han servido (Hch 20:33-34)	cómo trabajando de noche y de día, para no ser gravosos a ninguno de vosotros, os predicamos el evangelio de Dios (1 Ts 2:9)

a Jerusalén resultaría en prisión y sufrimientos, pero estaba dispuesto a todo lo que fuera necesario para cumplir con su llamado: «dar testimonio del evangelio». En los versículos 25-27, Pablo repite que cumplió con su ministerio en Efeso; luego en los versículos 28-31, advirtió del peligro de los falsos maestros de fuera y aun dentro de la Iglesia. Los versículos 32 y 33 encomiendan a la Iglesia al cuidado de Dios. Luego animó a los de Éfeso a seguir su ejemplo al trabajar y ser generosos (Hch 20:34-35). El versículo 35 contiene las palabras «Más bienaventurado es dar que recibir», las que Pablo atribuye al Señor Jesús. No aparecen en ningún evangelio estas palabras, pero pode mos estar seguros de que Jesucristo las dijo. Los evangelios, como Hechos, no cuentan todo lo que Jesús hizo y dijo (Jn 20:30-31).

Pablo acaba despidiéndose de ellos en oración, con lágrimas y cariño.

VIAJE A JERUSALÉN. HECHOS 21:1-16

Lucas relata el viaje de Efeso a Jerusalén con más detalle que cualquier otro anterior. Quizás debido a que estuvo con Pablo y mantuvo un récord de lo sucedido. Pero también tenemos que considerar que Lucas pudo tener otros motivos para prolongar su narración desde ahí y hasta el final de Hechos. En los capítulos 20— 28 de Hechos, la acción va más despacio y hay muchos detalles. Es posible que el autor estuviera haciendo —en forma paralela— lo mismo que hizo en el Evangelio según Lucas. Allá, desde 9:51 hasta el final del evangelio, Lucas narró el viaje de Jesús a Jerusalén, sus actividades, juicio, muerte y resurrección. Más de la mitad del libro está dedicada a describir lo que ocupó un tiempo relativamente corto en la vida de Jesús. Igualmente, en Hechos, capítulos 13—20, se relatan los años del ministerio misionero de Pablo, capítulos 21—28, cuatro años de la vida de Pablo, sus juicios y el tiempo en la cárcel. En ambos, el evangelio y Hechos, Lucas muestra cuidadosamente la total inocencia del protagonista (Jesús y Pablo). El evangelio terminó en Jerusalén, con el mandato de llevar el evangelio a todas las naciones. Hechos termina en Roma con Pablo predicando sin impedimento.

En el mapa, se puede seguir la larga ruta de Pablo desde Mileto a Jerusalén. Acá notaremos las veces que Pablo y su compañía se encuentran con hermanos en el trascurso del viaje. Hechos 21:3-6 narra que se quedaron siete días con los hermanos de Tiro. Allá, «ellos decían a Pablo **por** el Espíritu, que no subiese a Jerusalén»

(Hch 21:4). Esto parece contradecir lo que se afirma en Hechos 20:22 que Pablo iba a Jerusalén ligado (obligado) por el Espíritu. La verdad es que la palabra **por** en Hechos 21 4 traduce el vocablo griego día, que tiene un rango amplio de significado que incluye «por» y «por causa de». Puesto que Pablo estuvo siete días en Tiro, es seguro que él les relató durante ese tiempo lo que les dijo a los ancianos en Efeso, que el Espíritu le había mostrado que sufrimientos y cárcel le esperaban en Jerusalén (Hch 20:22-23). Tal vez podemos entender que respondieran a esa información así: «ellos decían a Pablo **por causa de** [lo que dice] el Espíritu, no subiese a Jerusalén». Después de orar con ellos, Pablo y su compañía continuaron el viaje.

Hechos 21:8-15 relata que se quedaron en Cesarea en la casa de Felipe, el evangelista que aparece en Hechos 8. Durante la visita, Agabo, un profeta,[15] llegó, ató sus manos y pies con el cinturón de Pablo y profetizó: «Así atarán los judíos en Jerusalén al varón de quien es este cinto, y le entregarán en manos de los gentiles» (Hch 21:11 Luego, Lucas y el resto del grupo que estaban acompañando a Pablo trataron de disuadirlo de ir a Jerusalén. Pablo replicó: «Estoy dispuesto no sólo a ser atado, más aún a morir en Jerusalén por el nombre del Señor Jesús» (Hch 21:13). Y el grupo desistió diciendo: «Hágase la voluntad del Señor» (Hch 21:14).

Podemos concluir que: (1) Pablo mismo supo por el Espíritu Santo que le esperaban sufrimientos y cárcel en Jerusalén (Hch 20:23); (2) Pablo se sintió obligado por el Espíritu a ir de todas maneras (Hch 20:22); (3) El Espíritu hablaba también a través de otras personas informando a Pablo y a los hermanos en general acerca de los sufrimientos que esperaban al apóstol. La pregunta legítima es: ¿Por qué impartió el Espíritu esa información? Me parece una situación igual a la de los evangelios, cuando Jesús informó a sus discípulos repetidas veces que iba a sufrir, morir y resucitar. Jesús lo dijo «para que cuando suceda, creáis» (Jn 13:19; 14:29). De tal manera, los sufrimientos y el encarcelamiento de Pablo no serían un golpe a la fe de los creyentes, sino que ellos dirían: «Pues, el Espíritu habló de antemano haciéndonos saber que iba a suceder».

15 Este puede ser el mismo Agabo que profetizó la hambruna en Jerusalén en Hechos 11:27-28.

Otra vez quiero que reflexione acerca del compromiso de Pablo con Cristo. Sabemos de acuerdo a Hechos 19:21 y Romanos 15:24 que Pablo planeaba ir a Jerusalén, luego a Roma y después a España. Pero sabía que en Jerusalén le esperaba sufrimiento y prisión. Hubiera podido ir de Macedonia a Roma con mucha facilidad, evitando así los sufrimientos (humanamente hablando). Pero no consideró esa posibilidad, sino que estaba «dispuesto no sólo a ser atado, más aún a morir en Jerusalén por el nombre del Señor Jesús» (Hch 21:13). Su obediencia completa a Dios incluye la disponibilidad a la posibilidad de sufrir si es necesario. **¿Estamos nosotros dispuestos también?**

PROFECÍA EN EL NUEVO TESTAMENTO

Me parece necesario investigar ahora la cuestión de la profecía en la Biblia. Obviamente, había profetas en el Antiguo y también en el Nuevo Testamento. ¿Juega un papel relevante la profecía hoy en la Iglesia? ¿Cómo debemos reaccionar a un hermano que habla, creyendo que sus palabras son una profecía? ¿Qué es la profecía?

Para responder adecuadamente, tenemos que examinar varios pasajes didácticos que enseñan de manera explícita acerca de la profecía en la Biblia. Primeramente, el Antiguo Testamento advirtió al pueblo de Dios respecto a discernir entre profecía verdadera y profecía falsa basado en dos factores: (l) Si la predicción de un profeta no acontecía, la profecía era falsa y el profeta tenía que morir (Dt 18:20-22); (2) Aunque la predicción de un profeta aconteciera, si el profeta desviaba al pueblo de seguir a Dios, era un profeta falso; el pueblo no debía prestar atención a lo que dijo, más bien debía matarlo (Dt 13:1.5). Esto abre la posibilidad de que se pronuncie profecía falsa que correctamente prediga algún evento futuro. Jeremías 28 relata un encuentro entre él y Hananías. Ambos afirmaban que estaban profetizando en nombre de Dios, pero decían cosas opuestas. Finalmente, Jeremías profetizó que Hananías iba a morir debido a sus mentiras; y murió en menos de un año.

En el Nuevo Testamento, el pueblo de Dios debe proceder de la siguiente manera: «No apaguéis al Espíritu. No menospreciéis las profecías. Examinadlo todo; retened lo bueno. Absteneos de toda especie de mal» (1 Ts5: 19-22). Debemos examinar la profecía con el objetivo de retener lo bueno y rechazar lo malo. 1 Corintios 14:29-31 señala:

> Asimismo, los profetas hablen dos o tres, y los demás **juzguen.** Y si algo le fuere revelado a otro que estuviere sentado, calle el primero. Porque podéis profetizar todos uno por uno, para que todos aprendan, y todos sean exhortados. Y los espíritus de los profetas están sujetos a los profetas; pues Dios no es Dios de confusión, sino de paz.

La palabra **juzguen** en el primer renglón de la cita arriba, quiere decir: «evalúen». Este pasaje da a entender que varias personas pueden profetizar, que deben hacerlo por turno y que todos los que profetizan son responsables mutuamente. También el pasaje aclara que el fin de toda profecía debe ser que todos aprendan y sean exhortados. Tenemos la responsabilidad de evaluar todo lo que se dice como profecía. La evaluación se debe basar en lo que afirma la Biblia. El Espíritu Santo no está en cualquier cosa que contradiga principios bíblicos. Otras cosas que no tratan con lo que la Biblia dice explícitamente, debemos oírlas con cuidado, reservándonos nuestra opinión hasta que esté clara en cuanto a que lo que se dijo realmente es o no es de Dios. Debemos evaluar las cosas dichas públicamente, y pesar las opiniones de todos los que tienen la madurez cristiana para poder evaluarlas en el marco bíblico.

En el Antiguo Testamento, el Espíritu Santo habló a través de ciertas personas a todo el pueblo de Dios. Esas personas hablaban con la misma autoridad del Señor. Algunas de sus palabras finalmente fueron incluidas como parte de la Biblia. El deber del pueblo era discernir si el profeta realmente representaba a Dios o no. En el Nuevo Testamento, el Espíritu Santo está en cada miembro del pueblo de Dios. A unos el Espíritu da el don de profecía (1 Co 12:10, 29), u otros diferentes dones. Pero todo el pueblo debe ejercer su responsabilidad de examinar (1 Ts 5:20) y de evaluar (1 Co 14:29) la profecía.

Dios usó las profecías de profetas como Agabo en el Nuevo Testamento para edificar al pueblo de Dios. Pero es interesante notar que en Hechos 21:11- 16, Agabo profetizó que Pablo iba a sufrir cárcel en Jerusalén. Los hermanos presentes interpretaron esto como una advertencia de que Pablo no debía ir allá. En cambio, Pablo supo que el Espíritu lo estaba enviando (Hch 20:22), y estaba dispuesto sufrir lo que fuera por obedecer (Hch 21:13). Tal vez entendió que el Espíritu estaba prediciendo sus sufrimientos para aumentar y fortalecer la fe de los demás. Así que el asunto no es solamente evaluar si la profecía es de Dios o no, también tenemos que cuidar la forma en que la interpretamos y la aplicamos. Humanamente hablando, podemos errar tanto en la interpretación como en la aplicación.

Examine las siguientes citas: 1 Corintios 14:3, 24 y 31. Estas citas aclaran que la profecía del Nuevo Testamento es para «edificación, exhortación y consolación» (14:3), porque el «incrédulo o indocto, por todos es convencido, por todos es juzgado» (14:24), y «para que todos aprendan, y todos sean exhortados» (14:31). De tal modo que lo que Pablo llama profecía en la época del Nuevo Testamento realmente se parece mucho al ministerio de enseñanza, predicación y exhortación bajo el poder del Espíritu Santo y basado en la Palabra de Dios escrita. La profecía no se parece en nada a la adivinación que algunos tratan de usar para manipular y presionar a los hermanos. En conclusión, debemos tener cuidado, en primer lugar, de no menospreciar cualquier evento que pueda ser una comunicación verdadera de parte de Dios a su pueblo.

Pero por otro lado, debemos tener gran cuidado al evaluar bíblicamente cualquier cosa dicha como profecía; además, hay que ver cómo interpretarla y aplicarla. Recuerde, tenemos la Biblia, la Palabra de Dios. Ella es la regla de fe y práctica. Ninguna profecía jamás la reemplazará o ira en contra de ella.

PABLO LLEGA A JERUSALÉN. HECHOS 21:16

Pablo llegó a Jerusalén y se hospedó en la casa de un discípulo llamado Mnasón. Este hecho realmente marca el fin del trabajo misionero de Pablo en el libro de Hechos. El resto de la obra narra sus prisiones, juicios, viajes y defensas ante hebreos y romanos.

PREGUNTAS

1. Use una concordancia para buscar todos los lugares que hablan de Apolos en el Nuevo Testamento. Compare la descripción de las habilidades de Apolos como orador con la descripción que Pablo da de sus propias habilidades como orador en 1 Corintios 2:1-5 y 2 Corintios 10:10. Escriba un párrafo que explique una de las posibles causas de los problemas de sectarismo surgidos en la Iglesia de Corinto.

2. Apolos y los discípulos de Juan en Hechos 19 no habían entendido perfectamente el mensaje de Jesucristo. Es seguro que hay gente en su iglesia que tampoco lo entiende. Escriba un párrafo explicando cómo podría descubrir cuáles personas en su congregación necesitan una explicación más completa del evangelio, así como un plan para hacérselas llegar.

3. Escriba una lista de prácticas ocultas comunes en su ciudad o pueblo. ¿Qué debe hacer para que las personas de su iglesia, que practicaban algo oculto antes de conocer a Cristo, abandonen y renuncien a ellas y destruyan cualquier objeto asociado con tal práctica?

4. ¿Ha habido algún tiempo en su vida semejante al que Pablo pasó con la Iglesia de Corinto, cuando algunos se le opusieron pública e injustamente? Repase la manera como Pablo manejó esa situación en su vida, y saque algunas pautas acerca de cómo enfrentar la oposición en el ministerio con firmeza y amor.
5. Si tuviera que dejar a su iglesia para ir permanentemente a otra parte y tuviera la oportunidad de decir algunas palabras para animar y exhortar a los hermanos, ¿qué diría?
6. Hoy hay muchos ejemplos de «profecía» no bíblica en iglesias, radio y televisión en Latinoamérica. Escriba un breve resumen de alguna profecía que considere no bíblica; usando citas bíblicas, muestre por qué la considera no bíblica.

Lección 8

METAS

En esta lección, usted aprenderá acerca de los juicios de Pablo ante los judíos y el gobierno romano, y su viaje a Roma. También, tendrá la oportunidad de repasar lo que ha aprendido hasta ahora en este curso.

OBJETIVOS

La lectura del capítulo y los pasajes de la Biblia correspondientes a esta lección, le enseñarán acerca de los acontecimientos en los últimos capítulos de Hechos. Las preguntas le ayudarán a seguir practicando la interpretación de Hechos. El apéndice le ayudará a repasar lo que ha aprendido.

Lectura bíblica

Lea cuidadosamente Hechos capítulos 21:17—28:31 sin parar en dos diferentes versiones de la Biblia. Mientras lee, anote ideas clave y cosas que le llamen la atención en su cuaderno. Después de leer, trate de resumir en sus propias palabras lo que narran estos capítulos (es decir sin copiar textualmente versículos de la Biblia), en forma de un bosquejo breve y conciso

.Lectura del libro de texto

Lea el capítulo 8 del texto y el apéndice 8.

Preguntas

En su cuaderno, escriba sus propias respuestas a las preguntas que están al final de capítulo 8. **No debe mirar las respuestas**

dadas en el «Manual para el facilitador» todavía. Puede remitirse nuevamente a lo que leyó en este libro, usar comentarios, diccionario bíblico, concordancias, atlas bíblicos u otras fuentes de referencia bíblica. Escriba sus respuestas después de hacer su propia investigación.

Comprobación de respuestas

Ahora, busque las respuestas correctas a las preguntas que contestó en el «Manual para el facilitador». Compruebe que contestó cada pregunta correctamente. Si se equivocó en alguna respuesta, anote el número de la respuesta equivocada y escriba la respuesta correcta en su cuaderno.

ENSAYO

Lea con cuidado el borrador de su ensayo. Haga las correcciones necesarias a la redacción, ortografía, y gramática. Solicite que alguien lea su ensayo, así podrá obtener sugerencias para mejorarlo. Haga la redacción final del ensayo.

Capítulo 8

LOS JUICIOS DE PABLO Y SU VIAJE A ROMA. HECHOS 21:17-28:31

Mientras lea este capítulo, es absolutamente necesario que tenga su Biblia abierta. Lea cada pasaje antes de ver el comentario y busque las citas sugeridas. Así aprovechará al máximo esta oportunidad para aprender. En este capítulo, estudiaremos los juicios de Pablo y su viaje a Roma.

Antes de empezar a estudiar el texto de esta sección de Hechos, es necesario entender algo del ambiente político de Jerusalén en esa época. Desde el tiempo en que Pilato fue nombrado procurador de Judea en el año 26 d.C., hasta el 70 cuando Jerusalén fue destruida por los romanos, algunos de los gobernadores eran incapaces de entender la cultura y religión de los judíos. Muchas veces los procuradores se mostraron injustos, avaros, deshonestos e insensibles. El resultado de su mal gobierno fue que los judíos año tras año se llenaban más y más de indignación y rebeldía contra Roma.

El centro cultural y religioso de la nación de los judíos era el templo. Ese edificio era un símbolo de la relación especial entre la nación y Dios. Era el lugar de toda celebración religiosa y nacional. El templo tenía tres áreas exteriores (en orden de santidad, la corte de los gentiles, la corte de las mujeres y la corte de Israel) y dos dentro del edificio (el lugar santo y el lugar santísimo). El área que estaba más afuera era la corte de los gentiles. A esta área se les permitía entrar a los gentiles para adorar de lejos al Dios de Israel. Había un muro de un metro y medio de altura que separaba esta corte exterior de las áreas más interiores donde no se permitía entrar a los gentiles. En el muro había avisos en latín y griego advirtiendo a los gentiles que no entraran. Un aviso que fue hallado por los arqueólogos dice: «Ningún extranjero puede entrar dentro del muro que está alrededor del templo y sus cortes. Cualquier persona que se atreva a hacerlo tendrá que culparse a sí mismo por la consecuencia: la muerte». Hay evidencia de que los romanos les permitían a los judíos ejecutar a cualquier persona que violara esa orden.

Al lado del templo, y conectado por unas gradas, estaba la fortaleza principal de los soldados romanos. En numerosas ocasiones, los soldados romanos tuvieron que apaciguar motines hebreos en el área del templo. Un ejemplo de la opresión y violencia de los romanos fue el caso de un judío de Egipto (probablemente el mismo mencionado en Hch 21:38). Esta persona había profetizado que sus seguidores tomarían a Jerusalén del poder de los romanos. Félix, el procurador romano cuando fue arrestado Pablo, prendió a muchos judíos sin averiguar si eran seguidores del egipcio, y los mató sin darles oportunidad a defenderse. Fue un intento por acabar con el movimiento, pero el efecto fue contrario. Los judíos sintieron más rabia aún.

Así que, cuando Pablo entró en Jerusalén, la situación estaba extremadamente tensa. Había un gran sentimiento de rechazo por parte de los judíos hacia los gentiles y los extranjeros. Pablo llegó a la ciudad con una compañía grande de gentiles de las iglesias de Asia, Macedonia y Acaya (Hch 20:4), además de una ofrenda que había levantado de esas congregaciones. Los líderes de la Iglesia de Jerusalén se vieron en un gran problema. Por una parte, estaban contentos con el éxito que Pablo había tenido en la evangelización de los gentiles; pero, por otro lado, tenían que mantener a los creyentes judíos tranquilos ante la reputación que tenía Pablo de hablar contra la ley de Moisés. Además, seguramente pensaban en la necesidad de mantener su reputación piadosa ante los muchos judíos no creyentes en Jerusalén para poder seguir evangelizándolos.

EN JERUSALÉN. HECHOS 21:17 –23:30

LA BIENVENIDA A JERUSALÉN. HECHOS 21:17-26

El versículo 17 de Hechos 21 muestra que los hermanos recibieron con gozo a Pablo y sus acompañantes. El versículo 18 es el último que muestra la primera persona del plural («con nosotros»), indicando que Lucas no se incluye con Pablo durante sus tribulaciones y juicios. Sin embargo, la abundancia de detalles indica que Lucas estaba pendiente y cerca de Pablo durante todo ese tiempo. La primera persona del plural vuelve a aparecer en Hechos 27, justo cuando el viaje a Roma comienza. Durante este período de más o menos dos años, Lucas probablemente trabajaba reuniendo los datos necesarios y redactando el Evangelio según Lucas, y aun parte de Hechos.

Según el versículo 17, los «hermanos» recibieron a Pablo con gozo, pero no así los ancianos de la Iglesia. Los versículos 18-22 indican que ellos ni lo saludaron, sino que escucharon el reporte de Pablo, alabaron a Dios por la obra entre los gentiles e inmediatamente empezaron a relatarle a Pablo el problema que iban a tener con su presencia en la ciudad. No hay mención en este lugar a la ofrenda que Pablo trajo de parte de las iglesias de Asia, Macedonia y Acaya.[1] Hay tres posibles explicaciones de por qué Lucas no menciona la ofrenda aquí: (1) No fue entregada —pero esto parece imposible—, pues fue uno de los motivos principales para viajar a Jerusalén, y el que tuvo Pablo para llevar consigo la gente de las iglesias. (2) No fue recibida —esto tampoco parece probable—, pues era cierto que la Iglesia de Jerusalén tuvo gran necesidad en esa época. (3) No fue apreciada —esto es lo más probable—. Dado que Pablo fue una fuente de contención por su trabajo entre gentiles, y que la ofrenda se había levantado en congregaciones gentiles, es probable que los lí-

1 La única mención en Hechos es en 24: 17, pero parece que la ofrenda era muy importante para Pablo (véanse Ro 15:25-28, 1 Co 16:1-2 y 2 Co 8—9).

deres judíos consideraran que recibirla con agrado crearía problemas. Algunos de los creyentes judíos más celosos podrían aun haber considerado la ofrenda como algo inmundo.

Los líderes de la Iglesia de Jerusalén le dijeron a Pablo que la gente judía pensaba «que enseñas a todos los judíos que están entre los gentiles a apostatar de Moisés, diciéndoles que no circunciden a sus hijos, ni observen las costumbres» (Hch 21:21). Ellos sabían que lo que decían de Pablo no era cierto, pero tenían que responder ante la realidad de la situación política. En muchas ciudades, Pablo había sido castigado, encarcelado y expulsado. Rumores de sus actividades, junto con acusaciones exageradas de sus enseñanzas habrían llegado a Jerusalén.

En Hechos 21:23-24, los líderes propusieron que Pablo participara de un rito judío, uniéndose con algunos hermanos de la Iglesia de Jerusalén que tenían que cumplir con un voto y pagar sus gastos, para convencer a la población de Jerusalén de que las acusaciones contra él eran falsas. Hechos 21:25 recalca la solidaridad de los líderes con Pablo en la evangelización a los gentiles, y en la decisión del concilio de Hechos 15 respecto a que los gentiles no tenían que cumplir la ley de los judíos.

Pablo aceptó la sugerencia de ellos y fue al templo con los cuatro que tenían que cumplir con su voto. Este acto concuerda con la estrategia de Pablo: «Me he hecho a los judíos como judío, para ganar a los judíos; a los que están sujetos a la ley (aunque yo no esté sujeto a la ley) como sujeto a la ley, para ganar a los que están sujetos a la ley» (1 Co 9:20). En ese momento, el apóstol habría tenido que ofrecer cierto sacrificio e iniciar un proceso que duraría siete días para purificarse de la posible inmundicia contraída por haber viajado por tierras de los gentiles. De igual manera, los cuatro hermanos de la Iglesia de Jerusalén habrían tenido que iniciar un proceso de siete días de purificación, antes de poder cumplir con sus votos.

PABLO DETENIDO. HECHOS 21:27-36

Ocho días después de la purificación inicial (el período de tiempo requerido por la ley), Pablo regresó con los cuatro al templo para cumplir con el voto de ellos. Estaban en eso cuando algunos judíos de Éfeso lo reconocieron y promovieron un escándalo acusándolo de haber metido a un gentil en una parte del templo donde no estaban permitidos los gentiles.[2] Los gritos de los judíos de Asia causaron un motín de grandes proporciones. Sacaron a Pablo arrastrándolo, cerraron el templo y empezaron a golpear al apóstol. Es probable que tuvieran la intención de matarlo, removiendo así la inmundicia del templo por medio del derramamiento de su sangre.

El tribuno romano intervino en ese momento, libró a Pablo de sus manos y trató de averiguar qué estaba pasando. No vino a rescatar a Pablo, sino respondiendo al motín. Como no pudo averiguar nada a causa de la confusión de la multitud, ordenó llevarse a Pablo. Hechos 21:35-36 muestra que la gente siguió tratando de matar al apóstol aun estando en manos de los soldados romanos.

LA DEFENSA DE PABLO ANTE LOS JUDÍOS. HECHOS 21:37- 22:22

Hechos 22 registra la primera de seis defensas que Pablo entabló frente a las acusaciones que los judíos le hicieron de actuar en contra de la ley de Dios y las costumbres de ellos.[3] Una característica de cada defensa es la afirmación por parte de Pablo de su inocencia y, que en realidad, actuaba conforme a la verdad de Dios y conforme a la línea de la tradición de los profetas.[4] Cuando tuvo

2 Trófimo, la persona que los judíos pensaban que Pablo había metido en el templo, aparece en Hechos 20:4 como miembro de su compañía de viaje, y en 2 Timoteo 4:20.

3 Las defensas aquí son ante la multitud, en Hechos 22:30—23:6 ante el sanedrín; en Hechos 24: 10-21 ante Félix; en Hechos 25:8- 11 ante Festo; en Hechos 25:24—26:24 ante el rey Agripa y en Hechos 28: 17-20 ante los judíos romanos.

4 Note que esto fue parte de la defensa de Esteban también, y el argumento que Pablo usaba cada vez que se retiraba de ministrar en una sinagoga, citando profecías

que defenderse ante el gobierno romano (es decir, ante Félix y Festo), hizo referencia breve a algunas acusaciones que podrían ser consideradas como ofensas contra Roma, pero el argumento que une las seis defensas era la idea de que «el camino» del cristianismo representaba «la esperanza de Israel» (Hch 28:20). En otras defensas en este conjunto, Pablo define esa esperanza como la resurrección (Hechos 24:15), y la promesa que Dios hizo a Israel (Hch 26:6-7). En resumen, toda esa sección enfatiza el hecho de que la fe cristiana es la continuación de la fe del Antiguo Testamento, y si hay oposición entre los líderes del pueblo judío, es porque ellos están también siguiendo el comportamiento de numerosos líderes antiguos que rechazaban el plan de Dios en épocas anteriores.

Hechos 21:37-40 explica cómo era posible que Pablo pudiera hablar con la multitud que hace poco estaba golpeándolo con la intención de matarle. Las primeras palabras del apóstol al comandante de los soldados lo sorprendieron ya que Pablo habló en griego. El tribuno pensaba que Pablo era el egipcio que causó un motín poco tiempo antes, pero obviamente, ese hombre no hablaba griego. Pablo se identificó en forma enfática como ciudadano de Tarso y pidió permiso al tribuno para dirigirse a la multitud. Cuando este se lo dio, el apóstol señaló con la mano y empezó a hablar en arameo,[5] un idioma que el tribuno probablemente no entendía. Hechos 21:40 y 22:2 aclaran que la multitud se calló al oír a Pablo hablar en el idioma de ellos.

El contenido de la defensa paulina ante la multitud es lo que hoy, por lo general, llamamos en las iglesias evangélicas su «testimonio». Estudiamos los detalles de lo que pasó en el comentario a

y acontecimientos históricos del Antiguo Testamento que respaldaban la idea de que Israel, el pueblo de Dios, rechazó los designios divinos para con ellos.

5 La frase «lengua hebrea» que aparece en la Reina Valera traduce el griego *«tê hebraidi dialectô»*, literalmente al dialecto hebreo, que tal vez era el arameo que comúnmente se hablaba en Judea desde el retorno de la cautividad babilónica.

Hechos 9, por lo que no es necesario repetir lo que ya hicimos. Más bien miraremos los distintivos de este pasaje.

Se divide fácilmente en tres partes: (1) Su vida antes de recibir a Cristo, en los versículos 3-5; (2) Su conversión a Cristo, en los versículos 6-10; (3) Su vida después de recibir a Cristo, en los versículos 11-21. Pablo gasta relativamente más tiempo en los detalles de su vida tras recibir a Cristo (dedica 3 versículos a su vida antes, 5 versículos al hecho de recibir a Cristo, 11 versículos a su vida posterior).

En todo el relato, el apóstol enfatiza cuidadosamente las cosas que aumentan la posibilidad de que los oyentes judíos le aceptaran: (1) Su identidad: es judío, criado en Jerusalén, enseñado por Gamaliel y celoso de Dios (v. 3); (2) Su actividad: persiguió a los cristianos (vv. 4-5, 19-20); (3) La identidad de Ananás: fue devoto, observaba la ley y tuvo el respeto de los judíos de Damasco (v. 12); (4) Fue «el Dios de nuestros padres» quien escogió a Pablo (v. 14); (5) Pablo oraba en el templo en Jerusalén (v. 17).

En los versículos 15-16, Pablo incluye los elementos básicos del evangelio. Los oyentes que oyeron que Ananías le dijo a Pablo: «Lava tus pecados, invocando su nombre» hubieron podido hacer lo mismo, siguiendo el ejemplo del apóstol para recibir a Cristo.

Pablo no tuvo la oportunidad de terminar su defensa. El versículo 21, «Pero me dijo: Ve, porque yo te enviaré lejos a los gentiles», con seguridad fue solo una introducción al relato de lo que realmente había hecho en Galacia, Asia, Macedonia y Acaya. Pablo había preparado cuidadosamente a los oyentes tratando de aclarar que no hacía las cosas según su propia voluntad, sino en respuesta a una visión del Señor (en arameo, los oyentes habrían entendido que Pablo se refería a Jehová). Pero la multitud, al oír la palabra «gentiles», empezó a gritar: «Quita de la tierra a tal hombre, porque no conviene que viva» (Hch 22:22), y demostró su rabia lanzando polvo al aire y rompiendo sus vestidos.

LA DEFENSA DE PABLO ANTE EL CONCILIO DE LOS JUDÍOS. HECHOS 22:23-23:10

Frente a la reacción violenta de la multitud, el tribuno ordenó meter a Pablo en la fortaleza, con la intención de averiguar la causa del alboroto, pues no había entendido lo que Pablo dijo en arameo ni lo que gritaba la multitud. Siguiendo la costumbre romana, sujetaron a Pablo con cadenas para poderlo azotar e interrogarlo bajo tortura. En ese momento, Pablo reveló su ciudadanía romana al centurión encargado. Este le comunicó al tribuno que Pablo era ciudadano romano, quien a su vez le preguntó directamente al apóstol: «¿Eres tú ciudadano romano?» (Hch 22:27). Cuando Pablo respondió que sí, el tribuno le dijo que había comprado (es decir con soborno) su ciudadanía. Pablo, en realidad, había nacido ciudadano. El susto del tribuno se explica porque no era lícito sujetar a un ciudadano romano, ni mucho menos azotarlo sin un proceso judicial. El tribuno estaba en un peligro legal por haber atado a Pablo. El texto no dice qué hizo, pero podemos suponer que soltó a Pablo y lo detuvo hasta el próximo día para averiguar por qué los judíos se habían alborotado tanto cuando el apóstol les habló.

Hechos 22:30 relata que el tribuno convocó una asamblea del concilio de los judíos, llamado el sanedrín, para indagar acerca de lo que Pablo había hecho. El sanedrín es el mismo cuerpo que había arrestado a Jesús y lo había acusado ante Pilato años antes. El jefe del sanedrín fue siempre el sumo sacerdote. Hechos 23:2 aclara que Ananías era el sumo sacerdote que estuvo presente para oír a Pablo. Sabemos por el historiador judío Josefo, que Ananías estuvo en el poder desde el año 47 hasta el 59 d.C., y que fue un hombre deshonesto, violento y cruel.

Hechos 23: I afirma: «Entonces Pablo, mirando fijamente al concilio, dijo: Varones hermanos, yo con toda buena conciencia he vivido delante de Dios hasta el día de hoy». La mirada de Pablo nos debe recordar a Hechos 3:4 cuando Pedro miró fijamente al mendigo, y a Hechos 13:9 y 14:9 donde Pablo también miró con fijeza; en los tres casos, ellos pudieron discernir espiritualmente algo en la persona a quien estaban mirando. Aquí también parece que Dios le reveló algo a Pablo a través de su mirada en cuanto a las personas que estaban reunidas para oírlo. Su comentario, de haber vivido con toda buena conciencia ante Dios, halló eco en 1 Corintios 4:34 y 2 Timoteo 4:6-8. Cuando Pablo reflexionaba acerca de su modo de vivir, su conciencia testificaba que había vivido en una manera agradable a Dios.

Ese comentario, sin embargo, molestó a Ananías, el sumo sacerdote, a tal grado que mandó que le pegaran a Pablo en la boca, hiriendo así a Pablo por haber usado la boca para mal (según el criterio de Ananías). El apóstol respondió declarando que Dios iba a golpear a Ananías por haber actuado con hipocresía.[6] Al enterar se Pablo que Ananías era el sumo sacerdote del pueblo, citó Éxodo 22:28, que dice que no se debe hablar mal de un líder del pueblo; pero en realidad, Pablo no se arrepintió de haber dicho la verdad, solo de haber hablado mal del líder del pueblo. Así al comienzo de su defensa, Pablo entendió dos cosas: (l) Él mismo actuó conforme a la voluntad de Dios, y (2) los que le juzgarían estaban llenos de hipocresía y maldad.

En una situación tan crítica, Pablo adoptó la estrategia de dividir a sus oponentes. Puesto que los saduceos eran de la clase alta y tenían el poder de gobernar, aunque los fariseos formaban la mayoría del concilio, Pablo se identificó con estos últimos y afirmó que la causa de su juicio era un punto doctrinal (la resurrección) con lo cual los fariseos estuvieron de acuerdo, pero los saduceos no. Debemos entender esto como de doble motivo. (1) La afirmación creó contención entre el cuerpo que pretendía juzgar a Pablo. Antes

6 Se puede considerar esto casi como una profecía, porque Ananías fue asesinado como traidor de su nación en el año 66 por los judíos que se rebelaron contra Roma en esa fecha.

estaban unánimes en contra de él, luego se dividieron; algunos afirmaban que «Ningún mal hallamos en este hombre» (Hch 23:9). (2) La afirmación de Pablo de que la acusación en su contra consistía solo en una disputa doctrinal sobre la resurrección de los muertos estableció que no había cometido delito judicial ante el gobierno romano. Recuérdese el precedente de Galión en Corinto, que se negó juzgar a Pablo por cuestiones de la religión judía. Sabemos que esto tuvo efecto en el tribuno, ya que cuando el tribuno le escribió una carta al gobernador romano en Hechos 23:29, él mismo afirmó que los judíos «le acusaban por cuestiones de la ley de ellos, pero que ningún delito tenía digno de muerte o de prisión».

Así vemos que lo que Pablo dijo ante el sanedrín fue muy sabio y dado por el Espíritu Santo para librarlo de una situación peligrosísima.[7] Si los judíos hubieran podido convencer a los romanos de la culpabilidad de Pablo de algún delito contra el gobierno romano (como hicieron con Jesús) lo habrían matado. Pero el comentario del apóstol dividió a los judíos y convenció a los romanos de que él no había hecho nada que mereciera castigo. El alboroto sucedido en el Sanedrín obligó al tributo a sacar a Pablo de allí y custodiarlo en el cuartel. Esa noche, el Señor se apareció a Pablo para fortalecerlo con el mensaje de que al fin iba a llegar a Roma (Hch 23:11).

Hechos 23: 12-22 relata la conspiración de algunos judíos para matar a Pablo. El plan de ellos fue frustrado cuando un familiar del apóstol (el hijo de una hermana) oyó del complot e informó al tribuno, que actuó de inmediato para transportar a Pablo a Cesarea y encomendar su caso al gobernador romano Félix. El tribuno mandó a muchos soldados con Pablo para protegerlo y envió una carta. En esta, el tribuno distorsionó la verdad, diciendo que había rescatado

7 Compare Lucas 12:1l- 12 donde Jesús prometió a sus discípulos que el Espíritu Santo les daría las palabras adecuadas para defenderse ante sus perseguidores.

a Pablo, sabiendo que era ciudadano romano. En realidad, solo intervino para preservar la paz y descubrió que Pablo era ciudadano cuando lo iba a azotar. Así se protegió el tribuno de las posibles complicaciones legales por haber atado a Pablo sin ningún proceso judicial. A la vez, su carta fue el primer testimonio legal que el gobernador Félix tuvo en el caso, y declaró que Pablo era inocente de delitos contra Roma. Esto hizo predisponer a Félix para un juicio favorable a Pablo. Otro detalle importante de la carta era que el tribuno ordenó a los acusadores que aparecieran también ante Félix.

EN CESAREA. HECHOS 22:31-26:32

Cuando los soldados entregaron a Pablo ante Félix, este leyó la carta (tal vez en voz alta, como acostumbraba la gente en esa época), y declaró que oiría el caso al llegar los acusadores. Ellos llegaron cinco días más tarde encabezados por Ananías, el sumo Sacerdote, y acompañados por un abogado que se llamaba Tértulo.

EL PROCESO ANTE FÉLIX. HECHOS 24:1-27

El proceso judicial ante Félix empezó con la intervención del abogado Tértulo. Este comenzó halagando a Félix. La verdad es que Félix era un hombre deshonesto y violento a quien los judíos odiaban. Tértulo trató de formular las acusaciones contra Pablo en una manera que ocasionara su entrega a juicio ante los judíos. La razón de esto era sencillamente que Pablo no violó la ley de los romanos, y por eso los judíos tuvieron que buscar otro camino para conseguir su muerte. Las tres acusaciones contra Pablo fueron: (1) Provocar disturbios entre los judíos, (2) ser cabeza de una secta de nazarenos, y (3) profanar el templo de los judíos. La última acusación era la más grave, porque los romanos por lo general dejaron la protección de los templos en su imperio al cuidado de las personas integradas a cada religión; y en el caso especial del templo de los judíos, quizás les permitieron a ellos el derecho de ejecutar a cualquiera que profanara su lugar sagrado. Los judíos presentes confirmaron las acusaciones del abogado.

Respondiendo a una señal de parte de Félix, Pablo empezó a defenderse. Su introducción fue más breve que la de Tértulo y más acorde con la verdad. En los versículos 11-13, Pablo aclaró que hacía doce días estuvo en Jerusalén, que no causó ningún disturbio y que los judíos no podían comprobar ninguna de sus acusaciones. Los versículos 14-16 representan a la vez una estrategia retórica importante y una manera de testificar de Cristo: Pablo confesó lo que no era un delito: que él sirviera a Dios según el Camino (el cristianismo). El versículo 15 es clave: «teniendo esperanza en Dios, la cual ellos también abrigan, de que ha de haber resurrección de los muertos, así de justos como de injustos». Según Pablo, todas las acusaciones contra él dependían de su esperanza en la resurrección: cosa que la ley romana no quería ni podía juzgar.

En los versículos 17-18, Pablo narró los detalles de su visita al templo cuando ocurrió el motín. Mencionar que había traído limosnas y ofrendas (v. 17) posiblemente impresionó a Félix, porque después Lucas nos informa que esperaba un soborno de Pablo. El versículo 19 levanta el punto clave de su defensa: los que vieron a Pablo en el templo, y en realidad causaron el disturbio no estuvieron presentes para comprobar las acusaciones. En el versículo 20, Pablo reta a los judíos que estaban presentes a hacer una acusación que pudieran corroborar; reafirmando que el punto verdadero del caso era la resurrección de los muertos.

Félix que, según Lucas, conocía acerca del Camino (el cristianismo), en vez de soltar al apóstol debido a su inocencia, suspendió el proceso con una excusa: que iba a esperar al tribuno, Lisias, antes de decidir el caso. Puesto que Lisias mandó una carta con Pablo explicando su propia opinión acerca de este: «Hallé que le acusaban por cuestiones de la ley de ellos, pero que ningún delito tenía digno de muerte o de prisión» (Hch 23:29), es probable, como dice Lucas en Hechos 24:26, que Félix simplemente esperara un soborno para poner en libertad a Pablo.

El versículo 23 muestra que la condición de custodia de Pablo tuvo cierta libertad y que sus amigos lo pudieron atender. Esto fue esencial, puesto que el gobierno romano no proveía ni comida ni ropa a los prisioneros. Durante los dos años de cárcel en Cesarea (Hch 24:27), Félix escuchó a Pablo frecuentemente. El apóstol le explicó lo esencial del evangelio y Félix respondió con temor, pero no con arrepentimiento. Al final de todo, no actuó con justicia, sino que sirvió a su propio interés, «queriendo Félix congraciarse con los judíos, dejó preso a Pablo» (Hch 24:27) aunque no halló ninguna causa en contra de él.

Félix era semejante a Pilato. Ambos procuradores romanos rehusaron hacer justicia por motivos personales. Lucas aclara que los dos —Jesús y Pablo— fueron inocentes de cualquier delito contra la ley romana. En ambos casos, los líderes de los judíos buscaron que Jesús y Pablo fueran condenados. En ambos casos, el procurador romano reconoció la inocencia del acusado, pero no lo libró por miedo a la ira de los líderes judíos. Ambos —Pilato y Félix— tuvieron problemas graves con sus superiores romanos, y por miedo a empeorar la situación no hicieron justicia, sino que trataron de agradar a los líderes judíos que acusaban a Jesús y a Pablo.

EL PROCESO ANTE FESTO. HECHOS 25:1-12

Festo fue el sucesor de Félix, que fue despedido de su cargo como procurador romano por su incapacidad de controlar la explosiva situación política en Judea y Jerusalén. En su afán por crear un ambiente de comunicación y colaboración con los líderes judíos, Festo viajó a Jerusalén solo tres días después de llegar a Judea desde Roma. Hechos 25:2-3 relata que los judíos acusaron a Pablo ante Festo, insistiendo que lo trasladaran a Jerusalén. Su plan era matarlo en el camino. Festo respondió invitándolos a presentar sus acusaciones en Cesarea, donde Pablo estaba encarcelado.

Hechos 25:6 destaca que Festo viajó a Cesarea después de un tiempo corto y convocó un proceso en el caso de Pablo. Aunque el versículo 7 no dice explícitamente cuáles fueron las acusaciones de los judíos contra Pablo, podemos inferir del resumen de su defensa que fueron semejantes a las anteriores acusaciones que presentaron ante Félix. Pablo declaró que: «Ni contra la ley de los judíos, ni contra el templo, ni contra César he pecado en nada» (Hch 25:8). Festo, igual que su precursor, quiso agradar a los judíos sugiriendo que Pablo fuera a Jerusalén para ser juzgado allá. Sabiendo que los judíos trataron de matarlo antes, y probablemente consciente de que harían lo mismo, Pablo rehusó y apeló a César. Esto efectivamente garantizó que tendría que viajar a Roma para comparecer ante el emperador.

PABLO ANTE AGRIPA. HECHOS 25:13-26:32

Hechos 25: 13-14 narra que Herodes Agripa II visitó a Festo para saludarlo. Este hombre era biznieto de Herodes el Grande, el que fue rey de Judea en el tiempo en que Jesús nació. Durante su visita, Festo le habló del caso de Pablo y comentó que «ningún cargo presentaron de los que yo sospechaba, sino que tenían contra él ciertas cuestiones acerca de su religión, y de un cierto Jesús, ya muerto, el que Pablo afirmaba estar vivo» (Hch 25: 18-19). El rey Agripa expresó su deseo de oír también a Pablo.

Hechos 25:23 declara que Agripa y su esposa entraron en el recinto en una forma que expresaba su importancia, acompañados por oficiales de alto rango de la ciudad de Cesarea. En su presentación del caso, Festo le dijo a Agripa que «ninguna cosa digna de muerte ha hecho, y como él mismo apeló a Augusto, he determinado enviarle a él» (Hch 25:25), pero que no sabía qué escribir como resumen del caso. Agripa invitó a Pablo a presentar su defensa.

La defensa de Pablo era realmente otra oportunidad para presentar el evangelio a personas de alto rango en el gobierno romano. El futuro de Pablo no sería afectado por lo que le dijera a Agripa puesto que ya había apelado a César. Sin embargo, Pablo aprovechó la oportunidad para predicarles a Agripa y a los que estaban presentes con él.

Haciendo un gesto con la mano, el apóstol empezó reconociendo que Agripa estaba informado de los asuntos de los judíos (Hch 26:23). Luego resumió su propia historia temprana como fariseo estricto (Hch 26:4-5). En los versículos 6-8, Pablo explicó que los judíos lo acusaban «por la esperanza de la promesa que hizo Dios a nuestros padres» (Hch 26:6); y explicó en el versículo 8 que esa esperanza tenía que ver con la resurrección de Jesús. En Hechos 26:9-18, Pablo describe su conversión por tercera vez en el libro de Hechos. La diferencia principal de esta narración yace en los últimos versículos con los que Pablo relató las palabras de Jesús (Hch 26:16-18):

> Pero levántate, y ponte sobre tus pies; porque para esto he aparecido a ti, para ponerte por ministro y testigo de las cosas que has visto, y de aquellas en que me apareceré a ti, librándote de tu pueblo, y de los gentiles, a quienes ahora te envío, para que abras sus ojos, para que se conviertan de las tinieblas a la luz, y de la potestad de Satanás a Dios; para que reciban, por la fe que es en mí, perdón de pecados y herencia entre los santificados.

Este pasaje resume el evangelio en términos que hacen pensar en Isaías 49:6, Lucas 1:77-79, 2:30-32, y una predicación anterior de Pablo en Hechos 13:47. También encontramos un eco de las cartas de Pablo («tinieblas a luz», en Ro 2:29; 13:12; 2 Co 4:6; 6:14; Ef 5:8; 1 Ts 1:9; 5:5; «perdón de pecados», en Ef 1:7, Col 1:14; y «herencia», en Ef 1:11-14; 5:5; Col 1:12; 3:24).

En Hechos 26: 19-20, Pablo afirmó que obedeció el mandato de Jesús, «anuncié primeramente a los que están en Damasco, y Jerusalén, y por toda la tierra de Judea, y a los gentiles, que se arrepintiesen y se convirtiesen a Dios, haciendo obras dignas de arrepentimiento» (Hch 26:20). Esto, según Pablo, era la causa por la que los judíos lo perseguían. Una vez más, el apóstol repitió que su mensaje era lo que los profetas y Moisés dijeron: que Cristo muriera y resucitara para anunciar luz a judíos y gentiles.

Al oír de la resurrección de Cristo, Festo no pudo contenerse más y acusó a Pablo de locura. En Hechos 26:25-27, el apóstol negó la acusación de Festo y se dirigió a Agripa de nuevo, en un último intento por persuadirlo a creer en Jesucristo. La respuesta del rey, «Por poco me persuades a ser cristiano» (Hch 26:28), fue probablemente una manera con la que el rey evitó responder a la pregunta de Pablo. El apóstol respondió con emoción: «i Quisiera Dios que por poco o por mucho, no solamente tú, sino también todos los que hoy me oyen, fueseis hechos tales cual yo soy, excepto estas cadenas!» (Hch 26:29). Pero el rey y los dignatarios con él no respondieron con arrepentimiento y fe, sino que se levantaron y salieron conversando: «Podía este hombre ser puesto en libertad, si no hubiera apelado a César» (Hch 26:32).

Aquí vemos lo irónico de la situación. Pablo estaba en cadenas, aunque realmente libre en Cristo. Iría a Roma como prisionero, pero esto cumplía sus deseos (Hch 19:21), y la voluntad de Dios (Hch 23: 11). El rey Agripa y los que con él estaban parecían libres, pero en realidad eran esclavos de la incredulidad y el pecado: Festo porque en lugar de hacer justicia con Pablo, sirvió a su propio interés, agradando a los judíos; Agripa, porque estaba casado ilegalmente con una mujer joven que le había robado a otro rey. Ellos, a pesar de su gran necesidad, negaron escoger el camino que les hubiera podido llevar a la luz y la libertad.

EL VIAJE A ROMA. HECHOS 27:1-28:15

Muchos se preguntan por qué Lucas dedica tanto espacio a este viaje de Cesarea a Roma, cuando solamente menciona en forma breve y sin detalles otros viajes en Hechos. Una posible respuesta es que Lucas estaba presente en este viaje, pero otra muy probable tiene que ver con el tema general de Hechos: **un relato de los hechos de Jesús por medio del Espíritu Santo actuando a través de sus discípulos.** Recuerde que, al comienzo del libro, Jesús mandó a sus discípulos que fueran testigos «hasta lo último del mundo» (Hch 1:8). Con el desarrollo de la historia en Hechos 1-21, el evangelio llegó a diversos lugares y numerosas personas durante unos treinta años. En la época que nos ocupa, era la voluntad del Señor que su testigo, Pablo, testificara ante el emperador de Roma (Hch 23:11; 27:24). Toda la furia de los líderes judíos no podía frustrar este plan divino. Ellos lograron la crucifixión de Jesús porque era el plan de Dios; pero no la muerte de Pablo, ya que el Señor tenía otro plan para él. La narración del viaje de Cesarea a Roma muestra que aun toda la furia de una tempestad, aun el plan de los marineros para abandonar al barco, aun el plan de los soldados para matar a los presos, aun una serpiente venenosa, no podían frustrar el propósito y plan del Señor para su testigo Pablo. Todos los detalles de esta narración sirven para establecer la soberanía de Cristo y su absoluto poder, contra el cual nada ni nadie puede prevalecer.

Viajar por el Mediterráneo en el mundo antiguo era peligroso desde el mes de octubre hasta abril. Hechos 27:9 da a entender que la fiesta de expiación había pasado, indicando que se acercaba el tiempo de invierno (sería el mes de septiembre y octubre). Hubo tráfico marítimo constante desde Egipto a Roma durante el verano para transportar trigo desde Alejandría a Roma, pero fue prácticamente suspendido durante los meses de invierno. El barco que Pablo y sus compañeros abordaron probablemente fue despachado al final del tiempo favorable para viajar; y debido a que el trigo, una vez almacenado en la nave, tendía a dañarse si no llegaba rápido a su destino, tuvo que seguir a pesar del peligro.

Hechos 27:1-9 cuenta la dificultad al comienzo de la travesía debido a los vientos contrarios. Por la pérdida de tiempo, Pablo aconsejó aplazar el resto del viaje hasta la primavera (Hch 27:10). El dueño del barco y el piloto, sin embargo, no le prestaron atención, y el centurión, en vez de esperar otra nave decidió seguir con ellos. Cuando intentaron llegar el próximo puerto, una tormenta los alcanzó llevándolos a la deriva por dos semanas. Durante ese tiempo, amarraron el barco con lazos y echaron una parte de la carga y los implementos al mar para tratar de sobrevivir. Después de mucho tiempo, Pablo les habló para animarles diciendo que un ángel se le apareció y le dijo: «Pablo, no temas; es necesario que comparezcas ante César; y he aquí, Dios te ha concedido todos los que navegan contigo» (Hch 27:24). En esta ocasión, como siempre, Pablo aprovechó las circunstancias para compartir su fe con los que estaban presentes.

El decimocuarto día de la tempestad, los marineros presintieron que estaban cerca de tierra (Hch 27:27). Trataron de escapar, pero Pablo avisó y los soldados se lo impidieron. Antes de amanecer, Pablo animó a todos a tomar alimento y les repitió la promesa del ángel de que nadie iba a perecer. Luego oró delante de todos dando gracias a Dios por el pan. Se puede tener una idea del tamaño del barco, pues había 266 personas a bordo, además de la carga. Así que todos comieron y luego comenzaron a echar el resto de la carga al mar para hacer la nave lo más liviana posible.

Cuando el barco se dio contra una barra de arena y la fuerza del mar empezó a destruirlo, los soldados pensaron matar a los presos. El centurión se los impidió para salvar la vida de Pablo. Al fin, todos saltaron al mar y llegaron a tierra nadando o sobre pedazos de madera del barco (Hch 27:44).

Hechos 28: 1-7 describe cómo descubrieron que el nombre de la isla era Malta, y cómo una serpiente picó a Pablo mientras echaba leña sobre una fogata. Al ver que no murió, la gente creía que era un «dios».

Hechos 28:7-11 narra los tres meses que estuvieron en la isla. Durante ese tiempo, el padre del jefe de la isla se enfermó y Dios lo sanó cuando Pablo oró y le impuso sus manos. Después, muchos fueron sanados; se supone que Pablo predicó allí y algunos creían en el Señor (aunque el texto de Hechos no lo dice explícitamente). Al cabo del tiempo, terminaron el viaje, navegando a Puteoli, acompañados por algunos creyentes romanos que supieron que Pablo venía, llegando al fin a Roma. Pablo fue custodiado en su propia casa (probablemente arrendada) por un centurión romano.

EN ROMA. HECHOS 28:16-31

Tres días después de llegar a Roma, el apóstol convocó a los líderes de los judíos en esa ciudad. La defensa que presentó ante ellos es la sexta en esta porción de Hechos, y efectivamente reiteraba las anteriores. En el versículo 17, Pablo afirmó que no había hecho nada en contra del pueblo judío ni contra sus tradiciones, aunque sin embargo fue detenido. En los versículos 18-19, declaró que los romanos al interrogarlo, querían liberarlo, pero los judíos no se lo permitieron; por eso se vio obligado a apelar a César. En el versículo 20 concluye diciendo que está preso «por la esperanza de Israel».

Esta última frase capta la verdad del evangelio en cuanto a Israel y respecto a toda nación, pueblo y lengua. Vivimos en tiempos peligrosos, estamos rodeados de incredulidad, violencia, deshonestidad, crueldad, escasez, pestilencia y egoísmo. Todo eso causa angustia y temor en la mayoría de la gente. Algunos hasta creen que no hay solución a los problemas de la sociedad y la naturaleza. Creo que es cierto que no hay solución ni esperanza, en términos humanos, en muchos casos. No hay solución política, porque el gobierno es el reflejo del mismo pueblo. No hay solución intelectual porque la gravedad de los problemas supera nuestra capacidad para entenderlos y solucionarlos. No hay solución moral porque día a día la moralidad se va degenerando. Pero siempre, mientras haya vida, hay esperanza en Cristo Jesús. Él es la solución para todos los problemas. No es que se acaben si creemos en El, sino que en medio de cualquier problema el poder de Dios está presente para hacer de una situación malísima algo bueno (como en el caso de lo que acabamos de ver en la vida de Pablo desde su encarcelamiento hasta su llegada a Roma).

En Hechos 28:21-22, los judíos declararon que no sabían nada de las acusaciones contra Pablo, pero que habían oído hablar del cristianismo. Manifestaban que querían oír más, por lo que fijaron un día para oír a Pablo. Todo ese día, el apóstol se ocupó en explicarles el evangelio basándose en el Antiguo Testamento. Como siempre, unos creyeron y otros no. Pablo respondió con Isaías 6:9-10:

> Ve a este pueblo, y diles: De oído oiréis, y no entenderéis; y viendo veréis, y no percibiréis; Porque el corazón de este pueblo se ha engrosado, y con los oídos oyeron pesadamente, Y sus ojos han cerrado, para que no vean con los ojos, y oigan con los oídos, y entiendan de corazón, y se conviertan, y yo los sane (Hch 28:26-27).

Afirmó que Dios había enviado la salvación por medio de la fe en Jesús a los gentiles, y que ellos sí escucharían. Con esto Pablo no estaba diciendo que ningún judío iba a creer, ni tampoco que nadie debía predicar más a los judíos. Solamente estaba afirmando que, como en repetidos casos, si los judíos no creen, se predica también a los gentiles (cfHch 13:46-48; 18:6-7; 19:8-9).

El resumen de Lucas en Hechos 28:30-31 no satisface nuestra curiosidad con los detalles del resto de la vida de Pablo, pues no era el propósito de Lucas hacer eso necesariamente. Lo que sí nos relata, es que Pablo predicó y enseñó en Roma por dos años «abiertamente y sin impedimento» (Hch 28:31).

ÚLTIMAS REFLEXIONES SOBRE HECHOS

Aunque las últimas palabras del libro de Hechos nos dejan insatisfechos en cierto sentido, ellas cumplen con el propósito de Lucas en su libro: **relatar los hechos de Jesús por medio del Espíritu Santo actuando a través de sus discípulos.** Hemos seguido el hilo del Señor Jesús actuando a través de Pedro, Esteban, Felipe, Ananías, Saulo o Pablo, Bernabé, Cornelio y muchas personas más. Leímos cómo intervinieron los ángeles para realizar su voluntad y cómo Cristo habló a los personajes directamente, a través de sueños y visiones. Vimos cómo gobernadores, líderes religiosos y aun reyes trataron de impedir la voluntad de Cristo, pero en cada caso fracasaron. Leímos cómo aun la misma naturaleza, posiblemente bajo la influencia del diablo, se opuso al viaje de Pablo a Roma; pero todo fue en vano. Ahora, al final de la obra, leemos que Pablo, el testigo de Cristo, puede hablar sin impedimentos en el corazón del imperio. En resumen, Hechos narra el triunfo absoluto de Cristo y su Iglesia durante los treinta primeros años.

Hoy, veinte siglos después del día en que Lucas escribió el versículo 31 de Hechos 28, experimentamos el triunfo de Cristo y de su Iglesia. Aún hay persecuciones, tribulaciones, sufrimientos y problemas. Todavía la Iglesia avanza, experimenta gozo, victoria y la presencia constante y alentadora de Cristo. Hechos nos informa nuestros orígenes y nos anima a seguir adelante con una completa confianza en la soberanía y poder de Cristo para cumplir con su voluntad por medio de su Espíritu Santo a través de nosotros.

PREGUNTAS

1. Pablo relata su testimonio dos veces en Hechos 22 y 26. Compare sus dos narraciones con el relato en Hechos 9. Tome en cuenta a los oyentes en Hechos 22 y 26, y el objetivo de Pablo en cada caso. ¿Qué principios generales puede deducir acerca de dar su propio testimonio?

2. Use una concordancia para buscar en el Antiguo Testamento, Lucas, Hechos y las cartas de Pablo los términos clave que Pablo usó en Hechos 26:18 para resumir el evangelio. Escriba unos párrafos explicando cómo considera Pablo que en Jesús tenemos perdón de pecados, herencia entre los santos y un cambio de las tinieblas a la luz.
3. Compare el relato de la tempestad en Jonás 1 con el de Hechos 27. En ambos, la voluntad de Dios se cumplió. Escriba dos párrafos explicando las semejanzas y las diferencias entre los dos acontecimientos.
4. Compare Marcos 16:18 con Hechos 28:4-6. La crítica textual de Marcos ha descubierto que los manuscritos más antiguos de Marcos no incluyen la porción textual de Marcos 16:10-20, y concluye que quizás estos versículos fueron añadidos posteriormente al evangelio.[8] Si eso fuera verdad, ¿cree que habría alguna relación entre la narración de Hechos 28 y esta parte de Marcos 16:10-20? Haga una lista de las otras «señales» en Marcos 16, y muestre dónde en el Nuevo Testamento aparece algo semejante. ¿Cuál de las señales no aparece en ninguna parte del Nuevo Testamento? ¿Hay algo semejante a esa señal en el Antiguo Testamento?
5. Use una concordancia para buscar las veces que Pablo usó la palabra «esperanza» desde Hechos 21:17 hasta el final del libro. Escriba su opinión acerca del significado de ese término para el apóstol. ¿Es relevante aún esa esperanza que Pablo declaró para nosotros?

8 Véase Apéndice 6, y notas a pie de página en una Biblia de estudio sobre el final del Evangelio según Marcos.

Apéndice 1
«EL PROPÓSITO DE HECHOS»*

Es natural pensar que el conocimiento del propósito de un libro ayuda a su interpretación. Los pasajes difíciles en algunos trabajos literarios se hacen más claros cuando recordamos la razón global del trabajo. Al ver el propósito organizado de un libro, la relación entre una parte y la totalidad de la obra se aclara.

Por desdicha no contamos siempre con esa información; característica común de las obras antiguas. Especialmente difícil es la tarea de determinar el propósito de una narración histórica arcaica. Los historiadores del mundo antiguo tenían diversas razones para escribir; a veces razones expuestas, aunque otras encubiertas. Lo que parece un relato objetivo de personas o eventos puede llevar oculto el punto de vista del autor.

Es probable que existan más teorías acerca del propósito de Hechos que de cualquier otro libro del Nuevo Testamento. La razón de ello es el predominante carácter narrativo del libro. Los evangelios son eso, *evangelios*: escritos para proclamar al Salvador. Sin embargo, se han propuesto otros propósitos para cada uno de ellos, incluidos algunos creados en base a reconstrucciones hipotéticas de los primeros lectores.[1] Muchas epístolas tienen un

* Tomado del libro *Interpreting the Book ofActs [Interpretando el libro de Hechos]* por Walter L. Liefeld.

1 Un moderno método crítico para estudiar la Biblia se llama «crítica narrativa». Una de sus técnicas consiste en deducir las características de los primeros lectores de una obra buscando pistas en ese mismo texto. Por ejemplo, Lucas dirige su obra a Teófilo. Puesto que el nombre Teófilo es griego, deducimos que los primeros

propósito expresado, más aún para ellas existen varias teorías que profundizan bajo la superficie. Se ha visto Romanos, por ejemplo, como dirigido a la situación social de la Iglesia de Roma, manifestando metas personales del apóstol Pablo y respondiendo a cuestiones doctrinales específicas.

Si existen preguntas respecto a otros géneros relativamente sencillos de literatura bíblica, ¿En qué forma interpretaremos una obra realmente difícil como Hechos? La cuestión del propósito no es solo respecto a la obra completa, sino también a sus divisiones; daremos un par de ejemplos: las funciones de la narración de Simón el Mago, en Hechos 8, y la breve narración que sigue acerca del eunuco.

En el primer caso, es el propósito de Lucas: ¿Presentar al supuesto fundador del gnosticismo? ¿Demostrar la superioridad del poder del Espíritu? ¿Dar una joya literaria para premiar al lector de un rollo extenso? [Es decir, brindarle placer con una historieta amena.] ¿Es una manifestación del papel necesario de los apóstoles en Jerusalén, que fueron para impartir el Espíritu? ¿Es un elemento tan conectado con la llegada del evangelio a Samaria que es históricamente necesario en la narración?

El segundo caso —la conversión del eunuco— parece relatar la primera vez que el evangelio salió más allá de Palestina. Pero siguen dos capítulos largos detallando la conversión de Cornelio, el gentil. ¿Son necesarias dos historias acerca del ingreso del evangelio a los que no son judíos? ¿Hay alguna razón doctrinal para incluirlo? Quizás la cita de Isaías 53:7-8 demuestre la función del Antiguo Testamento en la predicación cristiana primitiva. O tal vez la conversión de un eunuco (ritualmente inadmisible al pueblo judío) prepare al lector para aceptar a Cornelio.

lectores eran griegos o por lo menos judíos que vivían en un ambiente helénico. La reconstrucción de las características de los primeros lectores siempre es hipotética porque no podemos saber con certeza si nuestras deducciones son correctas.

Cualquiera de las razones propuestas —y quizás otras—, puede ser correcta. El lector tiene el derecho y la responsabilidad de practicar el discernimiento en cuanto al significado de cada relato en Hechos. Pero si supiéramos precisamente por qué Lucas escribió la narración en su totalidad, entonces el propósito de estas dos historias y el beneficio que el lector debe recibir de ellas, se volverían más obvios.

CÓMO DETERMINAR EL PROPÓSITO

A la luz de todo esto, ¿Qué metodología podemos utilizar para determinar con precisión el propósito de Hechos? A continuación damos varias pautas.

1. ANALICE LA INTRODUCCIÓN

Un autor puede proveer su propósito en la introducción de la obra. La situación en Hechos es complicada ya que es el segundo de dos tomos, y abre con una afirmación que es una continuación que no menciona ningún propósito. Por eso, la introducción al primer tomo, el Evangelio de Lucas, tiene una importancia tremenda.

No es raro que Lucas planeara una obra en dos tomos. Había un límite práctico a la extensión de un solo papiro. Josefo, el historiador judío, escribiendo en la misma época que Lucas, compuso también una obra de dos tomos. Al comienzo del segundo, Josefo expresó claramente su propósito específico para ambos.[2] Tenía un objetivo distinto para cada tomo, pero los dos compartían una meta común. Esto muestra que un autor podía escribir una obra en dos tomos con un propósito global para ambos y otros distintos —aunque relacionados— para cada uno. Y puesto que Lucas no dijo nada en contra, podemos pensar que la introducción al primer tomo es válida también para el segundo.

2 Josefo, *Contra Apion, 2.* .

¿Qué podemos determinar, pues, en base a Lucas 1:1-4 acerca del propósito de la obra completa (los dos tomos), específicamente en su aplicación a Hechos? Se observa que Lucas afirmaba usar cumplidamente información de testigos oculares, a la cual tenía acceso indirecto; y que seguía una forma ordenada para redactar. Cual sea la opinión acerca del éxito de Lucas en cuanto a escribir una obra históricamente precisa, es obvio que su intención —parte de su propósito global— fue brindar una narración respetable desde todo punto de vista histórico. Esto en sí mismo, sin embargo, no explica las funciones que una narración histórica cumple; ni muestra la forma en que las funciones de Lucas y Hechos difieren entre sí.

Lucas describe los eventos que iba a narrar como «las cosas que se han *cumplido* entre nosotros» (Lc 1:1, NVI). Uno de los temas en el Evangelio de Lucas es el cumplimiento.[3] Esto incluye el cumplimento de la profecía del Antiguo Testamento (por medio de alusiones en lugar de citaciones explícitas como lo que hay en Mateo). Después de leer Isaías 61:1-2 en la sinagoga de Nazaret, Jesús dijo que la profecía fue cumplida en su presencia (Lc 4:21 Pero Lucas también contiene el cumplimiento de promesas inmediatas. Pues los pastores despidiéndose del bebé Jesús comentaron: «Todo sucedió tal como se les había dicho» (Lc 2:20, NVI). Los discípulos que fueron a buscar el asno para la entrada triunfal, lo hallaron «tal como él les había dicho» (Lc 19:32, NVI), he aquí una redacción distinta a la de los otros evangelios. Esto combinado con la frase repetida «es necesario»[4] en el Evangelio de Lucas (por ejemplo, 2:49; 4:43; 13:33), hace que el lector se haga consciente de un cumplimiento decretado de la voluntad de Dios. La

3 J.A. Fitzmyer, *The Gospel According to Luke (1-X)* [El Evangelio según Lucas], AB 28 (Doubleday, Garden City, NY, 1981), pp. 171-92; N.T. Wright, *The New Testament and the People of God* [El Nuevo Testamento y el Pueblo de Dios] (Fortress, Minneapolis, 1992), pp. 378-84.

4 Griego *dei.* Véase capítulo l.

palabra «cumplido», en el prólogo de Lucas, no es el mismo vocablo en griego que se halla en Lucas 4:21; su significado tiene una dimensión superior a lo meramente histórico. Desde el comienzo del evangelio, Lucas aclara que hay un plan para Jesús y sus discípulos; y hay un poder divino predestinando y controlando ese plan. Ese plan opera también en el período del segundo tomo de Lucas; pues los acontecimientos resultan como continuación de lo que Jesús comenzó a hacer y enseñar (Hch:1:1). Concluimos así que el prólogo implica que Lucas escribió para demostrar el plan de Dios desenvolviéndose en la vida de Cristo y en la Iglesia temprana. Para él, la historia tenía un significado divino.

Aquello era un propósito *implícito*, derivado de la redacción de su prólogo y un tema en la narración. Por otra parte, Lucas ofrece su propósito *explícito* en la conclusión del prólogo: Que Teófilo llegue «a tener plena seguridad» de las cosas que había aprendido (Lc 1:4). Este propósito parece concordar más a primera vista con el evangelio que con Hechos. Pero Hebreos nos da una pista que aplica también a Hechos: «La cual [esta salvación], habiendo sido anunciada primeramente por el Señor, nos fue confirmada por los que oyeron, testificando Dios juntamente con ellos, con señales y prodigios y diversos milagros y repartimientos del Espíritu Santo según su voluntad» (Heb 2:3b-4, NVI). La frase «señales y prodigios» ocurre en Hechos nueve veces (2:19, 22, 43; 4:30; 5:12; 6:8; 7:36; 14:3; 15:12). Parece claro que Lucas incluyó evidencia fuerte y repetida en cuanto a que la salvación de Dios fue «confirmada» en Hechos por señales y prodigios, no solamente en el evangelio por medio de los milagros de Jesús. Es más, la recepción del evangelio por los gentiles,[5] descrita en Hechos, hubiera animado a Teófilo (probablemente un gentil) a tener confianza en las verdades que había aprendido.

5 Véase H.C. Kee, *Good News to the Ends of the Earth: The Theology of Acts* [Buenas nuevas hasta lo último de la tierra] (Trinity Press International, Philadelphia; SCM, Londres, 1990), esp. Pp. 42-69, 95-107.

2. IDENTIFIQUE AL LECTOR HISTÓRICO

Una manera deductiva, aunque útil de determinar el propósito de una obra, es montar el cuadro de los primeros lectores. Se puede hacer esto en varias formas.

Podemos tratar de localizar el autor en un área geográfica, basada en nuestro conocimiento de él y de su trasfondo, y especular cómo era la comunidad de personas para quienes escribió. Por ejemplo, si suponemos que Lucas fue oriundo de Antioquía de Siria y que mantuvo sus contactos, posiblemente escribió su obra para la comunidad de creyentes de esa entidad.

Podemos buscar al lector dentro del mismo texto. ¿Habrá pistas que nos aclaren algo acerca de los primeros lectores que podamos adquirir inductivamente del texto? ¿Revela el texto suposiciones que el autor parece tener acerca de los lectores?[6] Estas pueden ser compartidas entre autor y lector o ser características de este último únicamente. Tales asuntos son más difíciles de discernir en una narración que en una epístola.

En el caso de Hechos, el prólogo, como el de Lucas, identifica al lector principal: Teófilo. ¿Habrá una comunidad de lectores representados por Teófilo? El nombre es griego, indicando que pertenecía a una familia judía helenizada o a una no judía. Teófilo tenía algún conocimiento del Evangelio de Cristo. Lucas 1:4 indica que escribió para que esta persona (y el grupo que representa) con la seguridad de lo que se había cumplido entre ellos, cosas que ya había oído. Considerando otros aspectos como la mención frecuente de Jerusalén cual la ciudad meta de Jesús en Lucas (9:31, 51; 13:22, 33; 17:11, 18:31, 19:11, 28,41), y el énfasis fuerte en las defensas de Pablo sobre su doctrina judía ortodoxa (Hch 22:3; 23:6; 26:4-5), podemos suponer que el lector se identifica con el judaís-

6 Véase M.A. Powell, *What is Narrative Criticism?* [¿Qué es el criticismo narrativo?] GBSNTS (Fortress, Minneapolis, 1990).

mo. De otra manera, la prominencia que Lucas da a los gentiles, especialmente a los «temerosos de Dios» (por ejemplo, su descripción de los centuriones en ambos libros, Lc 7:4-9 y Hch 10:1-2, 22), sugiere que los lectores eran gentiles y temerosos de Dios. Si Lucas presentó a Cornelio, no solamente porque era un gentil o símbolo de todos los que no eran judíos, sino porque representaba a los gentiles que se convencieron de las creencias éticas y teológicas del judaísmo, entonces los dos capítulos que detallan su conversión hablan de lectores que tenían un interés especial o una conexión con los temerosos de Dios. Además, es posible que (sin descartar razones teológicas) la mención repetida de las visitas de Pablo a las sinagogas en cada ciudad —a pesar de ser rechazado en cada una por los líderes judíos— agradaría a los gentiles temerosos de Dios, pues las sinagogas los atraían más que los mismos líderes judíos.

Puesto que el propósito y los lectores se relacionan, notamos otra característica que afecta a ambos. Hay una paradoja aparente entre el esfuerzo de Lucas por comprobar que el cristianismo estaba enraizado en el judaísmo, cosa que en verdad aumentaba en vez de restringirla, y su énfasis en la misión a los gentiles. ¿Contiene el propósito de Lucas una paradoja?

3. SIGA EL PLAN (TRAMA)[7] DE LA COMPOSICIÓN

Una tercera manera de determinar el propósito de una narración es seguir el hilo de la historia cuidadosamente. Esto incluye observación de: (a) la dinámica de la trama con sus cimas y profundidades, (b) la frecuencia y naturaleza de las referencias a personas, especialmente los diálogos y discursos, (c) el significado de lugares, y (d) los matices semánticos, así como la frecuencia de las palabras. Varios ejemplos de los primeros capítulos de Hechos demostrarán esto.

7 Uso el término trama para el desenlace de la narración dentro de una historia.

En el capítulo uno, la respuesta de Jesús a la pregunta de los discípulos acerca del futuro no solamente los instruía respecto a su misión, sino que parece proveer a los lectores una estrategia o programa («Jerusalén ... los fines de la tierra», Hechos 1 :8), que puede crear una expectativa en cuanto a que Hechos fue escrito para relatar el cumplimiento de este programa. Pero realmente, Hechos concluye con Pablo en prisión, mucho antes de alcanzar «los confines de la tierra».

El discurso de Pedro el día de Pentecostés (Hch 2) explica el significado de los eventos que acompañaron al derramamiento del Espíritu. El significado, expresado en las palabras de Joel 2:28-32, se relaciona con la profecía en la Iglesia, las señales celestiales y una salvación disponible para todos. El discurso sigue afirmando el plan divino en la crucifixión, resurrección y exaltación de Cristo, y concluye con un llamado al arrepentimiento (2:38-40). Lucas emplea el discurso para introducir el tema de la salvación, tan prominente en el evangelio como en Hechos. También presenta otros temas que son importantes en el resto del libro de Hechos.

Los capítulos tres y cuatro afirman el significado e importancia del nombre de Cristo resucitado y ascendido (3:6, 16; 4:7, 10, 12, 17, 18, 30), mencionado tanto por los que promueven el evangelio como por sus detractores. En 4: 12, el nombre se vincula a la salvación, confirmando otra vez su importancia. El nombre de Cristo aparece en muchos lugares en el resto de Hechos también (2:21, 38; 5:28, 40, 41; 8:12, 16;9: 14, 15, 16, 21, 27, 28; 15:17, 26; 16:18; 19:5, 13, 17; 21: 13; 22: 16; 26:9). ¿Le da esto significación al tema de la cristología en cuanto al propósito de Hechos o es simplemente lo que esperaría de cualquier libro del Nuevo Testamento?

El capítulo cinco describe varios eventos milagrosos y concluye con una afirmación resonante acerca de la predicación de Cristo a pesar de la persecución. Esto es importante y expresa el propósito de la misión de los discípulos, pero ¿Es el propósito del libro en su totalidad? Los episodios acerca del cuidado de las viudas de habla griega y el discurso y martirio de Esteban en los capítulos seis y siete tienen gran importancia. La atención dada a las viudas es parte de una serie de transiciones en Hechos; el discurso y martirio de Esteban destacan la tensión entre la Iglesia temprana y los judíos.

Aunque los capítulos cinco al siete no demuestran el tipo de matiz que indica un propósito global, la narración que sigue inmediatamente a la muerte de Esteban sí. Primero, Lucas menciona que Saulo estuvo allí, lo cual es una afirmación importante. Segundo, se había renovado la persecución, después de la cual «Los que se habían dispersado predicaban la palabra por dondequiera que iban» (8:4, NVI). Esto hace regresar al tema de la persecución y el progreso consecuente de la Iglesia, y recalca la afirmación de Jesús en 1 que daba el plan para el avance de ella. Por eso vemos una revelación deliberada del progreso de la misión del evangelio que Jesús mandó. La conversión y los viajes misioneros de Pablo verdaderamente continúan este tema. ¿Es suficiente, todo esto, para establecer un propósito para el libro? ¿O tenemos que concluir en este punto que la trama de la narración en *sí misma* no constituye evidencia suficiente para determinar el propósito global del libro?

OBSERVE LA CONCLUSIÓN

Habiendo examinado la introducción y los primeros capítulos de la narración, nos preguntamos si los capítulos finales proveen alguna indicación del propósito del libro. ¿Por qué dedica Lucas tanto espacio a los juicios de Pablo? El papiro no era barato y los rollos tenían sus limitaciones. ¿Era necesario relatar los juicios en tanto detalle? ¿Es un paralelo con el juicio de Jesús —al final del evangelio—, lo que muestra que ambos —Jesús y Pablo— eran inocentes, y que la actitud de los romanos fue favorable a ellos? ¿Hay alguna vindicación de Pablo?

La pregunta anterior se puede aplicar al cristianismo completo. ¿Será que la secuencia de juicios al final de Hechos justificaba al cristianismo en alguna manera? ¿Era ello una defensa del cristianismo como religión legítima en el Imperio Romano? ¿Justificaba ello la misión cristiana? ¿O trataba con la Iglesia y el judaísmo? Pablo afirmó ante Félix: «Estoy de acuerdo con todo lo que enseña la ley y creo lo que está escrito en los profetas» (Hch 24: 14b, NVI); y ante Festo expresó: «No he cometido ninguna falta, ni contra la ley de los judíos ni contra el templo ni contra el emperador» (Hch 25:8, NVI).

Hay otro suceso significativo, frecuentemente ignorado en la discusión del propósito, al puro final de Hechos. Podría denominarlo un repaso de los juicios. En Roma, Pablo convocó a los líderes de los judíos a una reunión. Allí repitió sus manifestaciones de inocencia por «no haber hecho nada contra mi pueblo ni contra las costumbres de nuestros antepasados», y relata la historia de sus juicios. Pablo y los líderes señalaron un día para hablar más, pero un día completo de discusiones no logró un acuerdo, por lo que Pablo citó Isaías 6:9 y 10: «Ve a este pueblo y dile: por mucho que oigan, no entenderán ... porque el corazón de este pueblo se ha vuelto insensible». Su declaración concluye así: «Por tanto, quiero que sepan que esta salvación de Dios se ha enviado a los gentiles, y ellos sí escucharán» (Hch 28: 17-28, NVI).

Esta penúltima conclusión (a la que sigue una afirmación última) enfoca el asunto del pueblo judío. Acá los variados temas y eventos del libro de Hechos parecen centrarse en el rechazo de los judíos al mensaje de Pablo y su misión a los gentiles. ¿Es posible que el libro entero explique esa circunstancia? En verdad es un asunto importante de Hechos, pero no explica por qué se incluyeron tantos episodios y discursos que no estaban relacionados con ese tema.

La última oración de Hechos parece llevarnos un paso más adelante: «Y predicaba el reino de Dios y enseñaba acerca del

Señor Jesucristo sin impedimento y sin temor alguno» (Hch 28:31 , NVI). En el griego, la última palabra en Hechos es «sin impedimento» (*akôlutôs* «libremente»). ¿Nos acerca esto a nuestro destino? ¿Nos muestra ello que, a pesar de la incredulidad y la oposición, especialmente por parte de los judíos, el evangelio alcanzaría «lo último de la tierra»? ¿Es esto una demostración de la soberanía de Dios en la misión de la Iglesia?

CONSIDERE LAS CARACTERÍSTICAS LITERARIAS

¿Indican las características literarias de Hechos cierto tipo de lector? Parte del libro es divertido. No hay que negar su precisión histórica para apreciar el empleo de métodos literarios que utilizaban también las novelas antiguas. ¿Apeló Lucas en parte a los lectores ejercitados en literatura, esperando que aprendieran el evangelio mientras leían una obra encantadora? ¿Alcanzarán estas clases de relatos —controversia, naufragio, viajes y otros—, a un tipo de lector más que a otro? En cuanto a todo eso, son difíciles de concretar los valores subjetivos, como las tendencias teológicas; además, no tienen igual valor que otros métodos de investigación.

Hechos no es puramente narrativo; los discursos también comparten un lugar amplio. Los discursos comunican mucha teología y también el mensaje del evangelio. Los discursos de Esteban al sanedrín y de Pablo a los ancianos de Éfeso, en especial, tratan asuntos serios que no caben fácilmente en una historia leve. El estilo literario de Hechos es demasiado complejo para soportar solo una teoría de propósito.

CONSIDERE LOS TEMAS DOMINANTES

Hay un número de temas significativos en Hechos. Los temas solos no indican propósito, pero cuando los notamos, podemos entender mejor lo que era importante para Lucas mientras escribía. Así nos hace más sensibles a su propósito. Por lo tanto, cualquier objetivo sugerido que contradiga los temas enfatizados en Hechos es inválido. El propósito verdadero de Lucas se ajusta al poder del nombre de Cristo, al poder del Espíritu Santo, al soberano plan de Dios y otros temas plasmados en el libro.

TEORÍAS ACERCA DEL PROPÓSITO

Una teoría acerca del propósito de Hechos no tiene que excluir otra. Es legítimo buscar propósitos secundarios aun donde el principal es indiscutible, más en Hechos donde hay diversos propósitos posibles.

1. Una sugerencia con poca probabilidad es que Lucas simplemente escribió *para proveer a la Iglesia una historia desde su comienzo.* La introducción de Lucas, la relación compleja con los judíos y los discursos extensos, descartan esta conclusión. Además, se esperarían más detalles interesantes acerca de los líderes y sus actividades.
2. Sin embargo, Lucas escribía, en forma consciente, *un relato histórico preciso*, por una parte, para suplir la necesidad de Teófilo (y otros) para tener un reporte confiable que les diera certeza acerca de su fe.
3. Puesto que Hechos se relaciona con el Evangelio de Lucas, es posible que el autor tuviera un *propósito evangelístico*, por lo menos secundario. Su manera divertida de contar la historia atraería tanto a cristianos como a no creyentes. Las predicaciones podrían evangelizar a los lectores no creyentes, igual que a los primeros oyentes.
4. Hechos claramente tiene valor *apologético*. Tal vez no es tanto una defensa de Pablo, sino más bien una respuesta a las acusaciones que el cristianismo no debe tolerar. Las repetidas veces que Pablo (igual que Jesús) enfrentó oposición tienen significado. Lucas aclara que Pablo habría estado libre si no hubiera apelado a César al final de sus

juicios; también muestra que Pablo fue justificado (formal o informalmente) en otras ocasiones. En Filipos lo encarcelaron, pero luego los magistrados le pidieron disculpas cuando supieron que era ciudadano romano (Hch 16:35-40). Galión, procónsul de Acaya, decidió no oír los cargos contra Pablo en Corinto (Hch 18:12-17). Pablo respondió varias veces a las acusaciones de que enseñaba cosas contrarias al judaísmo. También tomó un voto sugerido por amigos que querían oponerse a las acusaciones de los judíos. Hay un tono de ataque y también de defensa en Hechos, comenzando con la afirmación agresiva de que Dios vindicó a Cristo, continuando con la defensa de Esteban (que fue prácticamente ofensiva), incluyendo las varias controversias con judíos y paganos, y terminando con las diversas defensas de Pablo y su uso atrevido de Isaías 6:9 y 10.

5. La resolución de uno o más asuntos teológicos podría proveer una razón adecuada para que Lucas escribiera Hechos. Un asunto podría ser *la identidad del pueblo de Dios*. Si el camino cristiano es verdadero, ¿Entonces qué ocurre con Israel? Si se debate sobre la actitud de Lucas hacia los judíos, ¿Qué relación debe haber entre creyentes, sean judíos o gentiles? ¿Cómo se relaciona con esto el decreto apostólico posterior al concilio de Jerusalén (Hch 15)? ¿Quiere Lucas justificar la misión de Pablo a los gentiles? La conclusión de Hechos podría tener ese significado.
6. El texto de Hechos no indica que Lucas tratara de *dar un modelo de evangelismo cristiano, misiones y vida eclesiástica.* Sin embargo, muchos lectores han tratado de usar Hechos en esta manera. Ciertamente el libro tiene gran valor para entender la práctica de la Iglesia primitiva, pero no parece que Lucas lo escribiera solo para informar a las generaciones venideras de esas prácticas. En realidad,

> Hechos tiene muy poca información acerca de la organización y práctica de la Iglesia. Hay pautas y modelos en la estrategia misionera de Pablo que se pueden considerar como principios, pero es más importante reconocer que los primeros cristianos fueron motivados y guiados por el Espíritu Santo. No fue un movimiento meramente humano. Si Hechos establece un modelo, no es precisamente en el área de los métodos, sino en el de las metas (aunque todavía no hemos alcanzado lo último de la tierra), y el del poder. El Espíritu Santo continúa lo que Jesús empezó a hacer, aun hoy.

CONCLUSIÓN

Quizás lo más importante en la búsqueda del propósito de Lucas sea reconocer que la evidencia es múltiple. El libro de Hechos es complejo, su teología es rica y la misión de la Iglesia es amplia. No es necesario para el intérprete descubrir un solo propósito dominante; en verdad, esto podría ocultar otros propósitos secundarios e hilos diversos en el libro. Si Lucas quería proveer una defensa para la Iglesia durante un período de controversia y oposición, y si apoyó el esfuerzo exponiendo asuntos de identidad del pueblo de Dios; también habría podido atender conscientemente a las necesidades de Teófilo y otros temerosos de Dios. Hechos ofrece bases extensas de seguridad en la fe por medio de la dedicación de los siervos de Dios y la obra poderosa del Espíritu en el nombre de Cristo. Y si Lucas pensaba en eso, habría podido pensar también en motivar a la Iglesia a persistir hasta lo último de la tierra, a pesar de todo obstáculo.

La búsqueda del propósito de Hechos abre nuestros ojos ante la inmensa riqueza y diversidad del libro. Nos hace notar aspectos y verdades que de otra manera habríamos pasado por alto. Cuando indagamos el significado de un pasaje en Hechos y luchamos para aplicarlo a nuestra vida, es fácil desviarnos por un camino extraño. Es normal estudiar Hechos para encontrar pautas en cuanto al gobierno de la Iglesia, la adoración cristiana, una estrategia misionera o una guía para la vida individual. Varios movimientos de «restauración» han afirmado seguir el «modelo» de la Iglesia temprana. Por supuesto, toda Escritura es verdadera y útil, aun un solo versículo que describa la manera en que la Iglesia temprana hizo algo es digno de notar. Pero es un error enfocarse en un solo versículo, pensando recobrar el cristianismo bíblico. Si esta búsqueda del propósito de Hechos logra algo, es mostrarnos cómo ver la Iglesia temprana clara y verdaderamente. Nos guarda de movernos en dirección contraria al corazón y propósito de Hechos. No debemos movernos individualmente o como Iglesia en una dirección que no concuerde con cualquiera de los propósitos de Hechos. De esta manera, la búsqueda de propósito puede guiar al intérprete de Hechos, aun si no hubiera una sola respuesta definitiva.

PREGUNTAS

1. ¿Con qué propósitos fue escrito Hechos?
2. ¿Qué podemos aprender de la búsqueda de un propósito parael libro de Hechos?

Apéndice 2
«EL GÉNERO DE HECHOS» [1]

El género literario[2] de Hechos —el segundo volumen de la obra en dos tomos que escribiera Lucas— se parece mucho al del evangelio del mismo autor. Esto no nos sorprende. La manera en que Hechos 1: I nos hace recordar el prólogo del Evangelio según Lucas indica que los versículos 1-4 del primer capítulo del evangelio se aplican a ambos tomos. Si el título «biografía teológica» contiene la esencia del evangelio, entonces «historia teológica» (es decir, una narración de eventos interrelacionados en un tiempo y lugar determinados, escogidos para comunicar una verdad teológica) sería el título que mejor caracterizaría a Hechos. En vez de enfocarse en un personaje principal, como hace una biografía, Hechos amplía su visión para presentar episodios clave de las vidas de varios líde-

1 Tomado del libro *Introduction to Biblical Interpretation* [Introducción a la interpretación bíblica] por Klein, Blomberg y Hubbard. [Este artículo en Inglés tiene muchas notas a pie de página que se refieren a obras académicas en Inglés. No he incluido todas estas notas en la traducción, pensando que no serviría a la mayoría de los lectores de este libro. El lector que tiene interés debe conseguir el libro en Inglés para tener acceso a la amplia y buena bibliografía y referencia académicas. Notas explicativas como ésta están en corchetes, y son comentarios del traductor, no del autor del original]

2 [El género literario de una obra realmente es una descripción del tipo de literatura que es. Por ejemplo, un artículo periodístico se escribe en una forma muy diferente a como se hace una carta personal o un manual de instrucciones para una máquina. El género literario se divide en dos grandes clases: poesía y prosa. Hechos, obviamente, es prosa. La prosa, a su vez, también se divide en: historia, biografía, drama, obras científicas, etc. Entre todos los libros del Nuevo Testamento, Hechos es más semejante a los libros históricos del Antiguo Testamento (Josué, 1 y 2 Samuel, 1 y 2 Reyes, etc.).]

res de la Iglesia primitiva. Sin embargo, el título «Hechos de los Apóstoles» no es el más apropiado para el libro, porque diez de los doce desaparecen poco después del primer capítulo. La mayoría de la narración de Hechos se concentra en Pedro y Pablo. Luego, los personajes secundarios como los diáconos Esteban y Felipe, reciben menos atención. «Los Hechos del Espíritu Santo» sería el título más descriptivo puesto que Lucas presenta la venida del Espíritu el día de Pentecostés y la llenura subsiguiente de los creyentes como el acontecimiento clave que provoca el nacimiento y desarrollo de la nueva comunidad cristiana.

Igual que con los evangelios, muchos intérpretes de Hechos erróneamente niegan que se puede mezclar teología e historia en una obra. De otra manera, algunos conservadores que estudian este libro se preocupan por indagaciones arqueológicas y otras investigaciones, esperando establecer confianza en Hechos como documento histórico. Pero al hacerlo, pierden de vista el proyecto teológico, que era lo principal en la mente de Lucas. Los estudiantes liberales parecen ser más sensibles a las intuiciones teológicas de Lucas, aunque sostienen sin necesidad que contradice a los otros evangelios, las epístolas de Pablo y los datos históricos. Una tercera y relativamente nueva manera de acercarse al estudio de Hechos es pasar por alto la teología y la historia de la obra, enfatizando las figuras que adornan al libro; lo que habría entretenido al lector del mundo antiguo. Es así que leen el libro de Hechos, como una novela quijotesca que solo incluye detalles para aumentar el placer y deleite de los lectores.

SU SIGNIFICADO EN CUANTO A INTERPRETACIÓN

Creemos que es posible utilizar los tres enfoques interpretativos —histórico, teológico y literario— sin competir entre sí, sino complementándose. La evidencia total de la precisión histórica de Hechos prevalece; abundan los detalles acerca de personas, lugares y costumbres. Pero en su evangelio, Lucas no relató la historia como un fin en sí mismo; más bien lo hizo para enseñar a los lectores lo que Dios lograba en el mundo y lo que mandaba hacer a los creyentes a través de los eventos narrados. Además, Lucas escribió dramática y vívidamente, como los autores de otros «hechos» del mundo grecorromano (incluidos los «hechos» apócrifos, escritos años después acerca de varios apóstoles y de incierto valor histórico).[3] Así que no es necesario buscar la importancia teológica de cada detalle microscópico. Por ejemplo, la historia del viaje marítimo de Pablo y el naufragio en Hechos 27 es rica en detalles propios del mar; pero la aventura no parece tener un propósito teológico, sino dramático.

PIENSE VERTICALMENTE[4]

Es probable que Lucas compusiera Hechos en forma semejante al evangelio: combinando información proveniente de relatos breves escritos de acuerdo a lo que narraban algunos de los testigos de eventos relacionados. Además, en varias partes, su redacción cambia de tercera a primera persona del plural («nosotros» hicimos tal o cual cosa), lo que implica que Lucas estaba presente y viendo los acontecimientos descritos en esos momentos. Pero Lucas redactó e integró su material minuciosamente para crear una obra coherente. De allí que la crítica —en cuanto a las fuentes o la redacción— que pretende comparar la forma canónica de Hechos con fuentes anteriores sea altamente dudosa, pues no contamos con libros pa-

3 [Relatos históricos llamados «hechos» fueron relativamente comunes fuera y dentro de la Iglesia cristiana. Entre muchos, los más cercanos al primer siglo después de Cristo son: los hechos de Andrés, Juan, Pablo, Pedro y Tomás.]

4 [El autor de este capítulo usa el término «pensar verticalmente» para indicar la comparación entre un pasaje y otros similares en el **mismo libro**. «Pensar horizontalmente» significa comparar un pasaje en un libro, con otros pasajes semejantes en **otros libros;** como por ejemplo comparar el milagro de la alimentación de los 5,000 en Mateo, Marcos, Lucas y Juan.]

ralelos a este como los que tenemos en cuanto a los evangelios, por lo que no podemos pensar horizontalmente.

De otro modo, tenemos una riqueza de material que nos permite pensar verticalmente. El bosquejo general de Hechos es más sencillo que cualquiera de los evangelios. Entendemos Hechos I :8 como un programa teológico en cuanto al propósito de Lucas. El desea narrar episodios seleccionados y relacionados con el crecimiento geográfico y cultural del cristianismo para presentar el evangelio como un mensaje para toda la gente. Por eso Lucas comienza la historia con una descripción de los primeros seguidores de Jesús, como los judíos que vivían en la capital política y cultural de Israel: Jerusalén. Pero la historia termina después de treinta años, más o menos, con el evangelio sembrado sólidamente en Roma, el centro político y cultural del imperio que dominó a Europa y el Oriente Medio en el primer siglo. Y en ese breve tiempo, el cristianismo fue transformado de una comunidad casi exclusivamente judía a una creencia primordialmente de gentiles en todo el imperio.

Seis veces destaca Lucas lo que parecen ser divisiones principales de la narración, las cuales organizan el crecimiento del cristianismo (6:7; 9:31; 12:24; 16:5; 19:20; 28:31). Cada uno de estos resúmenes se refieren a la Palabra del Señor creciendo y extendiéndose. Por eso un buen bosquejo sería el siguiente:

I. La misión cristiana a los judíos (1:1—12:24)

   A. La Iglesia de Jerusalén (1:1—6:7)B.
   B. La Iglesia en Judea, Samaria y Galilea (6:8—9:31)
   C. Avances en Palestina y Siria (9:32—12:24)

II. La misión cristiana a los gentiles

   A. Primer viaje misionero de Pablo y el Concilio de Jerusalén (12:25 – 16:5)

B. Alcance extenso mediante los otros viajes de Pablo (16:6— 19:20)
C. A Jerusalén y luego a Roma (19:21—28:31)

Así que, para interpretar correctamente un episodio específico en Hechos, primero tenemos que ubicarlo en el bosquejo que Lucas expone y en los temas que desarrolla. Esto nos ayudará a ver los propósitos principales de Lucas y a evitar fijarnos en aquellos elementos secundarios del episodio que el autor ni siquiera pensaba atender. Dos ejemplos excelentes aparecen en el capítulo 8. Los episodios principales de este capítulo comprenden: (1) La conversión y el bautismo de los samaritanos y de Simón el Mago (8:5-25), y (2) la conversión y el bautismo del eunuco de Etiopía en el camino a Gaza (8:26-39). A la luz de los debates modernos acerca del bautismo en agua, el bautismo en el Espíritu y la seguridad eterna, los lectores de Hechos hoy suelen formular preguntas como: ¿Por qué no vino inmediatamente el Espíritu cuando los samaritanos creyeron a Felipe? ¿Fue realmente salvo Simón el Mago o perdió su salvación? ¿Es significativo que Felipe bautizara al eunuco tan pronto encontró suficiente agua?

Aunque son preguntas legítimas, probablemente ninguna de ellas se le ocurrieron a Lucas mientras escribía este capítulo de Hechos. Este pasaje yace en la sección del bosquejo que detalla la forma en que el evangelio empezó a extenderse más allá del territorio exclusivamente judío. De modo que los dos atributos sobresalientes de Hechos 8 son la aceptación del mensaje de Felipe primeramente por los *samaritanos* y luego por un *eunuco*, ambos considerados ritualmente inmundos por los judíos ortodoxos. Así que la aplicación básica de Hechos 8 a la vida cristiana de hoy no debe enfocarse en el tiempo de la llegada del Espíritu Santo y su manifestación, ni tampoco en debates sobre cuánta agua se necesita para el bautismo o cuán rápido se debe bautizar a un nuevo creyente. De otra manera, este texto debe llamar la atención de todos los cristianos hoy para averiguar quiénes son los samaritanos y los eunucos en nuestro mundo. El ministerio cristiano tiene que atender a los abandonados y desechados de su sociedad, como, por ejemplo: los enfermos de SIDA, las madres solteras, *los gamines* o niños de la calle, los homosexuales y las prostitutas.

Pensar verticalmente implica además tratar a Lucas y Hechos como una sola obra literaria. Un énfasis teológico o literario que pueda identificar el Evangelio de Lucas probablemente identificará también a Hechos, y se debe prestar atención especial a ello. Esta categoría seguramente abraza el tema ya destacado de la compasión de Jesús por la gente desechada. También el énfasis de Lucas en el Espíritu Santo y la oración en las vidas de los creyentes. Asimismo, no debemos pasar por alto los textos que relatan la manera en que la Iglesia se reunía como comunidad para orar por la dirección de Dios, buscando estar unánimes (1:14; 2:46; 4:24; 5: 12). En esta época, cuando muchos cristianos afirman en voz alta su deseo de imitar a la Iglesia primitiva, pocos siguen el proceso de hacer decisiones que busquen la unanimidad a través de reuniones prolongadas de oración de toda la Iglesia. Sin embargo, ese es el patrón congruente de Hechos.

Cuando comparamos Lucas con Hechos, podemos también discernir paralelos en cuanto a estructura y tema, aun sin comparar Lucas con los otros evangelios. Con frecuencia, los discípulos en Hechos imitaban de cerca alguna faceta de la vida del Señor descrita en Lucas. Considere, por ejemplo, algunos de los primeros milagros en Hechos. La historia de Eneas (Hch 9:32-35) es semejante a la narración de Lucas 5:17-26, cuando Jesús sanó al paralítico; hasta la palabra «levántate» aparece en ambos. Levantar a Tabita de la muerte (Hch 9:36-43) corresponde en forma asombrosa al episodio cuando Jesús levantó a la hija de Jairo en Lucas 8:40-

42, 49-56. En efecto, las palabras de mando en arameo quizás variaban solo en una letra: Talitha cum (Niña, levántate) y Tabitha cum (Tabita, levántate).

Comparemos los capítulos finales de Lucas con Hechos. El evangelio termina con un enfoque extenso y detallado sobre los sufrimientos y muerte de Jesús. En verdad, Lucas 9:51 presenta el tema del viaje de Jesús hacia Jerusalén y la cruz antes que los otros evangelios. Hechos también mengua la velocidad de la narración para enfocarse en el viaje final y fatal de Pablo a Jerusalén, y en los sufrimientos y prisión que le esperaban en Cesarea y Roma. No sabemos si Lucas escribió antes o después de la muerte de Pablo, pero es seguro que vio paralelos en las etapas finales de ambos, Jesús y Pablo. Estas semejanzas entre Lucas y Hechos muestran que Lucas vio la vida de un discípulo fiel como una imitación de la de Cristo, tanto en poder espiritual como en sufrimientos. Lo que fue verdad para Pablo debe serlo para nosotros también. Por desdicha, la combinación de estos dos temas (poder espiritual y sufrimiento) no se halla en el cristianismo contemporáneo; los que enfatizan el uno con éxito usualmente pasan por alto el otro.

SIGNIFICADO DE PENTECOSTÉS

La interpretación correcta de Hechos exige una comprensión del significado de los eventos de Hechos 2. Ello representa el punto de contacto entre la época del pacto con Moisés y la del nuevo pacto, hecho posible por la muerte expiatoria de Jesús, su resurrección victoriosa y su exaltación a la diestra del Padre (Hch 1:1-11). Una exégesis cuidadosa exige un punto de vista intermedio entre los extremos del dispensacionalismo tradicional y la teología del pacto sin modificación.[5] En otras palabras, el estudiante tiene que

5 [Estos dos términos teológicos denominan dos maneras modernas de entender la relación entre el Antiguo y el Nuevo Testamentos. El dispensacionalismo enfatiza básicamente las diferencias entre los dos: Israel es el pueblo de Dios en el Viejo, la

evitar interpretaciones que exageren la continuidad o la discontinuidad entre las dos épocas. Según Lucas, el sermón de Pedro acerca del cumplimiento de la profecía en Joel 2:28-32 (Hch 2:14-21) indica que, desde ese momento en adelante, los creyentes tendrían un nuevo poder antes inaccesible. Por ejemplo, el bautismo en el Espíritu de todos los creyentes (2:38-39, cf 1 Co 12:13) y el fenómeno de las lenguas (2:5-12; 10:44; 19:4-7) señalan una ruptura impresionante con la época del Antiguo Testamento. Aunque no lo reconozcan enseguida, estos primeros cristianos llegan a creer que los creyentes tanto judíos como gentiles no tenían que observar las leyes del Antiguo Testamento apañe de su cumplimiento en Cristo (10:1-11: 18; 15:1-29). Así que no se puede aceptar el relato de Hechos 1:22-26, por ejemplo, como un patrón de la manera en que un cristiano debe tomar decisiones. Aunque las «suertes» eran una práctica común en la época del Antiguo Testamento (LV 16:8; Nm 26:55; Neh 10:34), nunca vuelve a aparecer en el Nuevo. En verdad, el regalo del Espíritu que sucede inmediatamente después de este episodio tal vez sea lo que debe reemplazar al método de echar suertes en cuanto a la toma de decisiones por los cristianos.

Por otro lado, los intérpretes tienen que cuidarse al establecer una división demasiado grande entre los tiempos pre y post Pentecostés. Aunque no usamos «suertes» hoy, no debemos acusar a los primeros discípulos de cometer error cuando emplearon ese método.

Iglesia en el Nuevo, la ley es del Viejo, la gracia del Nuevo. La teología del pacto representa la rama reformada de la Iglesia moderna y enfatiza las semejanzas entre Antiguo y Nuevo Testamentos: la Iglesia es la nueva Israel (una continuación del pueblo de Dios), aun la ley es una manifestación de la gracia. El dispensacionalismo enfatiza la discontinuidad entre el Antiguo y el Nuevo Testamentos; mientras la teología del pacto enfatiza la continuidad. La posición del autor de este capítulo (y el de este libro) es que hay aspectos de ambos, continuidad y discontinuidad. Los elementos que unen el Antiguo con el Nuevo es el reino de Dios, manifestado en diferentes formas a través de la historia; y Jesucristo, el Rey, en quien toda profecía se cumple, y sobre quien toda promesa está consumada.]

La idea de que Pablo fue seleccionado por Dios para reemplazar a Judas en lugar de Matatías no tiene apoyo exegético en el texto del Nuevo Testamento. Y el entusiasmo por la oración y la unanimidad que precedió al uso de la suerte continúa después de Pentecostés.

Al no exagerar la discontinuidad entre la época antigua y la nueva, el estudiante debe también esforzarse por apreciar el valor positivo de Hechos como un relato de un período de transición. Por supuesto, Hechos sí describe una transición. En aquel momento los discípulos todavía no apreciaban su libertad en Cristo, por lo que debemos tener precaución y no imitar su comportamiento siempre. Por ejemplo, cuando los judíos en Jerusalén insistían en que Pablo continuara apoyando el culto de los sacrificios (Hch 21:17-26). Las pistas que Lucas, el narrador, nos da acerca de la aprobación de Dios o su desaprobación alientan nuestra precaución. Como ocurre con muchas secciones de la narración histórica del Antiguo Testamento, los estudiantes deben buscar pistas que el mismo texto presente acerca de si el relato es un ejemplo bueno, neutral o malo. En comparación con la literatura didáctica, la narración frecuentemente enseña en una forma menos directa, aunque todavía es normativa; solo tenemos que cuidarnos de discernir en forma correcta la intención original del texto. Por lo menos, el lector no debe ver Hechos 21:17-26 como un modelo totalmente positivo, pues el resultado del plan es contrario a lo esperado (27-36).

De otra manera, esto no es cierto en los relatos de Lucas acerca de la manera en que los primeros cristianos tenían todas las cosas en común. Aunque algunos alegan (sobre todo los más pudientes) que los experimentos de compartir bienes entre la comunidad (2:44-45; 4:32-37) fracasaron, Lucas los presenta como mode los positivos. La descripción de los resultados es así: «Y el Señor añadía cada día a la iglesia los que habían de ser salvos» (2:47), y «abundante gracia era sobre todos ellos. Así que no había entre ellos ningún necesitado» (4:33b-34a)

Si es un error exagerar la importancia de las transiciones que Hechos relata, también lo es señalar un punto en el libro después del cual no se ofrece más el mensaje de salvación a los judíos. Por supuesto, en varias ocasiones Pablo deja a los judíos para predicar a los gentiles debido a los repetidos rechazos y la hostilidad recibida del pueblo judío (13:46-48; 18:5-7; 19:8-10; 28:23-28). Pero el hecho de que lo hiciera repetidamente, mientras viajaba de ciudad a ciudad, no nos permite concluir que uno de esos episodios indique cierta estrategia global de abandono a los judíos en favor de una misión exclusiva para gentiles. Aun la última vez que Pablo dejó a los judíos para predicar a los gentiles en Roma, al final de Hechos (28:23-38), no estableció un patrón estratégico evangelístico. Pues al despedirse de los ancianos de Éfeso —lo cual es ejemplo para los líderes cristianos posteriores (20:18-35)—, Pablo enfatizó la proclamación «a judíos y a gentiles» (v. 21). Y Hechos 19:10, 17-18 aclara que aun después de cambiar de táctica en Éfeso, los judíos oyeron el evangelio y creyeron. Estas observaciones excluyen las formas dispensacionalistas que veían como norma para los cristianos solamente las partes del Nuevo Testamento que sucedieron después de cierta cita en Hechos.

HECHOS COMO NARRACIÓN

Ya hemos dicho que aunque la narrativa enseña con frecuencia en forma menos directa que la literatura didáctica, sin embargo sigue siendo normativa. Por eso rechazamos lo que algunos afirman en cuanto a que si las Escrituras no ordenan explícitamente hacer algo, sea meramente narrado o descrito, no puede dar resultados en alguna manera. Aunque no tengan esa intención, esa afirmación contradice implícitamente a 2 Timoteo 3:16 y descarta el propósito principal de la literatura narrativa. Por ejemplo, las parábolas casi siempre presentan personajes cuyo comportamiento se debe evitar. A veces el contexto de la parábola aclara esta conclusión (Lc 10:37; 18:1; 13:3-5). Ello implica que, en otros casos, podemos concluir lo mismo. Sin embargo, hay que proceder con precaución cuando se carece de un mandamiento directo. ¿Cómo, entonces, debemos proceder con la interpretación de Hechos? Primordialmente, debemos estudiar el libro completo para determinar si los eventos específicos forman un patrón coherente o si los modelos individuales que Lucas presenta varían de una situación a otra. En el primer caso Lucas presenta un principio congruente y normativo; en el último, las aplicaciones pueden cambiar de una época a otra o de un lugar a otro.

Hay numerosos ejemplos. El consejo de Gamaliel al sanedrín acerca de los Doce: «Apartaos de estos hombres, y dejadlos; porque si este consejo o esta obra es de los hombres, se desvanecerá; más si es de Dios, no la podréis destruir; no seáis tal vez hallados luchando contra Dios» (Hch 5:38-39), hizo que se concediera generosamente a los discípulos su libertad. Pero cuando Pablo descubrió la religión satánica en Éfeso, usó otra lógica: exhortó al pueblo a abandonar sus prácticas y quemar sus rollos de hechicería (Hch 19:17-20). En la actualidad, el islam es una de las religiones más grandes y poderosas del mundo, a pesar de que ha sido ignorada más de 1,500 años por muchos cristianos. Aunque Dios en su soberanía y gracia utilizó la lógica de Gamaliel para ayudar a los discípulos, no debemos imitarla en cada instancia.

Los modelos de gobierno para la Iglesia, en Hechos, muestran una variedad asombrosa de formas. Congregacionalistas, presbiterianos y anglicanos, todos apuntan a algunos pasajes en Hechos para apoyar sus puntos de vista en cuanto a estructura y liderazgo en sus congregaciones. En 6:1-6, la iglesia entera escogió los ayudantes para los apóstoles. En 13:1-3, un grupo de líderes distinguidos escogen a Bernabé y Saulo para el ministerio misionero. Y en Hechos 20:17-38, Pablo parece un «obispo» reuniendo a los «ancianos» de Efeso para instruirlos. Cada modelo emplea antecedentes judíos o grecorromanos. Lucas presenta cada modelo como apropiado según la circunstancia y cultura del caso. Para aplicarlos hoy, es preciso buscar circunstancias semejantes en nuestra cultura. No es mera coincidencia que todos participaran en una decisión que afectaba a toda la congregación; unos tomaron una decisión que afectaba el ministerio personal de los líderes. Además, las instrucciones generales dirigidas a varias congregaciones provenían de la persona que tenía autoridad sobre todos.

De otra manera, algunos modelos ministeriales y misioneros fueron constantes a través de Hechos. Un ejemplo fue la llenura del Espíritu Santo, según Lucas. Cada vez que el Espíritu llenaba a los creyentes —y esto ocurrió repetidas veces a la misma persona o grupo (2:4; 5:8, 31; 9:17; 13:9)—, recibían poder para proclamar audazmente la Palabra de Dios o para hacer maravillas en el nombre de Jesús. En su carta a la Iglesia de Éfeso, Pablo describe diferentes resultados de la llenura del Espíritu: alabanza, gratitud a Dios y sujeción a otros creyentes (Ef 5: 18-21 Pero estas descripciones complementan, no contradicen las de Hechos. Una doctrina apropiada de las Escrituras no permite que Hechos esté subordinado a Pablo, simplemente porque el uno es narrativo y el otro didáctico. Tampoco subordina Pablo a Hechos porque existe una preferencia por los fenómenos de Hechos como hablar en lenguas.

Tal vez los ejemplos más importantes en cuanto a patrones coherentes dentro de Hechos estén relacionados con el tema principal de Lucas: la expansión del evangelio desde el territorio judío al gentil. Entre la gran diversidad de sermones que Pedro y Pablo predicaron a través de las páginas de Hechos, podemos discernir un *kerygma*[6] común. Los primeros cristianos se enfocaron consecuentemente en la muerte, resurrección y exaltación de Jesús como eje de su proclamación. Todos deben arrepentirse para recibir per-

6 Kerygma es una palabra griega que significa predicación o proclamación.

dón de pecados debido a quién es Jesús y lo que Él hizo. Es cierto que este mensaje se halla en el resto del Nuevo Testamento; pero aun si no fuese así, la circunstancia que aparece de continuo en Hechos hace que este mensaje sea normativo.

Aún la diversidad entre los sermones en los que aparece este *kerygma* parece señalar otro aspecto constante de la temprana predicación cristiana. Cuando predicaban a los judíos, Pedro y Pablo enfatizaban el cumplimiento de las Escrituras (2:14-39; 3:12-26; 13:16-41). Cuando lo hacía con los filósofos, Pablo explicaba al Dios no conocido (17:22-31). Cuando habló a los de Listra, que creían en la mitología y la superstición, Pablo apeló al testimonio del Creador encontrado en la lluvia y la cosecha (14:14-18). En cada caso, los predicadores buscaban la manera de establecer una esfera común con sus oyentes, para lograr el mayor grado posible de aceptación del mensaje. En cada caso, también testificaban del Dios vivo y verdadero, casi siempre en términos explícitos de la persona y obra de Cristo. Los cristianos de todas las épocas podemos aprender mucho acerca de ministerio transcultural de estos modelos, y haríamos bien en imitarlos.

PREGUNTAS

I. El siguiente ejercicio le ayudará a aplicar el principio destacado en este apéndice: «Piense verticalmente». Siga las instrucciones cuidadosamente.

Haga una tabla en su cuaderno de apuntes que se parezca a la que se muestra abajo. Lea los pasajes en Hechos, uno por uno, y llene la tabla en la siguiente forma. Para cada cita de Hechos: coloque el número 0 en la tabla si el pasaje **no habla específicamente** del evento respectivo; cuando el pasaje **hable específicamente** del correspondiente evento, coloque el número que indique el orden en que ocurrió el mismo. Por ejemplo, Hechos 2:1-4 **no habla específicamente** de que los discípulos creían (aunque nosotros sabemos que creyeron en Jesús), entonces colocamos 0 bajo CREER. Lo importante es lo que el pasaje **afirme**, no lo que nosotros **pensemos o deduzcamos.** El pasaje **habla** de que recibieron el Espíritu primero, entonces colocamos el número 1 bajo RECIBIR ESPÍRITU. El pasaje **no habla** del bautismo en agua, entonces colocamos 0 bajo BAUTIZAR. El pasaje **sí habla** de que hablaron en lenguas **después** de recibir el Espíritu, entonces colocamos 2 bajo HABLAR EN LENGUAS. Luego lea los otros pasajes y llene los espacios.

CITA EN HECHOS	CREER	RECIBIR ESPÍRITU	BAUTIZAR	HABLAR EN LENGUAS
2:1-4	0	1	0	2
2:41				
4:4				
8:12-18				
10:44-48				
13:48-52				
16:14-15				
16:31-34				
17:4				
17:12				
17:34				
18:8				
19:1-7				

Basado en los datos de la tabla (no en lo que usted crea o piense), conteste las preguntas a continuación.

CONCLUSIONES: **Según los resultados de la tabla:**

(1) ¿Podemos concluir que es necesario creer para recibir el Espí ritu Santo?__________

(2) ¿Podemos deducir que todos los que reciben el Espíritu hablan en lenguas? ______________

(3) ¿Da a entender que todos los que creyeron fueron bautizados?

____

(4) ¿Todos los que creyeron recibieron el Espíritu? _________

Acá enfrentamos un ejemplo de varios pasajes en Hechos que dan un modelo diferente según el caso. Hay varias cosas que debemos mencionar.

1. Lucas nunca trata el tema discutido por los teólogos modernos acerca de la relación temporal entre eventos como la salvación, la llenura del Espíritu, el bautismo en agua y el don de lenguas. Por eso las narraciones en Hechos nunca tuvieron como objetivo resolver ese debate. Sin embargo, el libro provee bastante información sobre la cuestión. El problema consiste en usar datos de un solo relato en Hechos, sin tomar en cuenta los demás pasajes del mismo libro ni tampoco los textos relevantes en otros libros de la Biblia.
2. El propósito de Lucas al narrar los pasajes que acabó de estudiar era relatar la expansión progresiva del evangelio a partir de la reunión de los 120 judíos en el Aposento Alto hasta lo último de la tierra. Las aplicaciones correctas de estos pasajes surgirán al considerar este contexto temático.
3. Por eso el libro de Hechos no nos ayuda a determinar definitivamente en qué momento viene el Espíritu sobre el creyente, ni tampoco si hablar en lenguas es la señal de su venida. Algunos grupos tratan de establecer su doctrina del Espíritu sobre algunos pasajes de Hechos, ignorando otros pasajes en el mismo libro, además de los que aparecen en las epístolas. Es mucho mejor estudiar cuidadosamente cada pasaje relevante, considerando siempre el contexto literario de cada uno; y sacar conclusiones específicas solo cuando aparece una tendencia coherente y notable. Además es esencial revisar otros pasajes relevantes de la Biblia para comprobar nuestras conclusiones.

Apéndice 3

TRASFONDO SOCIAL Y CULTURAL DE HECHOS [1]

Es una realidad que el autor y los lectores de un artículo del periódico que usted acostumbra leer comparten un conocimiento común acerca de la sociedad y la cultura de su ciudad, país y mundo. Ambos conocen cosas como las siguientes: la moda, la comida, nombres de personas importantes, los debates políticos corrientes, etc. Entienden las costumbres como saludarse y despedirse, asuntos como la moralidad, y el lenguaje no verbal como gestos y miradas. Hay un «mundo» de información común. Al leer el Nuevo Testamento, tenemos que estudiar para aprender todo lo que podamos acerca de ese «mundo» de información que autores como Lucas y sus primeros lectores tenían. Cuando Lucas escribió Hechos, nunca pensó que alguien sin conocimiento de ese «mundo» iba a leer su obra; por lo que no se preocupó por incluir datos y detalles que ayudaran a un lector «ignorante» a entender cosas que él y sus primeros lectores sabían casi inconscientemente. Hay li-

1 Este apéndice adapta y condensa información de varias fuentes incluyendo: Jerom H. Neyrey, editor. *The Social World of Luke-Acts* [El mundo social de Lucas-Hechos] (Peabody: Hendrickson, 1991). Steven C. Barton. «Sociology and Theology» *in Witness to the Gospel: The Theology of Acts* [«Sociología y Teología» en *Testimonios del Evangelio: La teología de Hechos*]. I. Howard Marshall and David Peterson, eds. (Grand Rapids: Eerdmans, 1998), páginas 459-472. Ben Witherington. *The Acts of the Apostles: A Socio-Rhetorical Commentary* [Los Hechos de los Apóstoles: un comentario socio-retórico]. (Grand Rapids: Eerdmans, 1998). Ralph P. Martin and Peter H. Davids, eds. *Dictionary of the Later New Testamen and its Developments* [Diccionario del Nuevo Testamento posterior y su desarrollo]. (Downer's Grove: IVP, 1997).

bros enteros escritos acerca del estudio de la interpretación sociológica y cultural de la Biblia. Este apéndice es un intento por introducir al lector a grandes rasgos en este tema.

DIFERENTES MANERAS DE ESTUDIAR EL TRASFONDO SOCIAL Y CULTURAL DE LA BIBLIA

Hay por lo menos cuatro maneras de estudiar el trasfondo social y cultural de la Biblia.

1. El estudio de los datos procedentes de la arqueología, la literatura antigua y las inscripciones antiguas contribuye a la interpretación de las Escrituras. Por ejemplo, las dimensiones del fundamento de las casas antiguas nos ayudan a saber cuántas personas vivían en ellas y cuántas podían reunirse en un culto. Contar el número de casas en una ciudad antigua nos hace saber la población de la ciudad. Un estudio de los nombres en un cementerio antiguo nos ayuda a conocer si alguno en particular era común o extraño.
2. El estudio de la historia política y económica del mundo grecorromano nos brinda información acerca de cómo fue para Pablo viajar, defenderse en la corte, estar en la cárcel o escribir una carta. Nos hace entender mejor lo relativo a las hambrunas, los títulos de los gobernadores, así como sus responsabilidades.
3. El estudio de la historia de las organizaciones sociales provee información acerca de las religiones y filosofías imperantes en la época. Nos muestra en qué manera se parecía o diferenciaba la Iglesia de otras organizaciones y grupos voluntarios.
4. El estudio de la antropología y la sociología moderna provee «modelos» de sociedades e interacción social que nos ayudan a analizar y entender por qué las personas en Lucas y Hechos actuaban en tal forma. ¿Por qué era escandaloso que la mujer ungiera con perfume los pies de Jesús en la

casa de Simón el fariseo, según Lucas 7:36-39? ¿Por qué leía en voz alta el etíope, en Hechos 8:30? ¿Por qué acusaron a Pablo y a sus seguidores de haber trastornado al mundo entero (Hch 17:6)?

Algunos estudiosos de la Biblia (o del mundo bíblico) se llaman así, aunque no creen que la Biblia es la Palabra de Dios. Ellos, en verdad, están predispuestos contra lo espiritual y lo sobrenatural. Por eso sus conclusiones son inválidas. Pero el hecho de que los incrédulos usen cierto método (como por ejemplo el estudio sociológico de la Biblia) y lleguen a conclusiones erróneas no quiere decir que los creyentes no podamos emplear el mismo método (si en verdad es válido) para llegar a conclusiones muy valiosas en la interpretación correcta de la Biblia. A continuación, vamos a presentar brevemente varios temas acerca del estudio sociológico de la Biblia con ejemplos de la manera en que cada uno de ellos nos ayudan llegar a una interpretación correcta del texto.

EL HONOR Y LA VERGÜENZA

Honor es la medida del valor que tiene una persona a la vista de algún grupo social. Vergüenza es la ausencia de honor. El honor de la persona se puede medir de acuerdo a su sexo, posición social y poder. Un padre de familia en tiempos bíblicos, por ejemplo, era masculino a cabalidad, era el jefe de su hogar y el resto de la familia se sometía a él. Si un hijo le desobedecía, el padre perdía su honor. Existe un honor intrínseco que la persona posee desde que nace: el hijo de un noble tiene el honor de su padre; el Hijo de Dios tiene el honor de su Padre. También existe el honor adquirido, el que la persona gana por sus hechos: un atleta que gana la carrera y recibe reconocimiento. O por ejemplo, lo que decían de Jesús: «Bien lo ha hecho todo; hace a los sordos oír, y a los mudos hablar» (Mc 7:37b).

El honor que se atribuye a una persona depende del punto de vista del grupo que lo evalúa. En los tiempos bíblicos, la persona de honor —desde el punto de vista de los saduceos— no hacía cosas que cambiaran el orden social establecido: respetaba y se sometía al control político de Roma, al control religioso de los saduceos y al control económico de los ricos. Jesús y sus seguidores, en cambio, desafiaban ese orden. Por eso, los saduceos los consideraban vergonzosos. Por ejemplo, en Hechos 4: lb-2, dice que los saduceos estaban resentidos porque Pedro y Juan enseñaban al pueblo. Ellos habían trastornado el orden social y religioso, porque ejercían un oficio (enseñar) que no tenían derecho de practicar según el punto de vista de los saduceos. La Iglesia, de otro modo, consideraba a Pedro y a Juan como sus apóstoles, dándoles honor especial y atendiendo diariamente a la enseñanza de ellos. Desde el punto de vista de la Iglesia, Pedro y Juan adquirieron gran honor porque habían estado con Jesús (el Hijo de Dios) desde el bautismo de Juan hasta la resurrección (Hch 1:21-22).

En el mundo antiguo, el honor era sobremanera importante; y había mucha rivalidad entre las personas por el hecho de adquirir más honra. La mayoría de los acontecimientos sociales y políticos eran considerados como desafíos al honor de alguna persona, familia o grupo. La intensa agresividad de los saduceos contra Jesús y sus seguidores se puede entender en parte porque ellos eran un grupo con muy alto honor en Jerusalén; y Jesús y sus seguidores constantemente desafiaban ese honor. Esa condición de los saduceos tenía varias fuentes: eran ricos, políticamente prominentes y religiosamente poderosos. Jesús y sus seguidores por el contrario menospreciaban las riquezas de este mundo, llamando la atención de los que eran ricos en dinero y posesiones, pero pobres espiritualmente. Jesús y sus seguidores amenazaban la prominencia política de los saduceos porque grandes multitudes los seguían (Lc 19:47-48; 20:1-2, Jn 11:47-50). Jesús y sus seguidores enseñaban a la gente con autoridad acerca de Dios y del mensaje de la Biblia, tomando así el oficio de los sacerdotes y los levitas. Si los saduceos no hubieran respondido a estos desafíos, habrían perdido su honor y renombre entre el pueblo.

Se puede entender Hechos 3—4 mejor a la luz del tema del honor y la vergüenza. Debido a la milagrosa sanidad del cojo, una gran multitud se reunió en el templo (donde los sacerdotes debían tener la preeminencia) para escuchar a Pedro (un hombre sin educación) predicar. Los sacerdotes estaban muy disgustados (Hch 4:2) porque vieron eso como un gran desafío contra el honor de ellos, pues el solo hecho de que Pedro enseñara era malo, aunque él también culpó a los mismos sacerdotes por la muerte de Jesús y proclamaba la resurrección de Él. Cuando lo interrogaron al siguiente día, no pudieron reestablecer su honor, pues Pedro y Juan hablaban con mucho acierto; además, el hombre sanado estaba presente y la multitud de los que oyeron el sermón de Pedro estaban a su favor (recuerde que el honor de uno realmente radica en la opinión del grupo, no en la de uno). Cuando vieron que no podían hacer nada para recuperar su honor, amenazaron a Pedro y a Juan y les advirtieron que no hablaran más. Ellos salieron y continuaron hablando, sin embargo, esto causó avivamiento y crecimiento en la Iglesia, pues el honor de los sacerdotes se había trasladado a los apóstoles, y por medio de estos a la Iglesia. Los siguientes acontecimientos muestran que los sacerdotes no aceptaban su derrota, sino que buscaban la manera de recuperar el honor perdido aun a costa de matar a Jacobo (Hch 12:2) y obligar a Pedro a huir de Jerusalén.

MUJERES Y HOMBRES

El tema del honor y la vergüenza nos ayuda a entender varios pasajes difíciles en el Nuevo Testamento referente a las mujeres y los hombres. Para el hombre en los tiempos bíblicos, el honor implicaba agresividad, coraje y actividad en lugares públicos. Para la mujer, por otra parte, implicaba timidez, dependencia y actividad en la privacidad del hogar (del padre o del esposo). Note que las características honorables de la mujer realmente reflejaban vergüenza en cierto sentido. Aún hoy se habla de la mujer que hace cosas indebidas como una «sin vergüenza». Esta manera de hablar viene de los tiempos en que la cultura consideraba que la mujer no debía tener parte activa en la sociedad fuera del hogar. En la ciudad, el hombre mandaba; en el hogar, la mujer. El «machismo» de la cultura latina aún exhibe la aceptación de estas ideas.

Jesús y la Iglesia primitiva actuaban en maneras contrarias a esas normas. En el Evangelio según Lucas, capítulo 7, versículos 36-50, Jesús aceptó la gratitud de una mujer en un lugar público (una cena). Ella, además, tenía reputación de pecadora. El hecho de que Jesús la tratara con compasión y perdón fue todo un escándalo porque su acción violó el honor de Él y el del hogar donde comía, según las normas culturales. En seguida, Lucas relata que Jesús contaba con mujeres entre sus seguidores (Lc 8:1-4). Es más, eran mujeres «que le servían de sus bienes» (Lc 8:3). Esto implica que ellas andaban fuera de sus hogares y tenían bienes propios; es decir, eran independientes de sus padres o esposos. Según la cultura eran mujeres «sin vergüenza». En Lucas 10:38-42, Jesús le permitió a una mujer atender a sus enseñanzas y luego la alabó por haber escogido estar con Él en vez de preparar comida con su hermana. Esto infringió las normas del honor de las mujeres.

En Hechos 12:12, Pedro fue rescatado de la cárcel por un ángel y fue a la casa de María, madre de Juan Marcos. El hecho de que la casa perteneciera a una mujer implica que ella era independiente de su esposo. Además, es seguro que la casa era muy grande, porque la Iglesia estaba reunida allí; además, la casa de los pobres era de una pieza solamente. María, la dueña de la casa, era una mujer que no cumplía con las normas de su cultura. En Hechos 18:26 se indica: «Priscila y Aquila, le tomaron [a Apolos] aparte y le expusieron más exactamente el camino de Dios». Esto es notable por dos razones: (l) Lucas menciona el nombre de Priscila antes del de su esposo. Ella obviamente era la persona principal para acercarse a Apolos y enseñarlo (en 18:18, también la menciona a ella primero). (2) Apolos aceptó la enseñanza de una mujer. Esto muestra el liderazgo de ellas en la Iglesia primitiva.

Pasajes difíciles en las epístolas de Pablo (por ejemplo, I Co 14:34-35 y 1 Ti 2:11-15) cobran significado cuando el intérprete toma en cuenta lo revolucionario que el cristianismo era en cuanto a las normas para mujeres y hombres. En Cristo, las mujeres descubrieron que tenían valores, ministerios y la importancia que la sociedad les había negado desde la caída de Adán (Gn 3:16, «él [hombre] se enseñoreará de ti»). La razón es que la maldición que Dios pronunció a Eva fue una consecuencia del pecado, pero Cristo vino para restaurar la imagen de Dios en el ser humano y para deshacer las consecuencias del pecado. Es probable que las frecuentes acciones de las mujeres que ejercían esta libertad en la Iglesia crearan un escándalo tan exagerado en la cultura patriarcal que era realmente un impedimento para la evangelización de los hombres paganos. En Hechos 18, Priscila tomó a Apolos aparte para enseñarle en privado. Ejercía su ministerio de enseñanza y al mismo tiempo evitaba el escándalo público. Tal vez en otros casos, algunas mujeres no ejercieran su ministerio con suficiente sabiduría, por lo que Pablo tuvo que limitar su radio de acción para no impedir la evangelización de los hombres cuyo concepto era diferente. Si aplicamos la misma norma hoy (no obstaculizar la evangelización, en este caso de las mujeres), abriríamos campo para las hermanas capacitadas para predicar, enseñar y dirigir la obra de Dios.

LA PERSONALIDAD

La personalidad en los tiempos bíblicos radicaba en el grupo más que en el individuo. La respuesta a la pregunta: ¿Quién soy yo? proviene de colectivos como mi familia (Jesús fue hijo de José), mi ciudad (Jesús de Nazaret), el trabajo que aprendí de mi padre (Jesús el carpintero) o la región de dónde vengo (Jesús el galileo). La identidad de la persona está establecida en gran manera por factores sobre los cuales él mismo no tiene el más mínimo control. Su identidad no es cambiable y, en verdad, la persona que trató de cambiar su identidad acarreó rechazo y resentimiento (Pr 30:21-23). Hoy en cualquier campo en América Latina, donde la personalidad es grupal, es común oír una conversación como la siguiente:

—Ayer hablé con Vicente.

—¿Cuál Vicente?

—El hijo de Libardo González, el de la vereda Peña Lisa.

—¿Y qué hace?

—Es herrero.

—Ah ya.

(Después de esa introducción la conversación puede continuar porque ambos saben quién es Vicente.)

La identidad de las personas en los tiempos bíblicos también dependía de factores grupales y no de los individuales.

La situación hoy, sobre todo en las áreas urbanas y en los países «desarrollados», es muy diferente. La personalidad radica en el individuo, sus logros, su manera de vestir, su modo de hablar, su estilo al tratar con otros. La persona establece su identidad día tras día y año tras año a través de cosas que —en gran medida— ella misma controla. Su identidad es cambiable. Una conversación como la siguiente ilustra el tipo de personalidad individual:

—Ayer Vicente, no me saludó.

—¡Tan creído! Desde que terminó su carrera, no hace caso a sus viejos compañeros.

—Tal vez piense que es superior a nosotros ahora que tiene carro, casa y título.

—¿Ya tiene casa propia?

—¡Sí! Y si supieras cuánto pagó por esa mansión en que vive!

—Bueno, él verá lo que hace. No tiene nada que ver con nosotros.

Si usted vive en un ambiente en el que predomina la personalidad individual, tiene que hacer un esfuerzo especial para entender la personalidad grupal de los personajes en Lucas, Hechos y el resto de la Biblia. Ilustremos la importancia de esto con la interpretación de varios pasajes.

Primeramente, veamos Lucas 4:16-30 (por favor, lea el pasaje antes de continuar la lectura de este párrafo). La mayoría de las versiones bíblicas en español dan la impresión de que todos los ciudadanos de Nazaret estaban contentos con Jesús, según el versículo 22; pero, según el versículo 28, estaban listos para matarlo. Si todos estaban contentos —en el versículo 22—, es difícil entender por qué Jesús les habló tan ásperamente con las palabras que aparecen en los versículos 23-27; y más difícil aun es comprender por qué los ciudadanos de Nazaret cambiaron de actitud en esa forma tan abrupta hacia Jesús. Analicemos el versículo 22 para dar un poco de luz a este problema.

En la versión Reina Valera 1960, Lucas 4:22 afirma: «Y todos daban buen testimonio de él, y estaban maravillados de las palabras de gracia que salían de su boca, y decían: ¿No es éste el hijo de José?» La frase «daban buen testimonio» traduce la palabra griega *martureô*. Este término tiene dos significados según el contexto: (1) «Proveer información sobre una persona o evento acerca del cual el que habla tiene conocimiento directo». (2) «Hablar bien acerca de alguna persona basado en la experiencia propia; aprobar».[2] La palabra «maravillados» traduce el vocablo griego *thaumazô* que significa «estar maravillado o asombrado (si la reacción es favorable o no depende del contexto)».[3]

2 Ambas definiciones traducidas de Louw y Nida, *Greek-English Lexicon of the New Testament Based on Semantic Domains, vol. 1* [Léxico Grecoinglés basado en grupos semánticos] (UBS, New York, 1988, 1989), p. 418.
3 *Ibid.*, p. 312.

El significado de ambas definiciones depende del contexto del pasaje. La Reina Valera escogió dar el significado número 2 a *martureô* (hablar bien, aprobar), y esto implica que *thaumazô* también tendrá el significado positivo. Basado en el estudio de la personalidad que acabamos de hacer, y en el contexto del pasaje, es probable que esta traducción esté equivocada. Probemos si el otro significado se acopla mejor al contexto literario y lo que ahora sabemos acerca de la personalidad grupal en tiempos bíblicos.

Como prueba, traduzcamos Lucas 4:22 así: «Y todos daban testimonio de él y estaban disgustados por las palabras de gracia que salían de su boca, y decían: ¿No es éste el hijo de José?» Los ciudadanos de Nazaret conocieron a Jesús durante su niñez, adolescencia y sus primeros años de adulto. Conocían a José, el carpintero (y suponían que era su padre), conocían a su madre, a sus hermanos y a sus hermanas (según Mt 13:53-58, pasaje paralelo a este en Lucas). La personalidad de Jesús (según la gente de su pueblo, Nazaret) era la de un simple hijo de artesano. Ellos no esperaban nada especial de Él. En verdad, cuando empezó a mostrar que era una persona especial, ellos reaccionaron de acuerdo a las normas de su cultura, con resentimiento y rechazo. Jesús respondió a su rechazo mostrando casos del Antiguo Testamento en los que los profetas Elías y Eliseo fueron recibidos por extranjeros, pero no en su propia tierra (Lc 4:23-27). La implicación es que Jesús era un verdadero mensajero de Dios, pero sus conciudadanos no lo iban a aceptar. Los ciudadanos de Nazaret acabaron de enfurecerse y llevaron a Jesús fuera de la ciudad para matarlo, pero este escapó en medio de ellos.

Esta interpretación del pasaje elimina toda dificultad y lo hace coherente con otros textos paralelos y con el contexto del resto de Lucas (cf Mt 13:54-58 y Mc 6:1-6). El error de los ciudadanos de Nazaret radica en el hecho de que ignoraban la procedencia verdadera de Jesús. Nosotros, los lectores, sabemos que es el Hijo de

Dios (Lc 1:32, 35; 3:38; 4:3, 9; e irónicamente 4:41, los demonios reconocen quién era Jesús, pero los de su propia ciudad no). Nosotros esperamos ver cosas maravillosas y oír palabras de gracia de Jesús puesto que es el Hijo de Dios. Los ciudadanos de Nazaret, por otra parte, no esperaban nada especial de Él, y lo rechazaron porque creían que el hijo de José estuviera tratando de mostrarse como superior cuando era un simple y pobre plebeyo.

En Hechos, muchas personas se convertían a Jesús y se bautizaban. Hoy, en ciertos casos, algún representante de la Iglesia impone sus manos sobre una persona. Es provechoso examinar este proceso a la luz de lo que entendemos respecto a la personalidad grupal. Puesto que la identidad de la persona —en los tiempos bíblicos— dependía fuertemente del grupo al que pertenecía, creer en Cristo y unirse a la Iglesia significaba un cambio de identidad radical. La ceremonia del bautismo, que siempre sucedió inmediatamente después de creer, era un símbolo poderoso de ese cambio. A través de la fe en Jesús, las personas cuya identidad anterior era judía, samaritana, etíope, gentil, fariseа, etc., se hicieron miembros de Cristo. El bautismo (palabra que significa sumergir) representaba con un acto físico el hecho de estar metido o sumergido en algo distinto y diferente. Era un símbolo muy apropiado del cambio de identidad ocasionado por la conversión a Cristo. El acto apostólico de imponer manos sobre un nuevo creyente era otra manera simbólica de mostrar que este se incorporaba como miembro de una nueva familia.

En Filipenses 3:5-11, Pablo reflexiona sobre el significado de su propia conversión. Anteriormente las cosas que determinaban su identidad eran: «circuncidado al octavo día, del linaje de Israel, de la tribu de Benjamín, hebreo de hebreos; en cuanto a la ley, fariseo; en cuanto a celo, perseguidor de la iglesia; en cuanto a la justicia que es en la ley, irreprensible». Pero a partir de ese momento de conversión perdió todo aquello y lo contó como basura para luego «ser hallado en» Cristo (Fil 3:9). Obviamente, Pablo experimentó un cambio total de identidad cuando fue convertido en el camino a Damasco.

LAS COMIDAS COLECTIVAS

En Lucas y en Hechos hay muchos episodios en que dos o más personas comparten una comida. En el mundo antiguo, como hoy día, esa actividad era un tiempo de comunión especial entre las personas. Pero hay factores adicionales que debemos estudiar.

En el ámbito físico, había frecuentes hambrunas en el mundo antiguo. Los ricos y poderosos a veces usaban el temor a la escasez de alimentos para aumentar sus riquezas. Por ejemplo, un rico compraba toda la cosecha de trigo en una región y la almacenaba hasta que el pueblo empezaba a sufrir necesidad. Entonces podía venderla a un precio elevado y realizar así un incremento injusto sobre lo que pagó inicialmente. En tiempos de hambre, algunos ricos compartían el alimento con el pueblo para ganar la honra o la fidelidad de la gente. Pero en realidad, rara vez un rico invitaba a un pobre a comer en su casa. El acto de compartir la mesa era casi siempre entre personas de igual estrato económico.

Por eso es significativo que el Señor estableciera una comida compartida (la Santa Cena) como ordenanza y señal de membresía en la Iglesia. El bautismo era la ordenanza de entrada, la Santa Cena era símbolo de que la persona continuaba en comunión con su nueva familia. Compartir el pan implicaba entablar intimidad e igualdad entre todos, no importaba el estrato social o económico. Esclavos y sus amos, mujeres y hombres, judíos y gentiles comían juntos con alegría y sencillez de corazón (Hch 2:46).

Por otra parte, algunos de los problemas más grandes de la Iglesia temprana tenían que ver con comer juntos. Hechos 6; 15, Gálatas 2, 1 Corintios 8—10; 11: 17-34, y Romanos 14 tienen que ver por lo menos parcialmente con problemas que surgían por la comida. En esta área, como en muchas otras, la nueva comunidad de creyentes en Jesús tenía costumbres que iban en contra de la corriente del mundo antiguo y era difícil para los nuevos creyentes aprender a actuar según normas distintas y opuestas a lo acostumbrado.

LA CIUDADANÍA, LOS TRIBUNALES Y LAS CÁRCELES

El sistema legal del Imperio Romano daba consideración especial a las personas importantes, sobre todo a los ciudadanos de Roma o de alguna ciudad entre sus fronteras. Era tal vez más importante el nivel social y político de un acusado que la evidencia en contra o la acusación. Era prácticamente imposible que condenaran a alguien importante en base a una acusación hecha por una persona de poca relevancia. Por otro lado, era casi imposible para alguien irrelevante defenderse con éxito de la acusación de una persona importante.

La ciudadanía de una nación, y especialmente la de Roma, solo se le daba a ciertas personas como premio por algún acto cívico relevante. Luego que un hombre recibía la ciudadanía, los hijos que le nacieran después también serían ciudadanos. Nacer en determinado lugar no implicaba que la persona fuera ciudadana de allí, como sucede hoy. Un ciudadano era alguien que participaba en la vida política del lugar con ciertos derechos y responsabilidades. Pablo afirmó ser ciudadano de Tarso en Hechos 21:39, y de Roma en 16:37 y 22:25. Esta «doble ciudadanía» lo libró de ser azotado una vez y le dio trato preferencial en otra ocasión. Es notable también que Pablo no reclamara su ciudadanía para evadir el castigo en la mayoría de las ocasiones. Y expresó por qué lo hacía en 1 Corintios 9:19-27, donde expuso su estrategia misionera en cuanto a procurar el bien del evangelio antes que cualquier derecho o preferencia personal. De modo que, si reclamar su ciudadanía no perjudicaba al evangelio, entonces usaba su derecho para escapar al castigo. Pero si el evangelio sufría por usar este derecho, Pablo elegía sufrir.

Sin embargo, su ciudadanía no lo libró de jueces injustos que deseaban cohecho. Hechos relata que Pablo estuvo encarcelado en repetidas ocasiones y a veces por largo tiempo. La condición de las cárceles en el imperio era lamentable y peligrosa. Los prisioneros, por lo general, eran encadenados a la pared, fijados a un aparato de madera que les aseguraba las piernas o encadenados a un soldado armado. Las cárceles no tenían baños o instalaciones para comer; no les proveían ropa a los prisioneros, ni atención médica. Todo eso tenían que proveerlo los familiares o amigos. Con frecuencia, las personas morían en la cárcel y no retiraban sus cuerpos antes que se descompusieran. Además, estar en una cárcel era muy vergonzoso, por lo que fue necesario que Lucas demostrara con pruebas adecuadas la completa inocencia de Pedro y Pablo.

LOS VIAJES EN EL MUNDO ANTIGUO

Aunque el antiguo Imperio Romano era famoso por sus carreteras, viajar a través de su geografía era difícil y peligroso. Las renombradas carreteras solo conectaban los sitios más importantes y poblados. Casi todos los viajes de Pedro, Felipe, Pablo y aun los de Jesús fueron por caminos semejantes a los que uno encuentra en los campos de América Latina hoy día. Llenos de fango en tiempos de lluvia y llenos de polvo en tiempos de verano. Esos caminos cruzaban cordilleras, ríos, etc., y pasaban por lugares despoblados donde los ladrones se aprovechaban de los viajeros. No había sitio seguro donde quedarse. Los mesones tenían reputación de que operaban como casas de prostitución y fechorías. Por eso los viajeros tenían que depender de invitaciones a quedarse en casas de particulares. No había ningún sistema público de correos. Cuando Pablo enviaba una carta a cierta iglesia, tenía que hacerlo por mano de un amigo o discípulo y esperar aún meses antes de recibir respuesta.

Viajar por mar era igual de peligroso e incómodo que por tierra. Durante el tiempo de invierno (de noviembre a marzo), era imposible navegar por el Mediterráneo debido a las violentas tormentas. Aun en las mejores condiciones, era incómodo porque no había barcos de pasajeros, sino de carga y los capitanes recibían pasajeros en exceso para aumentar sus ingresos. Los pasajeros (con la excepción de personas muy ricas o importantes) tenían que proveerse su propia comida, dormir en la cubierta superior y resistir el frío o la lluvia.

UN MODELO DE VARIACIONES CULTURALES

No hay suficiente espacio en este apéndice para tratar con todos los temas culturales y sociológicos que afectan la interpretación de Hechos, pero hemos notado que hay una diferencia marcada entre el «mundo» del Nuevo Testamento y el «mundo» en el cual vivimos. Tenemos que hacer un esfuerzo especial cuando leemos la Biblia para evitar el error de usar nuestra concepción del «mundo» como el patrón para interpretar los eventos, sitios y relaciones humanas narradas. Lo que sigue es un intento de encapsular en una forma sencilla las variaciones culturales. Lo adapté de un libro escrito por dos sociólogos, F.R. Kluckhohn y F.L. Strodtbeck llamado *Variations in Value Orientations* (Harper and Row, New York, 1961). Lo incluyo para ayudar al intérprete de la Biblia a ver, en términos generales, cuáles son las opciones culturales disponibles en cuanto a la manera de solucionar problemas.

Esta teoría tiene por lo menos tres presuposiciones:

1. Hay un número limitado de esferas en las cuales las personas buscan una solución a un problema.
2. Hay un número limitado de soluciones generales para cada esfera.
3. Todas las posibles soluciones están disponibles para cada individuo o grupo, pero una predomina en cualquier sociedad.

Esferas	Solución 1	Solución 2	Solución 3
1. Actividad	Ser (lo que uno es)	Desarrollar (lo que uno está haciendo)	Hacer (lo que uno hace)
2. Relaciones humanas	Jerarquía	Grupo	Individual
3. Tiempo	Pasado	Presente	Futuro
4. Personas y la naturaleza	Personas subyugadas a la naturaleza	Personas en armonía con la naturaleza	Personas que dominan la naturaleza
5. Naturaleza humana	Mala	Neutral o combinada	Buena

Para aplicar un modelo como este a la interpretación de la Biblia, es necesario en primer lugar decidir cómo reacciona nuestra cultura ante los problemas y luego tratar de descubrir cuál es la diferencia entre la reacción de la cultura bíblica y la nuestra (siempre teniendo en cuenta que no todos los de una cultura escogerán la misma manera de reaccionar).

Por ejemplo, nací en los Estados Unidos y aun cuando viví mucho tiempo en Colombia, entiendo mejor la cultura de la que soy nativo. Por eso daré el ejemplo de la cultura contemporánea estadounidense en comparación con la que parece predominar en Hechos. Y usaré el problema de la enfermedad como un caso específico cuando empleo el modelo.

1. Cuando la esfera correspondiente a solucionar el problema implica *actividad*, el estadounidense típico escoge hacer algo. Puede que su actividad empeore el problema, pero al menos está activo. Cuando me enfermo considero que algo fuera de mí causó la enfermedad (un virus o bacteria). Por eso me ocupo en hacer cosas para descubrir la causa de la enfermedad y remediarla. En el «mundo» de Hechos, la enfermedad no se consideraba como algo externo a la persona, sino lo que la persona era: leprosa, ciega, coja, etc. La palabra hebrea *shalom* y la griega *juguéis* (ambas traducidas frecuentemente como salud o sano) realmente

implican un estado global de integridad física, mental y espiritual, completo, entero, sin faltar de nada. Así que un cojo no buscaba la causa de su problema, ni los medios para remediar esa condición, sino que entendía que su ser entero estaba en un estado imperfecto. Por eso, en Hechos 3 y 4 el hombre que había sido cojo después estaba en un estado de «perfecta sanidad» (Hch 3:16).

2. En la esfera de r*elaciones humanas*, el estadounidense típico responde al problema de la enfermedad en forma individualista. Es mi problema, no afecta a los que me rodean, casi siempre trato de esconder mi condición o si no la escondo, de todos modos, no espero que otros indaguen mucho y así no violan mi privacidad. Aun los muertos en los Estados Unidos están ocultos del público y el sufrimiento del doliente es una cosa muy privada. Las culturas bíblicas, de otro modo, responden a esta esfera con una combinación de jerarquía y grupo. Por ejemplo, el leproso, o la mujer con flujo de sangre, eran inferiores e inmundos en cuanto a jerarquía y excluidos de la sociedad en cuanto a grupo.
3. En la esfera correspondiente a *tiempo*, el estadounidense típico mira hacia el futuro. Cuando estoy enfermo, tiendo a pensar en cuándo me voy a sentir mejor o qué pasará si no mejoro. El texto de Hechos tiende a mencionar el pasado y el presente de la condición de los enfermos. Por ejemplo, el cojo en Hechos 3:2 pedía limosnas cada día. El de Hechos 14:8 era cojo de nacimiento y nunca había caminado. En Hechos 9:33-34, Eneas llevaba 8 años en cama (pasado) y Pedro dijo: «Jesucristo te sana» (presente).
4. En la esfera relativa a las personas y la naturaleza, el estadounidense cree que el hombre domina la naturaleza. Me puedo sanar de mi enfermedad porque el doctor la entiende y sabe qué medicina recetar o qué procedimiento qui-

rúrgico usar. De otra manera, es casi seguro que ninguno de los enfermos en Hechos pensaba que la sanidad vendría por medio del esfuerzo humano. Consideraban que estaban bajo el dominio de las fuerzas de la naturaleza.

5. En la esfera de la naturaleza humana, los estadounidenses en su mayoría afirman que el ser humano es básicamente bueno. Es normal para mí pensar: «No hice nada malo como para merecer esta enfermedad». En cambio, la gente de Hechos esperaba por lo menos una mezcla de lo bueno y lo malo en las personas, por lo que casi siempre atribuían la causa de las enfermedades a algo que el enfermo había hecho. Hechos 12:23, hablando de la muerte de Herodes Agripa dice: «Al momento, un ángel del Señor le hirió, por cuanto no dio la gloria a Dios; y expiró comido de gusanos». El historiador Josefo, contemporáneo de Lucas, confirma el veredicto diciendo que murió «porque no reprendió las palabras impías», con las cuales la multitud lo alabaron.

En resumen, un estadounidense típicamente consideraría que uno tiene salud cuando no padece de alguna enfermedad, y reacciona a las enfermedades en forma activa e individual. El personaje bíblico, por otra parte, consideraba la salud como un estado general de bienestar íntegro. La reacción a las enfermedades era típicamente más pasiva y se enfoca ba en las maneras de continuar la vida así. Las personas que buscaron a Jesús por sanidad, realmente esperaban una intervención milagrosa y sobrenatural. Las que buscan a un médico hoy tienden a esperar la sanidad por medio del esfuerzo humano.

Aunque este ejemplo es muy general y siempre hay individuos que se salen de lo normal —tanto en Estados Unidos como en Hechos—, esto nos ayuda a ver que no podemos necesariamente usar criterios culturales que nos parezcan normales para interpretar los sucesos de la Biblia.

PREGUNTA

Intente aplicarse el modelo expuesto en la sección anterior a sí mismo y a la cultura en la que vive. Piense en forma concreta en que forma usted y los de su cultura responderían en la situación descrita en Hechos 27:27-28. Analice la diferencia entre su respuesta y las reacciones descritas en Hechos 27:29,30,33-38.

Apéndice 4

LA SALVACIÓN EN HECHOS[1]

Nosotros los cristianos usamos la palabra «salvación» con mucha frecuencia. Tenemos un concepto de lo que significa, pero ¿Está de acuerdo nuestro concepto con lo que la Biblia enseña acerca de la salvación? Antes de leer más, observe la pregunta al final de este apéndice y escriba un párrafo acerca de su concepto de qué es la salvación. Guarde ese párrafo y, después de leer este apéndice, termine de contestar el resto de la pregunta.

Ahora quiero pedirle el favor de que se olvide por el momento de todo lo que le han dicho acerca de la «salvación». Quiero invitarle a examinar conmigo el significado de la «salvación» en Hechos para que luego comparemos y nos encontremos con su concepto actual de la salvación.

SIGNIFICADO DE LA SALVACIÓN EN HECHOS

Para entender este concepto en Hechos, es necesario estudiar el significado que tenía para los contemporáneos de Lucas y la manera en que se usaban palabras como «salvación», «salvador» y «salvar» en el Evangelio según Lucas y en Hechos.

1 Este apéndice resume y amplía información hallada en varias fuentes incluyendo: I. Howard Marshall y David Peterson, eds., *Witness to the Gospel: The Theology ofActs [Testimonio al Evangelio: la teología de Hechos]* (Grand Rapids: Eerdmans, 1998); Ralph P. Martin and Peter H. Davids, eds. *Dictionary of the Later New Testament and Its Developments [Diccionario del Nuevo Testamento posterior y su desarrollo]* (Downers Grove: IVP, 1997); Ben Witherington III, *The Acts ofthe Apostles: A Socio-Rhetorical Commentary [Los Hechos de los Apóstoles: un comentario socio-retóricol* (Grand Rapids: Eerdmans, 1998).

Un estudio de las religiones paganas del mundo antiguo revela que no existía el concepto moderno de la vida eterna o la salvación espiritual. Lo que les importaba a los antiguos era el bienestar físico en esta vida: la salud, la prosperidad, la seguridad, la paz, el honor, el éxito en los viajes y los negocios. El culto al emperador romano ilustra esto. Llamaban a Cesar Augusto «el salvador de todo el mundo» porque de él dependía el alimento, la paz, la seguridad y la prosperidad del imperio. En la época en que nacía la Iglesia, había religiones paganas que les prometían a sus adeptos que vivirían con gozo, que disfrutarían de salud y que tendrían confianza. Aun el espectacular rito de bañarse en la sangre de un toro era para adquirir una vida física abundante que durara más tiempo; lo tenían como un escudo contra el mal. El concepto que tenían los antiguos grecorromanos de la existencia después de la muerte implicaba ausencia de sufrimientos, dolor y ansiedad. Pensaban en los muertos como sombras poco reales cuya existencia era parcial. «Vida eterna» para ellos significaba que la memoria de la persona permanecería por mucho tiemp o debido a las cosas buenas y memorables que había hecho.

Un estudio del uso de las palabras «salvar» y «salvación» en la Septuaginta (traducción al griego del Antiguo Testamento hecha en los siglos inmediatamente antes de Cristo), muestra que el sentido común de la salvación indicaba rescate físico acompañado con bendiciones espirituales. El Salmo 6 es un buen ejemplo de ello, el versículo 4 dice: «Sálvame por tu misericordia», pero del contexto es obvio deducir que el autor habla de ser rescatado de la muerte física. Josefo también emplea estas palabras mayormente en el aspecto de rescate físico.

Al estudiar el empleo de las palabras «salvar», «salvación» y «salvador» en Lucas y Hechos, hallamos este uso común cual rescate físico, pero además encontramos que Lucas muchas veces amplía el significado de estas palabras para incluir el concepto de una bendición espiritual que en algunos casos está condicionada a la disponibilidad de la persona para experimentar males en esta vida y asegurar el bien en una vida futura espiritual. Como otros autores del Nuevo Testamento, Lucas tuvo que explicar un nuevo concepto espiritual usando ideas comunes de su cultura y extendiendo el significado de ellas por medio de ejemplos y explicaciones.

LA SALVACIÓN COMO RESCATE FÍSICO EN LUCAS Y HECHOS

En Hechos 27:34 Pablo afirma: «Por tanto, os ruego que comáis por vuestra *salud*; pues ni aun un cabello de la cabeza de ninguno de vosotros perecerá». La palabra «salud» en la versión Reina Valera traduce el término griego *sotêria* que significa «salvación». El traductor reconocía que Lucas se refería aquí a la salvación meramente física de hambre y debilidad que podría causar la muerte. En Hechos 4:9 dice: «Puesto que hoy se nos interroga acerca del beneficio hecho a un hombre enfermo, de qué manera éste haya sido *sanado*». La palabra «sanado» traduce el vocablo griego *sôzô*, que significa salvar. Pedro responde así a la pregunta cómo fue sanado el hombre, pero usó la palabra griega salvar con el significado común de salvación física (en este caso de la parálisis).

CONEXIÓN ENTRE LA SALVACIÓN, COMO RESCATE FÍSICO, Y LA SALVACIÓN ESPIRITUAL

El discurso de Jesús en la sinagoga de Nazaret (Lc 4:16-27) muestra que el evangelista consideraba que la sanidad, la libertad y el bienestar eran parte importante de la misión de Jesús. Los relatos de las milagrosas sanidades y la asombrosa provisión que operaba Cristo refuerzan esta conclusión. Pero hay factores en Lucas y Hechos que muestran que esto no era todo. En Lucas 9:24 Jesús dice: «Porque todo el que quiera salvar su vida, la perderá; y todo el que pierda su vida por causa de mí, éste la salvará». Después Jesús explicaría este dicho aparentemente contradictorio. La vida física no es la más importante, sino la espiritual. Para algunos, como Cornelio en Hechos 10, es posible disfrutar de bendiciones físicas y también adquirir beneficios espirituales. Para otros, como el hombre principal en Lucas 18:18-23, esto no es una opción. Pablo obviamente era una persona que tenía salvación espiritual en Hechos, pero eso no lo libró de sufrimientos, dolor y cárcel.

Podemos concluir que Lucas consideraba que el rescate físico acompañaba comúnmente a la salvación espiritual, pero no en todos los casos. La pregunta del carcelero en Hechos 16:30: «Señores, ¿qué debo hacer para ser salvo?», y la respuesta de Pablo: «Cree en el Señor Jesucristo y serás salvo, tú y tu casa» ilumina la conexión entre la salvación física y la espiritual. El carcelero acababa de experimentar un terremoto y estaba asustado. Quizás tuvo miedo de que algún dios le castigara por haber tratado duro a Pablo y Silas, hombres que obviamente tenían acceso al poder divino. Además, él sabía que, si escapaban los prisioneros, moriría. Su preocupación era primordialmente por las cosas materiales. Aun si le preocupaba algún castigo divino, se preguntaba cómo escapar de las consecuencias físicas de esa reprimenda. Cuando le preguntó a Pablo qué debía hacer para ser salvo, quizás ni pensara en la salvación espiritual, sino en el susto y el peligro inminentes. Pablo respondió: «Cree en el Señor Jesucristo, y serás salvo, tú y tu casa. Y le hablaron la palabra del Señor a él y a todos los que estaban en su casa» (Hch 16:31-32). ¿Ofreció Pablo solamente un rescate físico? ¿O también una salvación espiritual? Busquemos la respuesta en un ejemplo de la predicación de Pablo que Lucas nos brinda en Hechos 13:23 y 38-39: «Dios levantó a Jesús por Salvador ... Sabed, pues, esto, varones hermanos: que por medio de él se os anuncia perdón de pecados, y que de todo aquello de que por la ley de Moisés no pudisteis ser justificados, en él es justificado todo aquel que cree». El carcelero preguntó acerca del rescate; Pablo le predicó acerca de un Salvador que otorga perdón y justificación.

Ahora bien, es interesante notar que Pablo —una persona con salvación espiritual—, tuviera que sufrir dolor, humillación y cárcel para tener la oportunidad de ofrecerle salvación a otro. Bueno, lo que ocurre es que si no hubiera sufrido estas cosas, nunca habría tenido la oportunidad de hablar con el carcelero. Obviamente, Lucas consideró que el bien físico era parte relevante de la salvación que Dios ofrecía, pero la espiritual era [y es] comparativamente la parte mucho más importante, por la que debemos estar dispuestos a perder la bendición física a fin de poder compartir la bendición espiritual.

Esto es precisamente lo que hace al significado de la salvación en Lucas semejante, y a la vez diferente, del que imperaba en el mundo judío y grecorromano de su época. La salvación en Lucas implica los beneficios físicos que el mundo pagano y el judío consideraban principales, pero agregaba un beneficio espiritual que sobrepasaba al físico de manera tal que vale la pena perder lo físico, si es necesario, para adquirir lo espiritual.

Ahora tenemos que investigar más a fondo y con exactitud en qué consiste la salvación espiritual en Lucas y Hechos.

LA SALVACIÓN: PASADO, PRESENTE Y FUTURO

LA SALVACIÓN EN EL PASADO

Desde la perspectiva teológica de Lucas y Hechos, el pasado consiste en la historia de la nación de Israel en el Antiguo Testamento. Hemos notado varias veces que el texto de Hechos se refiere al Antiguo Testamento (citas o alusiones), y que el uso de ese testamento es semejante en Hechos y en el Evangelio según Lucas. Los usos del Antiguo Testamento en Lucas-Hechos caen en tres categorías: proclamación de la salvación, cumplimiento de la profecía y explicación de algún evento. Por ejemplo, Felipe proclama el evangelio ante el etíope comenzando desde Isaías 53:7-8. En Hechos 2:32, Pedro afirma que la resurrección de Jesús cumplió la profecía del Salmo 16:10 (citado en Hch 2:27). Y en Hechos 7, Esteban usa una cadena de citas de la historia de Israel para explicar el rechazo de los judíos hacía Jesús y sus seguidores.

Los temas que se tratan en Lucas-Hechos bajo las tres categorías del uso del Antiguo Testamento son cinco:[2] (1) Los pactos y promesas de Dios a Abraham (Hch 3:25-26), Moisés (Hch 3:22), y David (Hch 13:34); (2) La persona de Jesús (Hch 4:11); (3) Un patrón para guiar a la Iglesia (Hch 1:20-22); (4) La extensión del evangelio a los gentiles (Hch 13:47); (5) Advertencias a Israel (Hch 13:40-41). Un estudio de estas citas y otras que tienen que ver con el uso del Antiguo Testamento y con la historia del pueblo de Israel en Lucas-Hechos muestra que la mayoría están en un contexto relacionado con la salvación.

Esto es un ejemplo del uso tipológico del Antiguo Testamento en Lucas-Hechos. Ese uso significa que los patrones y modelos históricos que se observan repetidas veces en el Antiguo Testamento ilustran una verdad espiritual más amplia o más completa en el Nuevo. Por ejemplo: los sufrimientos de Abel (un justo muerto por un injusto), de Abraham (un peregrino en tierra ajena), de José (el «salvador» de sus hermanos pecadores), y de Moisés (el enviado por Dios rechazado por su pueblo) prefiguran algunos aspectos de la pasión de Jesús. Así decimos que José es un tipo de Jesús: lo que le sucedió a José es típico de cómo Dios obra, y Jesús es el ejemplo perfecto de salvación por medio de los sufrimientos. Así que, las salvaciones físicas que ocurrieron en el Antiguo Testamento prefiguran algún aspecto de la salvación espiritual que Dios provee a través de Cristo. Lucas sabía eso y se aprovechó de esa verdad para explicar y proclamar la salvación espiritual por medio

2 Solamente doy una cita para cada tema, aunque hay muchos más.

de Cristo. Como hemos visto, el evangelista usa a menudo la palabra salvación en el aspecto físico, pero añade un significado espiritual que es mucho más amplio que el propuesto en la mayor parte del Antiguo Testamento.

Es interesante observar que muchos de los que se oponían al evangelio en el tiempo de Lucas eran los judíos que tenían un conocimiento más profundo del Antiguo Testamento, a saber, los fariseos y los escribas. Vale preguntar: ¿Por qué no reconocieron los fariseos y los escribas la verdad de la salvación que Jesús y sus seguidores proclamaban si se fundamentaba en el Antiguo Testamento y tipificaba lo que Dios había hecho en la historia de Israel? Me parece que esta pregunta tiene dos respuestas.

(l) Las mismas citas del Antiguo Testamento presentadas por Lucas muestran una historia de rechazo por parte de los líderes del pueblo hacia los designios de Dios, una predicción de que ese rechazo continuará. Al discurso de Esteban, se puede añadir las veces que Lucas se refiere a Isaías 6:9-10 (Lc 19:42 y Hch 28:26-7), y la advertencia de Pablo a los judíos en Antioquía de Pisidia (Hch 13:40-41). Así que el rechazo de los fariseos y los escribas era semejante al que sentían por los profetas que Dios había enviado anteriormente a su pueblo.

(2) La segunda manera de responder a la pregunta de por qué los más eruditos y estudiosos de las Escrituras rechazaron a Jesús y el mensaje de salvación por medio de Él, tiene que ver con la misma necesidad de ser salvo. Aun los apóstoles fueron incapaces de entender el significado de la muerte y resurrección de Jesús hasta que este se lo explicó (basando su explicación en el Antiguo Testamento Lc 24:25-27, 45-48; Hch 1:2). Es más, fue necesario también el poder del Espíritu Santo con ellos para capacitarlos a fin de testificar de esas cosas (Lc 24:48; Hch 1:4-5, 8). Aunque los fariseos y los escribas habían estudiado las Escrituras con diligencia y fatiga, su manera de interpretarlas era inadecuada, ya que

fueron rebeldes y resistieron lo que el Espíritu de Dios estaba haciendo.[3] Esto nos hace volver a la pregunta: Exactamente ¿qué es la salvación espiritual en Lucas-Hechos? Parece que a los eruditos contemporáneos del escritor les faltaba algo que les impedía entender la verdad acerca de Jesús, aun cuando esa verdad estuvo presente en el Antiguo Testamento que tanto estudiaban. Otra manera de plantear la pregunta es: ¿De qué necesitaban ser salvos?

LA SALVACIÓN EN EL PRESENTE

En esta sección, «presente» quiere decir lo que pertenece al tiempo en que Lucas escribía; o sea, el primer siglo después de Cristo. Hemos visto que el Antiguo Testamento enseña que Dios «salvaba» a su pueblo en el sentido físico, es decir, lo que tiene que ver con el peligro, la necesidad y la afrenta. Lucas-Hechos añade a esa enseñanza la salvación de Dios en un sentido espiritual. Esa salvación espiritual tiene una importancia que sobrepasa la de la salvación física. De acuerdo a Lucas-Hechos, ¿De qué necesitan ser salvas?

Un estudio acerca del «arrepentimiento», en Hechos, aclarará de qué necesitaban ser salvos los lectores de Lucas, porque arrepentirse es dejar un comportamiento malo y adoptar uno mejor.

En Hechos 2:38 Pedro dijo: «Arrepentíos, y bautícese cada uno de vosotros en el nombre de Jesucristo para perdón de los pecados; y recibiréis el don del Espíritu Santo». ¿De qué tenían que arrepentirse los oyentes de Pedro? En el mismo pasaje encontramos dos respuestas: (1) De haber crucificado a Jesús: «Sepa, pues, ciertísimamente toda la casa de Israel, que a este Jesús a quien vosotros crucificasteis, Dios le ha hecho Señor y Cristo» (Hch 2:36). (2) De no reconocer la obra de Dios en su medio: «Y estaban todos

3 Puede estudiar Lucas 11:37-54; 20:9-19; 46-47 para enterarse de la condición espiritual de muchos fariseos y escribas.

atónitos y perplejos, diciéndose unos a otros: ¿Qué quiere decir esto? Mas otros, burlándose, decían: Están llenos de mosto» (Hch 2:12-13). Lo que llama la atención es que esta gente que había crucificado a Jesús, y que no reconocían la obra de Dios eran los «más piadosos» de los judíos. Los que habían viajado desde lejos para asistir a la celebración de la Pascua. Estos no eran los «domingueros» de su época, sino personas que se esforzaban por buscar a Dios. El arrepentimiento —en Hechos 3: 19 y 5:31— se enfoca en el mismo tema del rechazo a Jesús y del desconocimiento de la obra de Dios en Él.

En Hechos 8:22, Pedro exhorta a Simón el mago así: «Arrepiéntete, pues, de esta tu maldad, y ruega a Dios, si quizás te sea perdonado el pensamiento de tu corazón». El pecado de Simón fue pensar que podía comprar el poder de Dios con dinero. Podemos generalizar este pecado específico enfocándonos en la frase «pensamiento de tu corazón». En realidad, hay una conexión entre esto y el pecado de rechazar a Jesús, porque en ambos casos las personas hacían lo que bien les parecía. Aparentemente el corazón del ser humano (según la Biblia, el centro de los pensamientos y la personalidad) está mal y necesita un cambio radical para conformarlo a los criterios divinos.

En Hechos 11:18, los cristianos judíos se regocijaban en la salvación de Cornelio diciendo: «También a los gentiles ha dado Dios arrepentimiento para vida». Este relato es interesante porque el testimonio de Lucas acerca de Cornelio es que él era «piadoso y temeroso de Dios con toda su casa, y que hacía muchas limosnas al pueblo, y oraba a Dios siempre» (Hch 10:2). Aunque sus oraciones y limosnas agradaban a Dios, sin embargo, algo le faltaba: tenía que «arrepentirse para vida». Es obvio que las buenas obras y una vida exteriormente admirable no son suficiente para obtener la salvación espiritual de la que Lucas habla.

Hechos 13:24 y 19:4 se refieren al bautismo de Juan para arrepentimiento. En Hechos 13, Pablo predica a las personas cuya gran mayoría rechazan el mensaje de salvación. Dice que ellos «se llenaron de celos, y rebatían lo que Pablo decía, contradiciendo y blasfemando» (Hch 13:45). En Hechos 19, cuando Pablo les predicó la salvación ellos «fueron bautizados en el nombre del Señor J esús» (Hch 19:4). Lucas obviamente aprueba esta respuesta y no la otra.

Pablo predica a los gentiles en Hechos 17:29 y 30: «No debemos pensar que la Divinidad sea semejante a oro, o plata, o piedra, escultura de arte y de imaginación de hombres. Pero Dios, habiendo pasado por alto los tiempos de esta ignorancia, ahora manda a todos los hombres en todo lugar, que se arrepientan». Otra vez el problema parece estar en lo que piensan o imaginan las personas. Dios está dispuesto a perdonar la ignorancia, pero hay que arrepentirse de los pensamientos humanos.

En Hechos 20:21 y 26:20, Pablo declara que su predicación del arrepentimiento es para los gentiles y los judíos. Una última cita anima a hacer «obras dignas de arrepentimiento» (Hch 26:20) como dijera unos años antes Juan el Bautista (Lucas 3:8). Mataron a Juan y Pablo testificaba que el resultado de su predicación fue «prendiéndome en el templo, intentaron matarme» (Hch 26:21 mostrando así un rechazo al llamado al arrepentimiento.

Un vistazo a la palabra «arrepentimiento» como la usaba Jesús en el Evangelio según Lucas (Lc 5:32; 10:13; 13:3, 5; 15:7; 16:30; 24:47), confirma la impresión de que todo ser humano necesita arrepentirse para recibir perdón, vida y salvación. Este estudio en Hechos demuestra que, desde los más bajos entre los idolatras y magos hasta los más piadosos de los judíos y gentiles, todos necesitan arrepentirse. ¿De qué tienen que arrepentirse? De los pensamientos e imaginaciones de sus corazones que están lejos de la verdad que Dios revela a través de Jesucristo.

LA SALVACIÓN EN EL FUTURO

El futuro para Lucas incluye eventos que ya han ocurrido desde nuestra perspectiva histórica y los que aún están ante nuestro horizonte. Es evidente, a este punto de nuestro estudio, que Lucas percibía un desarrollo en la salvación que Dios proveía. Él reconoció la salvación primordialmente física que proclama el Antiguo Testamento y expuso el desarrollo de ella en una forma más importante y maravillosa. El factor que inicia el cambio es la venida de Jesús, su muerte y su resurrección. La pregunta que podemos plantear en esta sección del estudio es: ¿Qué pasará luego? Los líderes judíos del tiempo de Lucas fallaron. No reconocieron el desarrollo en la salvación de Dios porque desconocieron el significado de la primera venida de Cristo. No se arrepintieron de los pensamientos e imaginaciones de sus corazones. ¿Qué pistas nos da Lucas acerca del futuro?

En Lucas 12:54-56, Jesús criticó a la gente porque podían «distinguir el aspecto del cielo y de la tierra», pero no el significado de la presencia de Jesús. No queremos caer en el mismo error. En Lucas 17:20-37, el Maestro responde a la pregunta de unos fariseos acerca del futuro. La frase clave desde el punto de vista de este estudio es Lucas 17:32: «Todo el que procure salvar su vida, la perderá; y todo el que la pierda, la salvará». Esto nos advierte que el discurso en sí trata el tema de la salvación, aunque la pregunta de los fariseos no era exactamente eso. En resumen, la enseñanza del Señor aquí es que va a haber una división como en el tiempo de Noe y el de Lot. Esta división será entre lo que se salvan y los que se pierden.

En Lucas 21:5-36, Jesús responde a un comentario de los discípulos en cuanto a que el templo de los judíos será destruido. Ellos luego preguntan cuándo sucedería eso. El resto del pasaje repasa eventos aún futuros para Lucas en una creciente ola de calamidades. Los versículos 19, «Con vuestra paciencia ganaréis vuestras almas», y 28, «porque vuestra redención está cerca» nos advierte que este pasaje también tiene que ver en parte con la salvación. Los versículos 8-11 amonestan a los cristianos de todas las épocas respecto a cuáles serán las características del tiempo hasta la Segunda Venida de Cristo: falsas religiones, guerras, desastres naturales, hambrunas y enfermedades. Los versículos 12-24a hablan de la caída de Jerusalén ante los romanos en el año 70 d.C. El versículo 24b habla del tiempo posterior a la caída de Jerusalén y la venida de Cristo. Y los versículos 25-27 tratan de su venida. En los versículos 28-36, Jesús advierte a sus discípulos cómo debían portarse durante toda esa época: evitando la disolución y la preocupación por las cosas de esta vida, y manteniéndose alertas espiritualmente. La alternativa es el temor y la sorpresa, lo que seguramente indica el juicio de Dios.

En Hechos 1:7-11, el Señor responde a una pregunta semejante acerca del fin con una exhortación a ser testigos hasta «lo último de la tierra», luego asciende al cielo. Los ángeles que aparecen prometen su Segunda Venida corporal. Los que obedecen el mandato de Cristo de ser testigos en Hechos a veces se refieren a su regreso. En Hechos 3:19-21, Pedro afirma: «Así que, arrepentíos y convertíos, para que sean borrados vuestros pecados; para que vengan de la presencia del Señor tiempos de refrigerio, y él envíe a Jesucristo, que os fue antes anunciado; a quien dé cierto es necesario que el cielo reciba hasta los tiempos de la restauración de todas las cosas». En Hechos 10:42 Pedro informa a Cornelio que Jesús «nos mandó que predicásemos al pueblo, y testificásemos que él es el que Dios ha puesto por Juez de vivos y muertos». Y en Hechos 17:31, Pablo afirma que Dios «ha establecido un día en el cual juzgará al mundo con justicia, por aquel varón a quien designó, dando fe a todos con haberle levantado de los muertos». Jesús, en su venida, trae refrigerio a los que se arrepientan y juicio para los demás.

El retrato que pinta Lucas acerca de la salvación en el futuro es claro. Hay separación entre los que se salvan y los que se pierden. El mismo Jesús que salva a los que se arrepienten juzgará a los que no se arrepientan. Es necesario esforzarse para evitar distracciones durante la espera de su venida. El tiempo irá de mal en peor, pero no hemos de desmayar, porque todo esto nos debe animar ya que nuestra redención se acerca.

EL PLAN DE DIOS Y LA SALVACIÓN

Uno de los temas teológicos principales de Lucas y Hechos es el plan de Dios. Mucha evidencia existe en el texto de estos dos libros que respalda esta conclusión: (1) El uso frecuente de la palabra griega *dei* (es necesario) en la acepción de necesidad divina; (2) La aparición frecuente de ángeles que anuncian lo que va a pasar (Lc 1), explicando lo que ha pasado (Hch 1:11), y ayudando a Jesús (Lc 22:14) y a sus discípulos (Hch 12:7-11); (3) La acción del Espíritu Santo en el nacimiento, tentación y ministerio de Jesús así como su papel central en la misión de la Iglesia; (4) Los milagros frecuentes de sanidades, liberación y rescate en Lucas y Hechos; (5) El cumplimiento de profecías del Antiguo Testamento, y las que Jesús hizo durante su vida. Podemos decir que los eventos narrados en Lucas y Hechos se entienden correctamente solo como parte del plan global de Dios. Por eso debemos estudiar la salvación en Lucas y en Hechos como parte de este plan divino.

LA SALVACIÓN FÍSICA Y EL PLAN DE DIOS

En Hechos 12:1-11, Herodes mató a Jacobo y tuvo la intención de hacer lo mismo con Pedro. Un ángel rescató (salvó) a Pedro de la cárcel, donde Herodes lo tuvo encerrado en máxima seguridad. Dios usó medios sobrenaturales para preservar la vida de Pedro. Aunque no sabemos mucho acerca de lo que hizo luego el apóstol, podemos suponer que todo eso fue para cumplir el plan de Dios.

En Hechos 16:26, Dios mandó un terremoto que soltó las cadenas de Pablo y Silas y abrió las puertas de la cárcel donde estaban presos. La salvación física de ellos fue uno de los medios que Dios usó para lograr la salvación espiritual del carcelero. Además, Dios todavía tenía planes para Pablo y Silas.

En Hechos 27:21-25, Pablo anuncia a sus compañeros de viaje lo que un ángel le relató: que a pesar de la tormenta que amenazaba el barco, el plan de Dios era que ningún pasajero iba a morir, y Pablo iba a comparecer ante César. La pérdida del barco, el peligro y los sufrimientos del apóstol sirvieron como testimonio a aquellos pasajeros y para lograr la salvación espiritual de los moradores de la isla donde naufragaron.

Estos son algunos ejemplos de las muchas veces que Lucas presenta la salvación física explícitamente como parte del plan de Dios.

LA SALVACIÓN ESPIRITUAL Y EL PLAN DE DIOS

En Hechos 8:26-39, Dios saca a Felipe de un avivamiento en Samaria para enviarlo a predicarle a una sola persona que viajaba por el desierto. A la vez, Dios tenía a esa persona (el etíope) preparada para oír el evangelio, pues estaba leyendo el pasaje del Antiguo Testamento que habla explícitamente de la salvación que Dios provee a través de Jesús. Obviamente, la salvación del etíope estaba dentro del plan de Dios.

Hechos 9 narra la salvación espiritual de Saulo. Esto era parte del plan divino ya que Él usó una visión y un ángel para llevarla a cabo. En Hechos 9:15-16, Jesús le dijo a Ananías: «Ve, porque instrumento escogido me es éste [Saulo], para llevar mi nombre en presencia de los gentiles, y de reyes, y de los hijos de Israel; porque yo le mostraré cuánto le es necesario padecer por mi nombre». Estas palabras refuerzan la idea de que la salvación de Saulo era parte del plan de Dios.

En Hechos 10, la salvación de Cornelio también ocurre mediante visiones y ángeles. En Hechos 16:6-10, una serie de eventos sobrenaturales previene a Pablo y a su grupo de ir a diferentes lados para ministrar, hasta una visión les convence que Dios les llamaba para ir a Macedonia a predicar el evangelio. Sabemos que muchas personas fueron salvas debido a esa predicación, parte obvia del plan de Dios.

En Hechos 18:9-10, Pablo tiene una visión del Señor animándolo a quedarse en Corinto porque «Yo [el Señor] tengo mucho pueblo en esta ciudad». La salvación de aquellos obviamente era parte del plan divino. Así vemos que la salvación espiritual, como la física, opera en Hechos puesto que es parte del plan de Dios.

LA SALVACIÓN A LOS GENTILES Y EL PLAN DE DIOS

La salvación de Cornelio en Hechos 10, la conclusión del concilio acerca de no poner los gentiles bajo el yugo de la ley en Hechos 15 y lo que dice Pablo en Hechos 13:47 y 28:28,[4] se combinan para hacer entender al lector que también la extensión del evangelio a los gentiles era parte del plan de Dios. Hechos 1:8 habla de ser testigos de Cristo hasta lo último de la tierra y el resto de Hechos confirma que esa salvación no era solamente para la nación de Israel, sino para todos los pueblos en toda la tierra.

EL SALVADOR

Es preciso investigar lo que Lucas dice acerca del Salvador. En el canto de María, en Lucas 1:46-55, ella llama a Dios «mi Salvador» (Lc I :47), pero el contexto aclara que el tipo de salva-

4 Hechos 13:47: Porque así nos ha mandado el Señor, diciendo: Te he puesto por luz de los gentiles, a fin de que seas para salvación hasta lo último de la tierra. Hechos 28:28: Sabed, pues, que a los gentiles es enviada esta salvación de Dios; y ellos oirán.

ción es física: humillar a los grandes, exaltar a los humildes, colmar con bienes a los necesitados y cumplir las promesas. En Lucas 2:11, el ángel anuncia a los pastores que el niño que acababa de nacer era el Salvador, pero aquí el contexto no aclara en qué consiste la salvación que provee. En Hechos 5:31, Pedro responde al sumo sacerdote y al concilio de ancianos declarando que Jesús era «Príncipe y Salvador, para dar a Israel arrepentimiento y perdón de pecados». También Pablo, en Hechos 13:23, anuncia que «Dios levantó a Jesús por Salvador a Israel», y después en el sermón afirma: «Que por medio de él se os anuncia perdón de pecados, y que de todo aquello que por la ley de Moisés no pudisteis ser justificados, en él es justificado todo aquel que cree» (Hch 13:38-39). Así es claro que la salvación que Jesús provee consiste principalmente en arrepentimiento y perdón de pecados. En ambos —el discurso de Pedro en Hechos 5 y la predicación de Pablo en Hechos 13—, se asocia directamente la muerte de Jesús y su resurrección con la salvación que provee. Lucas cierra la posibilidad de salvación por medio de otro en Hechos 4: 12: «Y en ningún otro hay salvación; porque no hay otro nombre bajo el cielo, dado a los hombres, en que podamos ser salvos».

CONCLUSIÓN

Antes notamos que en Hechos 16, un hombre salvo (Pablo) tuvo que sufrir maltrato y cárcel para tener oportunidad de compartir la salvación con otro. Aquí entendemos que esto es exactamente lo que Jesús hizo, sus sufrimientos en la cruz y su muerte fueron el medio que Dios usó para brindar salvación a la humanidad. Lucas empezó en el evangelio con el concepto de salvación que el mundo judío y grecorromano entendía: rescate del mal y provisión del bien físico. Luego anunció una especie de salvación que iba mucho más allá de un beneficio físico. Una salvación tan preciosa que aun vale perder el bien físico para obtenerla. Terminó el evangelio con la afirmación:

«Así fue necesario que el Cristo padeciese, y resucitase de los muertos al tercer día; y que se predicase en su nombre el arrepentimiento y el perdón de pecados en todas las naciones» (Lc 24:46-47). En Hechos enseña la misma lección: presenta los beneficios físicos de sanidad, restauración de vida y liberación del mal, pero finalmente define con claridad que la salvación espiritual consiste en el perdón de pecados y que solamente Jesús, a través de su muerte y resurrección, puede proveerla.

¿Quién necesita esa salvación? i Todo ser humano! Tenemos que arrepentirnos de los pensamientos e imaginaciones de nuestro corazón. Parece que el rechazo del pueblo judío a los designios de Dios es típico de todo ser humano. Aun Cornelio, un hombre piadoso y generoso, tuvo que arrepentirse para vivir. Si nos arrepentimos, nos esperan tiempos de refrigerio; si no, el Señor será nuestro juez.

¿En qué debemos ocuparnos mientras esperamos a Cristo? ¡En ser sus testigos! El peligro es distraernos, por eso hay que estar alerta.

Finalmente, la salvación está bajo la absoluta soberanía de Dios. Es parte de su plan. Nosotros somos los instrumentos que Él utiliza para proclamar las buenas nuevas del perdón de pecados por medio de la fe en Jesús, pero Él es quien prepara a las personas para oír y responder a la noticia. Según Hechos 1 :8, ese plan incluye hasta lo último de la tierra y según Hechos 13:47, todas las naciones.

Después de estudiar brevemente el testimonio de Lucas sobre el tema de la salvación, ¿Podemos concluir que nuestros conceptos al respecto han cambiado?

PREGUNTAS

1. Escriba tres párrafos acerca del tema de la salvación. En el primero, destaque su concepto de la salvación antes de estudiar este apéndice. En el segundo párrafo, resuma las conclusiones de este apéndice. En el tercero, note cualquier cambio en su concepto de salvación debido al estudio de Lucas-Hechos.

2. Escoja un tratado evangelístico y analícelo de acuerdo a lo que aprendió en este apéndice acerca de la salvación. ¿Presenta el evangelio bíblicamente? ¿Qué quitaría usted del tratado o qué añadiría para hacerlo conformarse mejor a lo que la Biblia enseña acerca de la salvación?

Apéndice 5
LA MISION EN HECHOS

La palabra «misión», en castellano, no aparece en Lucas ni tampoco en Hechos en la versión Reina Valera.[1] En castellano moderno, la definición de «misión» que nos interesa y que empleamos en este apéndice es: «Peregrinación y predicación de la doctrina cristiana a pueblos que no la siguen o no la conocen». Este significado se expresa a través de la palabra griega *ergon*, en singular, que se traduce como «obra» o «trabajo». El uso primero en Hechos 5:38-39 es importante. El consejo que Gamaliel da al sanedrín respecto a su trato a Pedro y Juan es así:

> Apartaos de estos hombres, y dejadlos; porque si este consejo o esta **obra** es de los hombres, se desvanecerá; más si es de Dios, no la podréis destruir; no seáis tal vez hallados luchando contra Dios.

En el trascurso de la narración de Hechos, se hace bastante claro que tanto el propósito como la obra es de Dios y no de los hombres.

La palabra *ergon* no aparece más hasta Hechos 13, luego hay cuatro usos entre los capítulos 13—15 (después no aparece más en Hechos con referencia a misión). En Hechos 13:2, el Espíritu Santo manda a la Iglesia de Antioquía a apartar a Bernabé y a Saulo para la **obra**. En 13:41, Saulo citando Habacuc 1:5, advierte a los judíos

1 La versión LBA emplea «misión» para describir el viaje de Bernabé y Saulo a Jerusalén con la donación para la hambruna en Hechos 12:25. Esto traduce la palabra griega *diakonía* que realmente quiere decir «servicio» o «ministerio».

que Dios va a hacer una **obra** a sorptendente. En Hechos 14:26, Pabo y Bernabé regresan a Antioquia de Siria de la **obra** a la que fueron enviados. En Hechos 15:38 Pablo no quiere llevar consigo a Juan Marcos, porque había desertado cuando fueron a la **obra** en Antioquia de Pisidia. Lo notable de estas citas es que este término no se usa para señalar la predicación del evangelio por individuos ni a individuos. De otra forma, se usa cuando Dios envía un equipo de personas desde una iglesia local a establecer otras congregaciones donde no se ha predicado el evangelio anteriormente.

Las citas anteriores aclaran varios puntos: (1) La obra (es decir la misión) es de Dios, no de los hombres. (2) Se realiza la misión de Dios a través de las acciones y palabras de los hombres. (3) Mision es Dios impulsando una iglesia local para establecer otras congregaciones loca les compuestas de personas que no habían creído en el señor Jesús.

EL PAPEL DEL ESÍRITU SANTO EN LA MISIÓN

Ya mostramos que la misión es una obra de Dios y que su enfoque es establecer iglesias. Hechos muestra que el espíritu santo es quién dirige esta obra o misión. En los capítulos 13:2 y 4, es el Espíritu quien habla y envía. En Hechos 15:28, el espíritu Santo determina la desición de la iglesia de Jerusalén respecto a los requisitos impuestos sobre los gentiles. En Hechos 16:6-9, el Espíritu primeramente prohíbe la predicación del evangelio en dos regiones, luego impulsa la extensión de la misión a Macedonia. En Hechos 18:9-10, el Señor (quizás. a través del Espíritu Santo) dirige a Pablo a permanecer en Corinto a pesar de la oposición. En Hechos 20:28, el Espíritu Santo es quien coloca a los líderes sobre la iglesia local.

Además de su dirección personal y especifíca en la misión, el Espíritu Santo capacita a los hombres para testificar de Cristo; sin esacapacitación,lamisiónseríaimposible(Lc24:48-49;Hch1:5,8),

EL PAPEL DE LAS PERSONAS EN LA MISIÓN

La palabra «testigo» (*martus*, en griego) señala la participación de individuos en la misión. Los primeros testigos,comisionados directamente por Cristo, fueron los apóstoles. Ellos habían estado con Jesús en Galilea, lo vieron después de la resurrección y Él los comisionó en Hechos 1 :8, inmediatamente antes de su ascensión. En verdad, de 13 usos de la palabra *martus* en Hechos, la mayoría se refieren a los apóstoles originales. En la predicación de Pedro, la frase «nosotros somos testigos» ocurre 4 veces.

En Hechos 22: 15 y 26: 16, Pablo utiliza la palabra para referirse a su propio ministerio, recibido directamente de Cristo. Y en Hechos 22:20, la utiliza para referirse a Esteban. Esto muestra que aunque en Hechos, los principales testigos fueron los apóstoles originales, ser testigo no estaba limitado solamente a ellos. En el cumplimiento de la misión de Dios —fundar iglesias locales—, el testigo —la persona que testifica—, es el instrumento humano que Dios emplea y envía.

PEDRO

El apóstol Pedro tuvo el privilegio de predicar el primer mensaje evangelístico el día de Pentecostés. Además permaneció en el liderazgo de la Iglesia de Jerusalén por algún tiempo. Visitaba varias ciudades de Judea y llegó hasta Cesarea para evangelizar a Cornelio. El enfoque de su ministerio parece ser la evangelización y el apoyo de la iglesia.

ESTEBAN

Esteban tuvo un ministerio apologético. Es decir, su labor era la defensa de la fe cristiana contra el judaísmo. Su ministerio en la Iglesia de Jerusalén fue originalmente el servicio administrativo y luego pasó a disputar con los judíos acerca de la fe. Murió como consecuencia de un debate.

FELIPE

Felipe, como Esteban, tuvo el mismo ministerio de servicio físico al comienzo, pero pronto desempeñó el ministerio de evangelista. Como consecuencia de la fuerte persecución en Jerusalén, huyó y predicó el evangelio en Samaria. Predicó a grupos y a individuos.

BERNABÉ

Bernabé era un hombre confiable. La iglesia de Jerusalén confiaba en él. Fué usado por Dios para integrar a Saulo con los líderes de Jerusalén y establecer el ministerio de la Iglesa de Antioquia, en Siria. Bernabé también acompañó a Pablo en el primer viaje misionero que leemos en Hechos 13-14. Fué usado por el Señor para discipular a Juan Marcos.

PABLO

Pablo es la persona que, según Hechos, realmente se preocupó en establecer Iglesias locales en lugares donde no se había predicado el evangelio antes. Por ejemplo, en Hechos 14:21-23, Pablo regresa donde había predicado para fortalecer a los creyentes y nombrar líderes. En Hechos 15:41—16:5, viajó por todas partes donde había estado fortaleciendo a las iglesias. Pablo se preocupó por formar un equippo miniserial de personas con habilidad y visión para administrar más ampliamente. Entre los miembros de ese equipo se incluía a Silas (Hch 15:40; 16:22; 17:1; 18:5 y otros), Timoteo (Hch 16:3; 17:4; 18:5 y otros), Erasto (19:22), Sópater, Aristarco, Segundo, Gayo, Tíquico y Trófimo (Hch 20:4). Pablo mantuvo contacto con las iglesias que había iniciado a través de viajes, cartas y visitas de los miembros de su equipo. Las iglesias que Pablo inició, extendieron la obra misionera por toda la región adedaña (Hch 19:10).

OPOSICIÓN A LA MISIÓN

Hubo oposición a la misión de Dios por parte de los judíos no creyentes, ciertos paganos y aun algunos creyentes. Desde un comienzo, los judíos no creyentes se movilizaron contra la predicación del evangelio.Pablo solía empezar a anunciar el evangelio en las sinagogas de los judíos. Algunos creían pero, por lo general, una fuerte oposición a la obra se iniciaba con los judíos incrédulos.

En Éfeso, los gentiles que se ganaban la vida fabricando ídolos se opusioeron seriamente a la misión: Pablo tuvo que huír de esa ciudad después de un alboroto que ellos organizaron.

Lo más triste de la historia es la oposición a la misión divina por parte de los creyentes. La disputa se enfocó en el conflicto de la relación del judaísmo con la fe en Cristo y la salvación. Muchos de los primeros creyentes eran judíos, algunos de los cuales practicaban la religión hebrea con mucho celo. No podían entender que las obras religiosas no eran necesarias para la salvación, sino la fe en Cristo. Ellos perturbaban la obra misionera de Pablo en varias formas. Notamos en Hechos 15:1-2 que algunos viajaban de un lugar a otro para difundir su doctrina legalistas en iglesias donde había gentiles. Hechos 21:20-26 muestra que Pablo estaba obligado a participar en ciertos ritos de la riligión judía para tratar de apaciguar a algunos creyentes hebreos. De las cuartas de Pablo, también entendemos que el tenía que luchar continuamente contra la infiltración de legalismo mediante personas que llegaron después de él con «otro evangelio».

EL DESARROLLO DE LA METODOLOGÍA Y LA TEOLOGÍA DE LA MISIÓN EN HECHOS

En el transcurso del libro de Hechos se puede observar cómo se desarrolla tanto la metodología como la teoría (o teología) Misiológica. Hechos 1:8 manda a los discípulos a ser testigos de Cristo a cuatro grupos de personas, desde las más familiares (las de Jerusalén) a las menos vinculadas (las de lo último del mundo). Las columnas de la Iglesia, los apóstoles y ancianos, no eran los más dispuestos a extender el testimonio de Jesús más allá de Jerusalén. Por otro lado, fue una persecución lo que obligó a los creyentes (pero no a los líderes, Hch 8: l) a salir de Jerusalén. Cuando la noticia de un avivamiento en Samaria llegó a Jerusalén, entonces Pedro y Juan salieron para ver si todo estaba bien (Hch 8:14).

En el caso de Cornelio, el Espíritu Santo primeramente tenía que convencer a Pedro de que podía ir a la casa de un gentil y que Dios no consideraba a los gentiles impuros o intocables (Hch 10:9-20). Cuando Pedro empezó a compartir el evangelio con Cornelio y los demás en su casa, estaba lleno de prejuicios raciales y religiosos: «Vosotros sabéis cuán abominable es para un varón judío juntarse o acercarse a un extranjero; pero a mí me ha mostrado Dios que a ningún hombre llame común o inmundo; por lo cual, al ser llamado, vine sin replicar» (Hch 10:28).

Después de ver que el Espíritu Santo vino sobre ellos, Pedro consintió en bautizarlos, pero tenía que defender su acción después ante los demás creyentes en Jerusalén (Hch 10:47-48; 11:1-3). Luego de esto, Hechos no nos cuenta otros intentos por parte de Pedro para alcanzar gentiles con el mensaje de Cristo. En verdad, Gálatas 2 relata su hipocresía frente al racismo de algunos creyentes judíos que llegaron desde Jerusalén a la Iglesia de Antioquía de Siria.

Esta iglesia fue establecida cuando algunos creyentes empezaron a anunciar el mensaje de salvación a los gentiles (Hch 12:19-21). Es notable observar que los que anunciaron el evangelio en Antioquía no eran de allá, sino que procedían de Chipre y Cirene. Pablo estuvo colaborando allá por más de un año (Hch 11:25-30; 12:25; 13:1-3). Allí había gentiles y judíos creyentes mezclados. Gálatas nos muestra que judíos y gentiles compartían la misma mesa, en contra de las estrictas leyes de los judíos que prohibían comer juntos a un hebreo y un gentil. El poder de Jesucristo había superado el prejuicio humano, al menos, en algunos casos. Los pensamientos teológicos de Pablo acerca de la misión entre los gentiles estuvieron en parte formados por su experiencia en la Iglesia de Antioquía.

Me asombra notar que las columnas de la Iglesia de Jerusalén reconocieran una división de la labor misionera y evangelizadora que puso la carga más grande sobre pocas personas. En el tiempo del concilio en Jerusalén había por lo menos catorce personas generalmente reconocidas como los principales líderes del movimiento cristiano: diez de los originales doce apóstoles, Matatías, Jacobo, Pablo y Bernabé. De los catorce, solo dos fueron comisionados para alcanzar a los novecientos millones de gentiles no creyentes en el mundo grecorromano, en el que solo había unas pocas congregaciones locales pequeñas y recién fundadas. Los otros doce permanecieron en Jerusalén y Judea donde solo vivían tres millones de judíos, y donde había una iglesia grande de miles de creyentes que activamente compartían su fe (Gl 2:2:9). Estas columnas no salieron de Jerusalén hasta que la ciudad fue destruida en 70 d.C. por los romanos. Entonces, Juan salió a Efeso, Pedro a Roma, Andrés a Egipto, Tomás a la India, etc.

Cuando el Espíritu Santo ordenó apartar a Bernabé y Saulo para la obra misionera, ellos se fueron de Antioquía de Siria, primeramente a Chipre (tierra natal de Bernabé); y después a Asia Menor, donde había más gentiles que judíos. Tanto el éxito como la oposición que encontraron allá está registrado en Hechos 13-14. Regresaron a informar a la Iglesia de Antioquía de Siria de todo lo que el Señor había hecho a través de ellos; los hermanos de allí se alegraron. Pero cuando llegaron algunos judíos de Jerusalén diciendo que tenían autoridad de parte de Jacobo, aun Pedro y Bernabé se apartaron de esa comunión (Hch 15:1;Gl 2:12). Pablo y Bernabé disputaron fuertemente con ellos. Parece que el mismo mensaje judaizante llegó también a las iglesias que Pablo había sembrado en Galacia, y el apóstol oyó esa noticia. Entonces escribió la Epístola a los Gálatas y se fue con Bernabé a Jerusalén, representando a la Iglesia de Antioquía para protestar por el intento de obligar a los gentiles creyentes a observar costumbres religiosas judías.

La decisión del concilio manifestaba que aun cuando el mensaje de salvación no incluía la obligación de observar las costumbres judías como la circuncisión, sin embargo, la persona salva debía apartarse de cosas inmorales y de todo lo que se asociara con la idolatría. El motivo de las restricciones en la carta que redactaron fue que no pusieran obstáculos a la fe ni a los gentiles ni tampoco a los judíos. Esta decisión abrió la puerta a los gentiles para entrar libremente en el reino de Dios por medio de la fe en Jesucristo. Pero las cartas de Pablo y el resto del libro de Hechos muestran que hubo una oposición tenaz por parte de muchos judíos creyentes y pocos obreros estuvieron dispuestos a poner manos a la obra.

Pablo, sin embargo, dedicó el resto de su vida a viajar, predicar el evangelio y establecer iglesias. Los capítulos 16—20 de Hechos registran que su estrategia cambió un poco con el paso del tiempo. Aunque todavía empezaba a predicar en las sinagogas dondequiera que había una, sin embargo, Pablo se estableció en lugares neutrales cuando la comunidad judía rechazaba el evangelio (Hch 18:7; 19:8-9). Además, en lugar de permanecer solamente en una ciudad hasta que la oposición comenzara, Pablo asumió la costumbre de quedarse más tiempo (Hch 18:11; 19:10). Con esta estrategia, pudo establecer congregaciones más grandes y mejor organizadas para así continuar la obra misionera al irse a otro lugar.

Un estudio de la vida de Pablo, registrado en Hechos y en sus cartas, nos enseña mucho acerca de la teología y metodología de las misiones. Su mensaje de despedida a los ancianos de la Iglesia de Éfeso (Hch 20: 18-36) detalla lo que hizo durante los dos años de ministerio entre ellos: Predicando públicamente y de casa en casa; a gentiles y a judíos; amonestando a todos individualmente y sirviendo al Señor con humildad. Un estudio de 1 Corintios 9, juntamente con Filipenses 4: 10-20, 1 Tesalonicenses 2:9, 2 Tesalonicenses 3:7-9 muestra que el apóstol nunca recibió dinero o sustento físico de la iglesia donde ministraba, aunque sí lo aceptaba de otras congregaciones. El motivo de esto parece ser no permitir que los donantes lo manipularan con exigencias que perjudicaran la predicación del evangelio. 2 Corintios 9-10 muestra que Pablo trabajaba para enseñar a las iglesias (aun las muy pobres) a dar, y que se encargó de recomendar a quién debían dar. 2 Timoteo 2: 1-2 nos enseña que el apóstol cuando trató de seleccionar a las personas con más potencial para recibir enseñanzas para que luego enseñaran a otras. Además, Pablo recomendó esta estrategia a Timoteo. 2 Corintios 11:16-12:10 registra algunos de los sufrimientos que tuvo como resultado de su ministerio misionero. Este pasaje aclara que él reconocía que no tenía fuerzas en sí mismo para soportarlo todo, sino que dependía de la fortaleza de Dios para cumplir con su labor. 2 Timoteo nos enseña que al final de su vida, Pablo sintió confianza de que había hecho lo mejor posible.

LA MISIÓN EN EL SIGLO XXI

Cuando reflexionamos en todo eso, es obvio que hay muchos aspectos pertinentes al día de hoy.

1. El problema misionero principal todavía es el de las culturas. El misionero actual tiene que esforzarse por entender la diferencia entre el evangelio y las manifestaciones culturales que asocia con este. Además, tiene que entender las manifestaciones culturales de la gente a las que está evangelizando, para poder saber cuáles se pueden mantener y cuáles hay que rechazar como antibíblicas.

2. Aún es un problema el rechazo de las iglesias establecidas ante todo lo que es novedoso o creativo en cuanto a la presentación del evangelio y su entronización en la cultura de otros grupos. Aun cuando el evangelio pase de una generación a otra, existen conflictos. La tradición en sí no es mala ni buena. El reto es no dejar que ella impida la comunicación del evangelio.
3. Todavía es difícil motivar a los creyentes a dejar sus comodidades y costumbres para llevar el evangelio a grupos de personas que son diferentes a ellos. Hay muy pocos obreros que se dedican a ministrar a culturas distintas a las suyas, en comparación con muchos que quieren enfocarse en su propio barrio, estrato económico, social, etc. Aquí hay algunas estadísticas que dan una idea general de la magnitud de la obra y el número de personas que actualmente trabajan. Hay 852 millones de no creyentes que viven en lugares donde existen iglesias locales fuertes que pueden evangelizarlos; y hay 60,000 misioneros trabajando en esas áreas. Uno por cada 14,200 inconversos en áreas donde hay congregaciones cristianas fuertes.

   Hay 2,500 millones de no creyentes que viven en lugares donde no existe ninguna iglesia cristiana. Solo hay 9,100 misioneros trabajando en esas áreas. Hay un misionero por cada 275,000 incrédulos en áreas donde no hay ninguna congregación cristiana todavía.
4. A pesar de eso, es obvio que Dios todavía es el mismo Dios misionero y que quiere que el mensaje de salvación por medio de la fe en Jesús sea predicado hasta lo último de la tierra.
5. La metodología misionera todavía es semejante a la que usó Pablo hace 2,000 años. Misioneros que aún predican y enseñan, que todavía reciben su apoyo de las iglesias que

los envían, que aún preparan líderes que los puedan reemplazar cuando se necesite, que todavía se concentran en fundar congregaciones locales que puedan continuar la obra evangelizadora y que todavía tienen que sufrir peligros, incomodidad y rechazo de la gente a la que ministran así como de los que les envían.

PREGUNTAS

1. Escoja unas citas de Hechos y de las cartas de Pablo que enseñen algo acerca de su teología y metodología misionera. Explique qué nos enseñan las citas y por qué. Compare la obra misionera de alguna persona o iglesia que conozca personalmente con la obra de Pablo. Destaque las diferencias y semejanzas.
2. Reflexione acerca de la posibilidad de que Dios le esté llamando a participar en la obra misionera. Considere la posibilidad de ir a algún lugar donde no han oído el evangelio todavía. Considere la posibilidad de apoyar económicamente y en oración a alguien que ya está obrando en el campo misionero. ¿Qué puede hacer usted para prepararse mejor y cumplir con el llamado a la obra misionera?

Apéndice 6

LA CRÍTICA TEXTUAL Y EL TEXTO DE HECHOS

LA DISCIPLINA DE LA CRITICA TEXTUAL DEL NUEVO TESTAMENTO

Un famoso experto en el estudio del Nuevo Testamento lo llamó: «La lámpara de la luz y progreso para el mundo». Para aprovechar adecuadamente la luz del Nuevo Testamento, antes de empezar las tareas de lectura, interpretación y aplicación, es necesario saber cuáles son las palabras exactas que hay en él. Muchos cristianos nunca han pensado en la historia de la trasmisión del texto del Nuevo Testamento desde el mundo grecorromano de hace 2,000 años hasta el presente, y el efecto que esa historia tiene en las palabras que leemos en nuestra versión de la Biblia.

La crítica textual es el estudio de los manuscritos que existen de la Biblia. Los críticos textuales tratan de comparar manuscrito con manuscrito, palabra por palabra, en la Biblia con la intención de descubrir cuáles fueron los vocablos exactos que los autores escribieron en los originales. Para practicar la crítica textual es necesario leer el griego del Nuevo Testamento y tener acceso a una edición del texto griego del Nuevo Testamento que identifica las variaciones en los manuscritos.[1]

1 Por ejemplo: *The Greek New Testament*, Sociedades Bíblicas Unidas, cuarta edición. O *Novum Testamentum Graece*, Deutsche Bibleschlaft, vigesimoséptima edición.

Es probable que la mayoría de los estudiantes de este libro no vayan a practicar la crítica textual por sí mismos, pero sí van a encontrar referencias a aquello en sus Biblias de estudio o en comentarios y diccionarios bíblicos. Por ejemplo, si observa Mateo 5:22 en las versiones NVI, Dios Habla Hoy, La Biblia de las Américas y la Biblia de Jerusalén, verá una nota que indica que algunos manuscritos añaden las palabras «sin causa», después de la frase «cualquiera que se enoje con su hermano». Este apéndice pretende introducir al estudiante de la Biblia al tema de la crítica textual y capacitarlo para entender mejor las referencias a ello en Biblias y comentarios.

LA CONFIABILIDAD DEL NUEVO TESTAMENTO

Antes de comenzar una consideración de la crítica textual del Nuevo Testamento y de Hechos, quiero decir algo en general acerca de la confiabilidad del primero.

En primer lugar, aproximadamente 85% de las palabras del texto neotestamentario son ciertas.[2] Es decir, en el proceso de copiar los manuscritos, ningún error o variación ocurrió en 85% del texto. Del 15% restante donde hay alguna variación, se puede determinar cuál fue el texto original con una muy alta confiabilidad que oscila entre 12% y 14% de los casos. En resumen, podemos creer en la exactitud del Nuevo Testamento —respecto al texto original— con un alto grado de confianza que va de un 97% a un 99%. Esto es un ejemplo de la maravillosa providencia de Dios, considerando que hay más que 5,000 ejemplares escritos a mano de al menos una parte del Nuevo Testamento en griego.[3]

2 A. Van Selms, «Text and manuscripts of the NT [Texto y manuscritos del Nuevo Testamento]» en *The International Standard Bible Enciclopedia*, vol. 4 [La enciclopedia internacional estándar del la Biblia], Eerdmans, Grand Rapids, 1991, p. 818.

3 Otro factor que nos anima a confiar en el texto del Nuevo Testamento es el hecho de que tenemos miles de manuscritos para estudiar y comparar y que muchos de

En segundo lugar, en la gran mayoría de los textos del Nuevo Testamento en los que hay alguna variación entre una y otra palabra, la diferencia es menor, y no afecta mucho el sentido o la traducción del texto al español. Por ejemplo, hay muchos lugares en el Nuevo Testamento donde no hay seguridad en cuanto a si el texto original dice «a vosotros» (*humin*), o «a nosotros» (*hêmin*). En otros cuantos lugares donde hay variación en el texto de los manuscritos, ella consiste en la adición de algo que está presente sin duda en otra parte del Nuevo Testamento. Por ejemplo, Romanos 8: 1 dice: «Ninguna condenación hay para los que están en Cristo Jesús, **los que no andan conforme a la carne, sino conforme al Espíritu**» en unos manuscritos; pero en otros afirma: «Ninguna condenación hay para los que están en Cristo Jesús» (como puede ver, en este último falta la frase destacada en letras negras del manuscrito anterior). Esto no es ningún problema, porque en Romanos 8:4 dice: «para que la justicia de la ley se cumpliese en nosotros, **que no andamos conforme a la carne, sino conforme al Espíritu**». La idea exacta está presente solo cuatro versículos más adelante que el versículo que está en duda. Es decir, «los que están en Cristo Jesús» son obviamente «los que no andan conforma a la carne, sino conforme al Espíritu».

Finalmente, ninguna doctrina cristiana es cuestionable porque exista alguna variación en los manuscritos. Por ejemplo, 1 Juan 5:7 que dice: «Porque tres son los que dan testimonio en el cielo: el Padre, el Verbo y el Espíritu Santo; y estos tres son uno», probablemente sea una adición al texto original de 1 Juan. Pero aun si no usáramos este versículo, la doctrina de la Trinidad no se puede poner en duda, puesto que se puede establecer a partir de muchos otros textos en todo el Nuevo Testamento, y aun en el Antiguo.

ellos fueron escritos pocos años después de la composición de la Biblia. Otras obras literarias de la misma época cuentan con pocos ejemplares. Hay un solo manuscrito del historiador Tácito, y es de casi mil años después de la fecha de composición.

LA ESCRITURA EN EL MUNDO ANTIGUO

En la época cuando fue escrito el Nuevo Testamento, no había libros como los conocemos hoy, sino rollos que se hacían de una sustancia llamada papiro. Los papiros se hacían de un junco que se aplastaba y tejía para formar una hoja de unos 30 cm de ancho por 10 metros de largo. Esta larga hoja se enrollaba. Los libros de Lucas y de Hechos cabían —cada uno—, apenas en un solo rollo. Este material era delicado y se dañaba fácilmente debido al tiempo y la humedad. Los arqueólogos han encontrado fragmentos o rollos completos de papiro preservados desde tiempos bíblicos en climas muy secos, o guardados en vasijas de barro bien tapadas. Los escritos originales del Nuevo Testamento seguramente fueron en rollos de papiro. Por eso ninguna de las copias originales del Nuevo Testamento existen en la actualidad.[4]

El papiro fue utilizado hasta el séptimo siglo, pero desde el cuarto después de Cristo, empezaron a usar un material más durable, el pergamino, hecho de cuero de un animal. La mayoría de los manuscritos que tenemos del Nuevo Testamento están escritos en pergamino. A veces los raspaban (o borraban) y los usaban nuevamente. Al pergamino que se usaba por segunda vez lo llamaban «palimpset». Hoy día es posible emplear un proceso químico para descubrir lo que se escribió en un pergamino raspado. Algunos manuscritos del Nuevo Testamento son palimsetes.

Los manuscritos más tempranos del Nuevo Testamento eran rollos, pero después del segundo siglo, la mayoría de ellos fueron los llamados códices,[5] parecidos a nuestros libros. Un codex consiste de varias hojas de papiro o de pergamino doblado, cortado y

4 Otra posible razón de la falta de los escritos originales fue la persecución del cristianismo, por la que muchos rollos y escritos fueron destruidos, evitando así la providencia divina que el pueblo cayera en la adoración idolátrica de esos documentos.

5 «Códices» es la forma plural de «codex».

cosido para formar parte de lo que se parece mucho a un libro moderno.

En vez de lapiceros o lápices, los escritores tenían que usar un pedazo de caña o junco delgado y puntuado o una pluma. La tinta era hecha de agua y diferentes sustancias. El primer libro que fue impreso en una máquina fue la Biblia en latín, entre los años 1452-1456[6] hecha por Johannes Gutenberg. Todas las copias completas o parciales del Nuevo Testamento en griego hasta el año 1516 fueron hechas a mano. Las maneras de producir copias del Nuevo Testamento eran dos. A veces, las personas ricas le pagaban a un escribano para que copiara un manuscrito. El escribano miraba el original y trataba de hacer una copia exacta. Con frecuencia, una persona leía el original en voz alta mientras otras copiaban lo dictado para hacer varias copias simultáneamente. Considerando este proceso, es fácil entender por qué podían ocurrir varios tipos de errores no intencionales.

Es más, los manuscritos más tempranos eran escritos solamente con letras mayúsculas, sin ningún espacio entre palabras, ni puntuación alguna. Esto dificultaba mucho la lectura. Por ejemplo, trate de leer lo siguiente:

AMARGOZARANDEROINFELIZ

Esto puede ser: AMAR, GOZAR, ANDERO INFELIZ y también: AMARGO ZARANDERO INFELIZ.

TIPOS DE ERRORES QUE SE OBSERVAN EN LOS MANUSCRITOS

Las dos clases de errores que se encuentran en los manuscritos del Nuevo Testamento son: no intencionales e intencionales. A continuación, hay una tabla que clasifica algunos errores comunes de ambas clases y da un ejemplo de cada uno.

6 No es posible fijar con precisión el año de su impresión.

Clase de error	Tipo de error	Ejemplo de error[1]
Errores no intencionales.	Mala división de palabras.	1 Timoteo 3:16: ὁμολογουμένως μέγα (indiscutiblemente grande) ὁμολογοῦμεν ὡς μέγα (reconocemos cuán grande).
	Homoeoteleuton (saltar de una letra o palabra a la misma letra o palabra más adelante en la página).	1 Juan 2:23: «Todo aquel que niega al Hijo, tampoco tiene al Padre. El que confiesa al Hijo, tiene también al Padre». Fue copiado por muchos «Todo aquel que niega al Hijo, tampoco tiene al Padre». Porque el ojo del escribano saltó al segundo «al Padre».
	Haplografía[2] (escribir una letra o palabra una vez cuando debe escribirla dos veces).	1 Tesalonicenses 2:7: Correcto: ἐγενήθημεν νήπιοι (fuimos infantes) Error: ἐγενήθημεν ἤπιοι (fuimos tiernos).
	Ditografía (escribir una letra o palabra dos veces cuando solo debe escribirse una vez).	Marcos 12:27 «Dios no es Dios de muertos, sino **Dios** de vivos; así que vosotros mucho erráis». La palabra **Dios** (en letra negra) no está en muchos manuscritos.
	Metathesis (cambiar el lugar de una letra o palabra).	Marcos 14:56: ἔλαβον (recibieron) en lugar de ἔβαλον (pegaron)
	Itacismo (confusión de vocales que tienen sonidos similares).	Romanos 5:1: ἐχομεν (tenemos) en lugar de e;cwmen (tengamos).[3]
Errores intencionales	Para mejorar la gramática.	Marcos 13:2: έπι. λι,θω- (gramaticalmente correcto) sustituido en lugar de έπι. λι,θον (gramaticalmente incorrecto).
	Cambios introducidos según ritos religiosos.	Mateo 6:13: La frase «Porque tuyo es el reino y el poder y la gloria para siempre jamás. Amén», fue añadida.
	Eliminación de dificultades.	Marcos 1:2: «Como está escrito en Isaías el profeta» fue cambiado a «Como está escrito en los profetas». Pues hay dos citas que siguen, la primera de Malaquías y la segunda de Isaías.
	Armonización de pasajes paralelos.	Mateo 19:17 con Marcos 10:18. Algunos manuscritos añaden la palabra «Dios» al pasaje en Mateo para hacerlo igual al texto de Marcos.
	Cambios doctrinales.	1 Juan 5:7 probablemente fue añadido durante los debates doctrinales sobre la Trinidad.

¹ Algunos de estos ejemplos aparecen como notas a pie de página en Biblias de estudio en español, otros solo se pueden observar en un Nuevo Testamento en griego que muestre variaciones en el texto.
² Puesto que en este ejemplo no es claro cuál es el texto original (ambas opciones tienen evidencia a su favor), esto puede ser igualmente un ejemplo de «ditografía».
³ En este caso, «tenemos» es el texto correcto.

En resumen, los manuscritos que tenemos del Nuevo Testamento demuestran una concordancia exacta en casi 85% del texto. Los críticos textuales examinan y comparan los manuscritos donde hay variaciones de palabras para tratar de deducir cuál fue el texto original que escribió el autor. A continuación, estudiaremos el proceso que usan para llegar a sus conclusiones.

EL PROCESO DE LA CRÍTICA TEXTUAL

Para entender este proceso es necesario comprender algo de la historia de la trasmisión del texto del Nuevo Testamento.

Los primeros siglos

Durante los primeros trescientos años después de Cristo, el texto del Nuevo Testamento fue copiado con más libertad, porque la idea del «canon» y la inspiración verbal del texto no se había desarrollado por completo. Si un escribano cometía un error intencional o involuntario, y otro usaba el manuscrito erróneo para hacer otras copias, el error se propagaba. Por ejemplo, hay manuscritos de Mateo 6:13 que contienen las palabras «porque tuyo es el reino, y el poder, y la gloria, por todos los siglos. Amén»; mientras otros no las tienen. Hay manuscritos de Efesios 1:1 que contienen la expresión «en Efeso»; y otros no la tienen. Algunos manuscritos de Juan 1:18 dicen: «el unigénito Hijo» (Reina Valera 1960 es un ejemplo); mientras otros lo dicen así: «el unigénito Dios» (La Biblia de las Américas, por ejemplo).

En ciertas regiones del mundo antiguo —donde había congregaciones grandes y fuertes que hacían numerosas copias de las Escrituras— comenzaron a propagarse manuscritos con algunas variaciones. De allí que hoy se puedan clasificar los manuscritos que tenemos disponibles en «familias», de acuerdo a su semejanza. Una «familia» de manuscritos es un grupo que tiene cincuenta o más variaciones idénticas que no aparecen en otros manuscritos. Por ejemplo, la ciudad de Alejandría, en Egipto, tuvo una iglesia grande y muchos eruditos que estudiaban y enseñaban las Escrituras. Hoy contamos con tres grandes familias de manuscritos: la Alejandrina, por lo ya dicho; la Occidental, que proviene de Roma; y la Bizantina, llamada así debido a la gran iglesia que existió en el Imperio Bizantino.

La Edad Media

Cuando la doctrina de la inspiración verbal de las Escrituras y el canon del Nuevo Testamento fueron formalizados por la Iglesia, los escribanos tuvieron mucho más cuidado para copiar los manuscritos, pero en esa época, ya existían muchas variaciones. Durante los siglos cuarto al séptimo, el idioma griego desapareció del mundo menos en el Imperio Bizantino. Por eso, no se produjeron más manuscritos griegos en Egipto, ni en occidente, sino solo en Bizancio (hoy Constantinopla). Así que la mayoría de los manuscritos griegos que tenemos pertenecen a la familia bizantina por dos razones: (1) Muchas copias más antiguas del período en que las hacían en el occidente y Egipto se perdieron o fueron destruidas. (2) Las copias más modernas del texto griego del Nuevo Testamento fueron hechas en el Impelio Bizantino, pues en occidente copiaban las traducciones al latín mientras que en Egipto copiaban las traducciones al copto (antiguo idioma de Egipto).

Cuando el erudito Erasmo publicó un texto griego del Nuevo Testamento en 1522, se basó en los manuscritos de la familia bizantina. En el prefacio de esa edición, lo llamaba el Texto Recibido (identificado con la abreviatura «TR» o también conocido como el Texto Mayor). Todas las primeras traducciones a los idiomas modernos hechas en los primeros siglos después de la Reforma fueron hechas a partir de ese texto griego. Por eso la Reina Valera en español, la Biblia de Lutero en alemán y la versión del Rey

Jaime en inglés comparten las variaciones halladas en la familia bizantina del Nuevo Testamento en griego.

La época moderna

Entre el siglo dieciséis y hoy, muchos manuscritos antiguos del Nuevo Testamento fueron hallados por arqueólogos o en bibliotecas de monasterios. En 1881, dos eruditos ingleses, Westcott y Hort publicaron una edición del Nuevo Testamento en griego basada en el estudio de algunos de esos manuscritos. Hoy las Sociedades Biblicas Unidas publican una edición del Nuevo Testamento preparado por un comité de expertos en el campo de la crítica textual (*The Greek New Testament*, UBS, cuarta edición).

Todavía hay diferentes opiniones entre los académicos acerca del valor relativo de las diversas familias de manuscritos. Un grupo pequeño de ellos (incluidos Hodges y Farstad) mantienen que la familia bizantina (Texto Recibido) preserva mejor el texto original. Por lo general prefieren las variaciones de esta familia antes que las de las otras. Sin embargo, el método de la crítica textual que la gran mayoría de los eruditos practica considera todas las variaciones de cualquier versículo o pasaje y tratan de determinar cuál fue el original usando ciertas reglas. A continuación, hay una lista de las reglas más aceptadas por la crítica textual.

1. Solo hay un texto original y las variaciones que existen provienen todas de ese texto original.
2. Ninguna familia de manuscritos es infalible. Y es posible que cualquiera de ellas pueda preservar el original del texto.
3. Se debe considerar la evidencia numérica o cantidad de los manuscritos con cuidado, sin dejar de tomar en cuenta otros parámetros esenciales. No es necesariamente lo que la mayoría de los manuscritos afirman, el mensaje que preserva el texto original. Por ejemplo, mil copias que contengan un error pueden aun hoy circular con ese error. Sin

embargo, una sola copia exacta del texto original puede que sea correcta, pero se debe comparar esta única copia con respecto a otros parámetros importantes.

4. La variación que explica mejor otras variaciones probablemente sea la original. Por ejemplo: en Marcos 1:2, es fácil entender por qué un escribano cambiaría el texto «Como está escrito en Isaías el profeta» a una variación como la siguiente: «Como está escrito en los profetas», ya que la primera cita que sigue es de Malaquías no de Isaías (Mc 1:2-3).
5. Los manuscritos más antiguos usualmente tienen más valor que los modernos, porque es menos probable que un error se propague en un manuscrito hecho muy cerca del tiempo en que fue escrito el original.
6. La variación que aparece en mayor cantidad de diferentes familias de manuscritos, desde regiones geográficas más separadas, probablemente sea original. Por ejemplo, en Mateo 5:22, algunos manuscritos de la familia alejandrina dicen: «cualquiera que se enoje contra su hermano». Otros manuscritos de esa misma familia y también de la familia occidental y la bizantina dicen: «cualquiera que se enoje contra su hermano **sin causa**». Es probable que la variación más larga sea la original porque está presente en las tres familias y en tres regiones geográficas separadas.
7. La variación que concuerde con el estilo y teología del autor tiene mayor probabilidad de ser original.

CONCLUSIONES

En resumen, los manuscritos del texto del Nuevo Testamento contienen variaciones en un 15% de sus palabras. De estos casos en los que hay variación, se puede resolver la dificultad con un alto grado de confiabilidad entre un 12% y un 14%. Es decir, se puede saber cuál es el texto original del Nuevo Testamento con total seguridad o con un grado de confiabilidad que va de un 97% a un 99%. Es más, la mayoría de las variaciones restantes son poco relevantes en cuanto al significado del pasaje. Las pautas fundamentales de la doctrina cristiana no dependen de ninguna variación textual. En cada caso, la doctrina se basa en múltiples textos claros, no en uno solo y menos en un texto que tiene variaciones en los manuscritos. La crítica textual estudia las variaciones y procura averiguar cuál fue probablemente el texto original.

PROBLEMAS ESPECIALES ASOCIADOS AL TEXTO DE HECHOS

El texto griego del libro de Hechos en la Biblia presenta una complicación especial. El texto representado por la familia occidental es alrededor de un más largo que el de la familia alejandrina; además, la occidental ha influido en la bizantina. Es decir, existen dos redacciones del libro de Hechos, una representada por la familia alejandrina y la otra —un poco más extensa— por la occidental y en muchos casos la bizantina. La versión occidental de Hechos tiende a ofrecer explicaciones, remover dificultades, añadir frases que muestran devoción y aumentar los detalles del texto. Por eso muchos han considerado que la versión alejandrina probablemente represente el texto original en la mayoría de los casos. A continuación, ofrezco unos ejemplos de las diferencias donde son más interesantes o importantes, con una explicación de cómo los críticos textuales decidieron cuál versión adoptar como el texto original.

Hechos 1:2. El texto alejandrino dice: «Hasta el día en que fue recibido arriba, después de haber dado mandamientos por el Espíritu Santo a los apóstoles que había escogido» (Reina Valera 1960). La forma occidental cambia el orden de las palabras en el griego y añade la frase: «y él mandó predicar el evangelio». Parece que los redactores del texto occidental quisieron aclarar cuáles mandamientos les dio Jesús a los apóstoles. La orden de predicar sí aparece en Lucas 24:47.

Hechos 2:45. El texto alejandrino dice: «y vendían sus propiedades y sus bienes, y lo repartían a todos según la necesidad de cada uno» (Reina Valera 1960). El occidental añade: «y **los que tuvieron** propiedades o bienes, lo vendían y repartían a todos ...», probablemente para aclarar que no todos tenían bienes para vender.

Hechos 5:38-39. El texto alejandrino (según la Reina Valera 1960) está en letra normal, las adiciones del occidental están en **letra negra:** «Y ahora os digo, **hermanos**, apartaos de estos hombres, y dejadlos, **sin manchar sus manos**; porque si este consejo o esta obra es de los hombres, se desvanecerá; más si es de Dios, no la podréis destruir, **ni ustedes, ni reyes, ni déspotas. Por eso aléjense de estos hombres;** no seáis tal vez hallados luchando contra Dios». Las adiciones en el texto occidental aumentan la emoción de este comentario de Gamaliel, y refuerzan la idea de que nada puede parar el avance de la Iglesia.

Hechos 6:10-11. El texto alejandrino (según la versión Reina Valera 1960) está en letra normal, las adiciones del occidental en **letra negra:** «Pero no podían resistir a la sabiduría **la cual estuvo en él** y al Espíritu **Santo** con que hablaba, **porque fueron vencidos por él con todo atrevimiento.** Entonces **no pudiendo confrontar la verdad,** sobornaron a unos para que dijesen que le habían oído hablar palabras blasfemas contra Moisés y contra Dios». Las adiciones del texto occidental hacen más enfático el atrevimiento de Esteban y la debilidad de sus oponentes.

Hechos 8:36-39. La Reina Valera 1960 traduce aquí el texto occidental de los versículos 36-37, pero las palabras en **letra negra** no aparecen en el texto alejandrino. «Y yendo por el camino, llegaron a cierta agua, y dijo el eunuco: Aquí hay agua; ¿qué impide que yo sea bautizado? **Felipe dijo: Si crees de todo corazón, bien puedes. Y respondiendo, dijo: Creo que Jesucristo es el Hijo de Dios».** En los versículos 38-39 la Reina Valera traduce el texto alejandrino así: «Y mandó parar el carro; y descendieron ambos al agua, Felipe y el eunuco, y le bautizó. Cuando subieron del agua, el Espíritu del Señor arrebató a Felipe; y el eunuco no le vio más, y siguió gozoso su camino». Aunque el texto occidental cambia el versículo 39 —«Cuando subieron del agua, el Espíritu **Santo cayó sobre el eunuco, y el ángel** del Señor arrebató a Felipe», el redactor de ese texto quiso aclarar que el bautismo resultaba de una confesión de fe en Jesús y que el Espíritu Santo venía sobre el creyente después.

Hechos 11:2-3. La Reina Valera traduce el texto alejandrino «[11:2] Y cuando Pedro subió a Jerusalén, disputaban con él los que eran de la circuncisión, [11-3] diciendo: ¿Por qué has entrado en casa de hombres incircuncisos, y has comido con ellos?» El texto occidental lee: «Pedro **quiso viajar a Jerusalén durante bastante tiempo, y después de reunir los hermanos y fortalecerlos, hablando alrededor de la región y enseñando, fue [a Jerusalén] y se encontró con ellos y les contó de la gracia de Dios. Pero los hermanos** de la circuncisión disputaban con él diciendo». Aquí, y también en otros lugares, el texto occidental hace cambios que parecen cuidar la reputación de Pedro. El texto alejandrino implica que los de la circuncisión llamaron la atención a Pedro inmediatamente, mientras que el texto occidental implica que Pedro decidió ir a Jerusalén por su propia voluntad después de mucho tiempo, y cuando relató lo de Cornelio, ellos le reclamaron.

Hechos 14:2-20. El texto occidental añade muchos detalles a este pasaje con el propósito aparente de aclarar las dificultades en el texto alejandrino y explicar los acontecimientos. Las adiciones hacen que el texto occidental quede casi un 25% más largo que el alejandrino en este pasaje.

Hechos 15:20, 29. El texto occidental quita la frase: «de ahogado» del decreto del concilio de Jerusalén y en su lugar añade: «y cualquier cosa que no quieran que suceda a ustedes, no la hagan a otros». Este cambio parece conformar el decreto a la enseñanza de Jesús en el Sermón del Monte, en Mateo 7:12.

Hechos 28:28-31. El versículo 29, en la v ersión Reina Valera, no aparece en el texto alejandrino, aunque está incluido en el occidental. Además, al final del versículo 31, el occidental añade la frase: «diciendo que este es Jesús, el Hijo de Dios por medio de quien el mundo será juzgado».

Estos ejemplos ilustran que los problemas textuales de Hechos, y también del Nuevo Testamento en general, no amenazan ningún precepto doctrinal del cristianismo. Sin embargo, puesto que Dios inspiró la Biblia y es nuestra responsabilidad leerla, interpretarla y obedecerla, es importante estudiar los manuscritos para averiguar —lo mejor que podamos— cuáles fueron las palabras exactas que escribieron los autores.

PREGUNTA

1. Usando una versión moderna de la Biblia (NVI, La Biblia de Jerusalén, La Biblia de las Américas, Dios Habla Hoy, etc.), observe las notas a pie de página o al margen que indiquen los versículos en Hechos donde hay una variación en el texto. Escoja tres ejemplos y comente acerca de su significado y la probable razón de la variación.

Apéndice 7

LA VIDA DE PABLO SEGÚN HECHOS, SUS CARTAS, Y LA TRADICIÓN DE LA IGLESIA

Hay tres fuentes de información biográfica acerca de la vida de Pablo. Una es el libro de Hechos, otra es el conjunto de sus cartas y la última es la tradición extrabíblica acerca de él. Podemos considerar a Hechos y las cartas de Pablo, cuando son correctamente interpretadas en su propio contexto, como fuentes confiables ya que son parte de la Palabra inspirada de Dios. La tradición extrabíblica tiene, sin duda, información importante que añadir, pero no podemos tener el mismo nivel de confianza en ella como la que tenemos en la Biblia

Algunos críticos que no aceptan la inspiración plena de la Biblia cuestionan la relación de la información dada en Hechos con la de las cartas de Pablo, diciendo que las dos fuentes presentan desacuerdos importantes acerca de la vida de Pablo, su teología y su personalidad. Es más, algunos aun alegan que no fue Pablo quien escribió algunas de las cartas que llevan su nombre. Nuestra posición es que todas las trece cartas (Romanos a Filemón) fueron escritas por el apóstol, y que la información acerca de él en ellas complementa y concuerda con la que brinda el libro de Hechos. Para una defensa de algunos de estos puntos, el lector debería referirse a la sección que trata este libro o a una introducción o comentario al Nuevo Testamento.[1] Lo que sigue en este apéndice es una síntesis de los datos biográficos de la vida de Pablo en una forma corriente. Por desdicha, no existe en la Biblia suficiente información para decidir con exactitud algunos detalles de su vida. Reconozco que hay diferentes opiniones acerca de algunos puntos, pero ofrezco mi opinión acerca de la mejor manera de sintetizar los datos. Incluyo citas bíblicas en los lugares apropiados.

LA VIDA DE PABLO ANTES DE SU CONVERSIÓN

La Biblia provee poca información acerca de la vida de Pablo antes de su conversión. El propio apóstol nos cuenta algunos detalles en Filipenses 3:5-6: «Circuncidado al octavo día, del linaje de Israel, de la tribu de Benjamín, hebreo de hebreos; en cuanto a la ley, fariseo; en cuanto a celo, perseguidor de la Iglesia; en cuanto a la justicia que es en la ley, irreprensible». Esto nos indica que fue criado por padres que guardaron la forma externa de la ley judía. También, muestra que Pablo consideraba que guardó toda la ley durante el tiempo de su adolescencia y los años antes de su conversión. Normalmente, un joven hebreo era considerado responsable para guardar la ley desde los 12 o 13 años de edad, tras su educación primaria. Pablo asistió a clases durante unos años antes de asumir «el yugo de la ley» aprendiendo a leer y escribir, y tuvo que memorizar grandes partes de la Torá.[2]

En Hechos 22:3, Lucas narra un discurso de Pablo en la ciudad de Jerusalén en que se defendía ante algunos de los líderes de su

1 Recomiendo los siguientes libros: *El Nuevo Testamento: Su trasfondo y su mensaje*, por Thomas D. Lea (Editorial Mundo Hispano, 2000); *Nuestro Nuevo Testamento* por Merrill C. Tenney (Portavoz, 1989); *Al encuentro del Nuevo Testamento*, por Walter A. Elwell y Robert W. Yarbrough (Editorial Caribe, 1999); *Nuevo Comentario Bíblico: Siglo Veintiuno,* por G.J. Wenham y otros (Casa Bautista de Publicaciones, 1999).

2 Los primeros cinco libros del Antiguo Testamento se llaman «Torá», palabra hebrea que significa ley o instrucción.

nación: «Yo de cierto soy judío, nacido en Tarso de Cilicia, pero criado en esta ciudad, instruido a los pies de Gamaliel, estrictamente conforme a la ley de nuestros padres, celoso de Dios, como hoy lo sois todos vosotros». Esto confirma otros pasajes que indican que Pablo nació en Tarso, ciudad principal de la provincia de Cilicia. Sabemos, de acuerdo a Hechos 21:39, que fue ciudadano de esa ciudad.[3] Parece que sus padres se mudaron a Jerusalén o quizás lo enviaron allá para su educación superior. El estudio que Pablo menciona bajo Gamaliel habría sido el que equivale hoy a la universidad para nosotros. Entre los jóvenes hebreos, casi todos estudiaban el primer nivel antes de asumir «el yugo de la ley»; un porcentaje más pequeño tenía la oportunidad de estudiar a un nivel secundario en el que estudiaban con más detalles las leyes escritas en la Torá y la interpretación oral de esas leyes («Misnah»). También empezaban a estudiar los profetas del Antiguo Testamento. Solo pocos tenían la oportunidad que tuvo Pablo de estudiar con un maestro famoso como Gamaliel. Aprender con tal maestro requería un estudio aun más profundo del Antiguo Testamento y la memorización de algunas partes de la Misnah (esto es leyes de la tradición oral, su interpretación y la manera de ponerlas en práctica). La persona que completaba con éxito ese nivel de estudio era llamada «rabino» (o profesor de la ley).

En Gálatas 1:13-14, Pablo testifica: «Porque ya habéis oído acerca de mi conducta en otro tiempo en el judaísmo, que perseguía sobremanera a la iglesia de Dios, y la asolaba;[4] y en el judaísmo aventajaba a muchos de mis contemporáneos en mi nación, siendo mucho más celoso de las tradiciones de mis padres». Pablo

3 No todos los nacidos en una ciudad o nación eran considerados ciudadanos. La ciudadanía era un privilegio que solo se otorgaba a los que habían hecho algo importante a favor de los que gobernaban. Lo más probable es que el padre de Pablo había recibido la ciudadanía y este la heredó.

4 Compare también Hechos 22:20; 26:9-12; I Corintios 15:9 y I Timoteo 1:15, donde Pablo comenta acerca de su persecución a la Iglesia.

declara que, de sus contemporáneos, él fue uno de los más estrictos y fervorosos. Ese fervor es lo que lo llevó a perseguir a los seguidores de Jesucristo. Seguramente los consideraba una secta peligrosa que amenazaba tanto a la verdad de la Palabra de Dios como también al bienestar de la nación. Hechos 7:58-8:3 y 9:1 -2 provee detalles acerca de la persecución a la Iglesia por parte de Saulo.

Hechos narra su conversión en el camino a Damasco tres veces (9:3-19; 22:4-16; 26:12-18). En Filipenses 3:7-9 Pablo comenta: «Pero cuantas cosas eran para mí ganancia, las he estimado como pérdida por amor de Cristo. Y ciertamente, aun estimo todas las cosas como pérdida por la excelencia del conocimiento de Cristo Jesús, mi Señor, por amor del cual lo he perdido todo, y lo tengo por basura, para ganar a Cristo, y ser hallado en él, no teniendo mi propia justicia, que es por la ley, sino la que es por la fe de Cristo, la justicia que es de Dios por la fe». Eso fue para Pablo un cambio total que implicaba hacer lo que antes rechazaba y odiaba.

Es imposible poner fecha exacta a los acontecimientos de la vida de Pablo antes de su conversión. Como mencionara en el texto, el hecho histórico que realmente marca un evento de la vida de Pablo en un acontecimiento del mundo grecorromano fue su enjuiciamiento frente a Galión, en Corinto (véase el comentario sobre Hch 18:12-17). Sin embargo, es posible orientar en parte la vida del apóstol mediante otros asuntos del Nuevo Testamento. Por ejemplo, parece que Pablo no conoció a Jesús, ni lo vio personalmente antes de su ascensión (1 Co 15:8-10). Ahora sabemos que Jesús murió durante el tiempo en que Pilato fue procurador de Judea (26-36 d.C.). También sabemos que Herodes Felipe todavía estaba vivo cuando Jesús murió (Herodes murió en 44 d.C.). Finalmente, sabemos que la semana cuando Jesús murió, la pascua de los judíos cayó un viernes (la pascua cayó el día viernes en los años 30 y 33, estos dos años son los únicos posibles para la muerte de

Jesús).[5] El año 33 es menos probable porque esta fecha no deja el tiempo necesario para el desarrollo de la Iglesia, pues sabemos sin duda que Pablo estuvo en Corinto durante el tiempo de Galión (véase Capítulo 6 bajo el título Corinto). El Evangelio de Juan muestra que el ministerio público de Jesús duró solo dos o tres años máximo. Por eso es probable que Jesús muriera en el año treinta.

Dando tiempo para el crecimiento inicial de la Iglesia, la persecución en Jerusalén y la iniciativa de Saulo de ir a Damasco para extender la persecución, podemos deducir que su conversión ocurrió tal vez entre 32 y 35 d.C. Puesto que fue descrito como un «joven»[6] cuando Esteban fue apedreado, y Pablo se refiere como un «anciano»[7] en Filemón 9, es probable que naciera después del año 0 y antes del 10 d.C.

DE DAMASCO A ANTIOQUIA DE SIRIA

Hechos no menciona lo que Pablo relata en Gálatas 1:17 respecto a que fue a Arabia inmediatamente después de su conversión y luego volvió a Damasco. Tres años después de su conversión visitó a Jerusalén por primera vez como discípulo de Cristo. En 2 Corintios 11:32-33, Pablo cuenta que escapó de Damasco en un canasto colgado de una ventana en cierta pared de la ciudad.

Cuando llegó a Jerusalén, ninguno de los creyentes quería confiar en él debido a su reputación como perseguidor de cristianos. Bernabé fue instrumental al llevarlo ante los apóstoles y testificarles acerca de su conversión y valor al predicar (Hch 9:26-28). Su valentía en Jerusalén resultó en peligro y persecución por parte de los judíos. En Hechos 22: 17-18, Pablo menciona una visión del Señor advirtiéndole que huyera de Jerusalén. Los hermanos lo ayu-

5 Aún los pocos que insisten en que Jesús no murió el viernes admiten que de todas formas la Pascua fue ese día.

6 Este término significa entre 20 y 30 o hasta los 40 años.

7 Mayor de 40 años, en tiempos de madurez.

daron a escapar a Cesarea (Hch 9:30), y luego llegó a Tarso, su ciudad natal.

No sabemos nada de lo que hizo en Arabia ni tampoco en Tarso. Solamente lo que él mismo escribió en Gálatas 1:22-24: «Y no era conocido de vista a las iglesias de Judea, que eran en Cristo; solamente oían decir: Aquel que en otro tiempo nos perseguía, ahora predica la fe que en otro tiempo asolaba. Y glorificaban a Dios en mí». Es posible que algunas de las persecuciones y sufrimientos que Pablo menciona en 2 Corintios 11:23-29 ocurrieran durante ese tiempo, pues Hechos solo menciona unas de las muchas cosas que el apóstol relata allá. También es posible que tuviera la visión del tercer cielo que menciona en 2 Corintios 12:1-10 mientras estaba en Arabia o en Tarso.

Mientras tanto, la evangelización a los gentiles avanzó a pasos agigantados en la ciudad de Antioquía de Siria. La iglesia allí era una mezcla de judíos, hombres temerosos de Dios y gentiles. Bernabé fue enviado para ver la obra y discernió que fue una situación ideal para el ministerio de Pablo. Fue a Tarso y lo trajo a Antioquía.

Allí Pablo participó en el ministerio de la iglesia y ganó la confianza de los miembros de tal manera que cuando en respuesta a una profecía, decidieron enviar una ofrenda a Jerusalén, la enviaron por manos de Bernabé y Saulo (Hch 11:30; Gl 2:1). Pablo relata que este viaje a Jerusalén sucedió «pasados catorce años» (Gl 2:1). Lo que no se sabe es si esos años fueron después de su conversión o de salir de Damasco colgado en un canasto.

Cuando Pablo y Bernabé volvieron de Jerusalén a Antioquía de Siria, el Espíritu Santo los apañó de los demás líderes de la Iglesia para la obra misionera. En obediencia, ellos salieron y así empezó otra etapa del ministerio de Pablo (Hch 12:25-13:3).

LOS VIAJES MISIONEROS DE PABLO

Pablo comenzó tres viajes misioneros desde la Iglesia de Antioquía de Siria. El primero fue en compañía de Bernabé, y en el trayecto visitaron la isla de Chipre y varias ciudades en la región conocida como Galacia del sur (Hch 13—14). Cuando regresó a Antioquía de Siria, hubo problemas con algunos que llegaron de Jerusalén diciendo que tenían permiso de la iglesia para enseñar a los gentiles que tenían que circuncidarse y guardar la ley de Moisés para ser salvos (Hch 15:1-2; Gl 2:11-12). Esta misma doctrina falsa llegó también a las congregaciones que Pablo había establecido en Galacia. Cuando el apóstol se enteró, escribió la carta que conocemos como Gálatas y se fue con Bernabé a Jerusalén para tratar el asunto con la Iglesia allá.[8]

Esa fue la tercera vez que Pablo visitó a la Iglesia de Jerusalén tras su conversión. La reunión en Jerusalén resultó en la decisión de que los gentiles no tenían que circuncidarse, ni guardar la ley para ser salvos. Más bien fueron aconsejados a guardarse de idolatría, fornicación y de comer sangre, incluida la de animales ahogados (Hch 15:5-29).

Después de regresar a Antioquía, Pablo salió con Silas en su segundo viaje. Visitó de nuevo las iglesias que había establecido en Galacia y luego cruzó de Troas a Macedonia. Allá fundó congregaciones en Filipos, Tesalónica y Berea. Lucas, el autor de Hechos, estuvo con Pablo durante este viaje desde Troas hasta Filipos. Pablo luego visitó a Atenas y permaneció un tiempo más largo en Corinto (Hch 16—18). Mientras estuvo en Corinto, escribió 1 y 2 de Tesalonicenses. En su viaje de regreso a Antioquía, Pablo pasó por Éfeso y Jerusalén.

En el tercer viaje el apóstol visitó otra vez las iglesias en Galacia,

8 No hay citas bíblicas que apoyen esta conclusión. Otros piensan que Gálatas fue escrito más tarde, pero esta conclusión me parece la que mejor sintetiza todos los datos bíblicos. Véase la sección del comentario a Hechos 15 en este libro para más detalles.

luego pasó a Éfeso y se quedó allá un largo tiempo (Hch 19—20). Antes de su llegada a Éfeso, Apolos había viajado de allí a Corinto, permaneciendo algún tiempo allá con el motivo de fortalecer a los creyentes (Hch 18:24—19:1). Por desdicha, un resultado de su visita fue cierta discordia en la Iglesia de Corinto, pues 1 Corintios 1—4 muestra que se formaron grupos que decían ser seguidores de Apolos, Pablo y de otros. Cuando Pablo oyó de este y otros problemas «por los de Cloé» (1 Co 1:11), respondió con la carta que conocemos como 1 Corintios.[9] En vez de mejorar, la situación en Corinto empeoró.[10] El apóstol respondió con una visita breve, probablemente viajó por mar desde Éfeso (2 Co 2:1). En Corinto, fue rechazado por la iglesia durante un enfrentamiento con un representante de los falsos maestros (2 Co 7: 12), que llegaron a Corinto con cartas de recomendación. No sabemos el contenido exacto de sus enseñanzas falsas, pero parece que tenían algo que ver con prácticas carismáticas. Ellos criticaron a Pablo directamente y trataron de apartar la Iglesia de Corinto de él y sus enseñanzas (2 Co 10: 10). Pablo escribió una carta que entristeció mucho a los corintios (2 co 2:2-3, 7:8-9) y la mandó con Tito. [11]

Pablo había decidido irse de Éfeso a Macedonia y después a Jerusalén, por lo que envió a Timoteo y Erasto adelante (Hch 19:2122). Entonces, después que hubo un alboroto en Éfeso debido a su predicación contra la idolatría (Hch 19:23-41), reunió a los discípulos y viajó por tierra a Troas, habiendo enviado adelante a Tito con la carta anteriormente mencionada a la Iglesia de Corinto. Aunque hubo mucha oportunidad para ministrar en Troas, Pablo abandonó

9 Esta epístola es en realidad la segunda carta que Pablo les escribió, pues I Corintios 5:9 menciona otra anterior de la cual no existe ninguna copia.

10 Los datos a continuación no están basados en ningún pasaje especial de la Biblia, sino que representan las deducciones basadas en varios pasajes de 2 Corintios y Hechos. Véase la sección del comentario en este libro a Hechos 19 y 20 para una explicación detallada.

esa ciudad para adelantarse a Corinto, porque estaba muy preocupado por la situación imperante allá (2 Co 2:12-13; 7:13-14). Se encontró con Tito en Macedonia y recibió la noticia de que las cosas habían mejorado en Corinto. Fue entonces que escribió 2 Corintios. Después de llegar allí, se quedó tres meses. Durante ese tiempo escribió la Epístola a los Romanos. En Romanos 15: 19 menciona que el evangelio había llenado toda la región desde Jerusalén hasta Ilírico (un sitio al noroeste de Macedonia). No se sabe si Pablo llegó en algún momento a Ilírico o si algunos de los creyentes de Macedonia fueron allá para evangelizar.

Parece que desde antes de escribir 1 Corintios, Pablo contemplaba levantar una ofrenda de las congregaciones en Asia, Macedonia y Acaya para ayudar a la Iglesia de Jerusalén (1 Co 16:1-2; 2 Co 8—9; Ro 15:25-26; Hch 24: 17). No sabemos con exactitud las razones que Pablo tuvo, pero una seguramente fue la necesidad de la Iglesia de Jerusalén (Ro 15:27) y otra quizás fuera mejorar la relación entre la Iglesia de Jerusalén y las de Asia, Macedonia y Acaya. El hecho de que Lucas casi no menciona esa ofrenda, puede indicar que no fue recibida como Pablo esperaba, pero es seguro que fue un motivo importante para él, ya que en lugar de ir directo a Roma desde Corinto (que hubiera sido mucho más fácil para él), decidió primero ir a Jerusalén (Ro 15:23-25).

Pablo, entonces, viajó a Jerusalén con un grupo numeroso de hermanos [12] (Hch 20:4), quizás uno o dos de cada congregación que había participado en la ofrenda. En el camino, paraban varias veces y cada vez Lucas mencionaba que sufrimientos y prisión esperaban a Pablo en Jerusalén.

Como ya mencionamos, la fecha fija de todos estos viajes se deduce por la estadía de Pablo en Corinto para enfrentarjuicio ante Galión, el procurador romano que permaneció solo un año en Corinto,

12 Entre ellos, fue Lucas quien parece que estuvo presente o cerca de Pablo, desde el comienzo de este viaje hasta llegar a Roma.

entre 51 y 52 d.C. Así podemos calcular aproximadamente las fechas de sus viajes y de la redacción de las cartas mencionadas (véase la tabla al final de este apéndice).

EL VIAJE A JERUSALÉN Y ROMA

El libro de Hechos relata esta parte de la vida de Pablo en gran detalle. Aquí solo comentamos que Lucas estableció que Pablo era totalmente inocente de los cargos por los cuales los judíos trataron de acusarlo. Estuvo detenido dos años en Cesarea y fue transportado a Roma en el otoño del año 59 d.C. Tal vez llegó a Roma no más tarde que febrero del año 60. Según Hechos 28:30, estuvo detenido en un apartamento (arrendado) custodiado por un soldado romano por dos años, durante los cuales pudo hablar de Jesucristo «abiertamente y sin impedimento» (Hch 28:31). Es probable que durante esos dos años escribiera las Epístolas a los Efesios, los Filipenses, los Colosenses y Filemón.[13] Cada una menciona que Pablo era prisionero por su testimonio acerca de Jesús (Ef 6:20; Fil 1:7, 14; Col 4: 10; Flm 1 y 23). Además, Filipenses 1:12-13 da a entender que Pablo había evangelizado a algunos oficiales del gobierno romano.

ÚLTIMOS AÑOS DE LA VIDA DE PABLO

Aunque Hechos termina con Pablo en prisión todavía, el sistema judicial romano no tuvo ningún cargo judicial contra él (Hch 26:31-32), y ninguno de sus acusadores judíos llegó a Roma para adelantar el pleito en su contra (Hch 28:21). Es casi seguro que cuando su caso fue considerado, Pablo fue puesto en libertad, tal

13 Algunos comentaristas opinan que Pablo escribió estas cartas durante un tiempo en la cárcel mientras estuvo en Éfeso, pero Hechos no menciona ningún momento en que Pablo fuera detenido en Éfeso. Otros opinan que las escribió mientras estuvo en la cárcel en Cesarea. Sin embargo, el contenido de las cartas concuerda mejor con que estuvo en Roma, no en Cesarea.

vez en el año 62. 1 Timoteo y Tito dan a entender que volvió a visitar a Éfeso (l Ti 1:3) y que visitó a Creta (Tit 1:5) para establecer allá una iglesia. Después Pablo fue encarcelado por segunda vez en Roma. 2 Timoteo tal vez fue escrito desde la cárcel en Roma, poco tiempo antes de la muerte de Pablo (2 Ti 4:6-8).

AÑO d.C.	LA VIDA DE PABLO EN HECHOS Y SUS CARTAS
0-10	Nacimiento de Pablo en Tarso de Cilicia.
15-25	Pablo empieza su estudio con Gamaliel (Hch 22:3).
30	Crucifixión de Jesús y Pentecostés (Hch 2).
31-33	Pablo persigue a la Iglesia en Jerusalén (Hch 7:58—8:3, 9:1).
34 o 35	Conversión de Pablo en el camino a Damasco (Hch 9:2-19).
34-37	Pablo en Damasco, Arabia y nuevamente en Damasco (Hch 9:19-25, Gl 1:17-18, 2 Co 11:32-33).
37	Primera visita de Pablo a Jerusalén como cristiano (Hch 9:26, Gl 1:18).
37-46	Pablo en Tarso. Posiblemente un tiempo de persecución (Hch 9:30, 2 Co 11:23-12-10).
47	Bernabé lleva a Pablo a Antioquía de Siria (Hch 11:25-26).
48	Segunda visita a Jerusalén con la ofrenda de la Iglesia de Antioquía (Hch 11:30, Gl 2:1).
48-49	Primer viaje misionero (Hch 13—14).
49	Regreso a Antioquía, escribe Gálatas, concilio apostólico en Jerusalén (Hch 15, Gl).
50-52	Segundo viaje misionero, escribe 1 y 2 Tesalonicenses desde Corinto (Hch 15:40—18:23, 1 y 2 Ts).
52	Retorno a Antioquía de Siria después de visitar Éfeso y Jerusalén (Hch 18:18-23).
52-57	Tercer viaje misionero, escribe 1 y 2 Corintios desde Éfeso, Romanos desde Corinto (Hch 18:23—20:38, 1 y 2 Co, Ro).
57	Viaje a Jerusalén (Hch 21:1-16).
57-59	Encarcelado en Cesarea, juicios ante Félix y Festo (Hch 21:17—26:32).
59 (otoño)	Viaja a Roma (Hch 27—28:16).
60-62	Detenido en Roma espera juicio ante Nerón (Hch 28:17-31). Escribe Efesios, Filipenses, Colosenses, Filemón.
62-64(¿?)	Viajes a Éfeso, Creta y posiblemente a España (1 y 2 Ti, Tit).
64 (¿?)-¿?	Encarcelado en Roma, escribe 1 Timoteo, Tito y finalmente 2 Timoteo.
¿?-68	Pablo decapitado en Roma.

La tradición de la Iglesia primitiva relata que Pablo viajó también a España durante el tiempo posterior a su primer encarcelamiento y luego murió, sin embargo la evidencia de ese viaje es escasa.[14]

PREGUNTA

Escoja una de las cartas de Pablo y léala. Mientras la lee marque cada versículo que narre un dato biográfico de la vida del apóstol. Usualmente la salutación al comienzo y los saludos al final de las cartas dan pistas de su autoría. También cuando Pablo habla de planes futuros y hace recordar a los lectores algo que pasó cuando estuvo con ellos. Escriba un párrafo en el cual usted muestre cómo las citas en la carta que leyó se relacionan con los datos biográficos de Pablo en Hechos y en otras cartas.

14 Clemente de Roma, uno de los líderes de la Iglesia en ese lugar al final del primer siglo después de Cristo escribió una carta a la Iglesia de Corinto (se llama la carta 1 de Clemente). En esta, el capítulo 5, versículo 7, hay una frase que se podría interpretar como si diera a entender que Pablo fue a España.

Apéndice 8
REPASO PARA EL EXAMEN FINAL

Para tener éxito en la presentación del examen final:

- Estudie lo que el libro dice acerca del propósito y el contenido de Hechos.
- Estudie los mapas, y practique nombrando los lugares principales donde fueron fundadas Iglesias importantes.
- Haga una lista de personajes y lugares en Hechos y practique escribiendo un resumen breve de lo que es importante de cada uno.
- Estudie el orden cronológico de eventos en el libro de Hechos.
- Lea varias citas en Hechos y practique formulando principios transferibles que son relevantes a la situación de la Iglesia hoy día en Latino América (sin meramente repetir las palabras exactas que aparecen en la cita bíblica).

Guía de estudio

EXPLOREMOS HECHOS

Roberto Simons

Guia preparado por la
Facultad Latinoamericana de Estudios Teológicos

Contenido

Cómo establecer un seminario en su iglesia

Para desarrollar un programa de estudios en su iglesia, usando los cursos ofrecidos por la Universidad FLET, se recomienda que la iglesia nombre a un comité o a un Director de Educación Cristiana. Luego, se deberá escribir a Miami para solicitar el catálogo ofrecido gratuitamente por FLET.

El catálogo contiene:

1. La lista de los cursos ofrecidos, junto con programas y ofertas especiales,
2. La acreditación que la Universidad FLET ofrece.
3. La manera de afiliarse a FLET para establecer un seminario en su iglesia.

Luego de estudiar el catálogo y el programa de estudios ofrecidos por FLET, el comité o el director podrá hacer sus recomendaciones al pastor y a los líderes de la iglesia para el establecimiento de un seminario o instituto bíblico acreditado por FLET.

Universidad FLET
14540 S.W. 136 Street No 202
Miami, FL 33186
Teléfono: (305) 378-8700
Fax: (305) 232-5880
e-mail: admisiones@flet.edu
Página web: www.flet.edu

Cómo obtener un curso acreditado por FLET

Si el estudiante desea recibir crédito por este curso, debe:

1. Llenar la solicitud de ingreso.

2. Proveer una carta de referencia de su pastor o un líder cristiano reconocido.

3. Pagar el costo correspondiente. (Ver «Política financiera» en el *Catálogo académico*.)

4. Enviar a la oficina de FLET o entregar al representante de FLET autorizado una copia de su diploma, certificado de notas o algún documento que compruebe que haya terminado los doce años de la enseñanza secundaria (o educación media).

5. Hacer todas las tareas indicadas en esta guía.

Nota: Ver «Requisitos de admisión» en el Catálogo académico para más información.

Cómo hacer el estudio

Cada libro describe el método de estudios ofrecido por esta institución. Siga cada paso con cuidado. Una persona puede hacer el curso individualmente, o se puede unir con otros miembros de la iglesia que también deseen estudiar.

En forma individual:

Si el estudiante hace el curso como individuo, se comunicará directamente con la oficina de la Universidad FLET. El alumno enviará su examen y todas sus tareas a esta oficina, y recibirá toda comunicación directamente de ella. El texto mismo servirá como «profesor» para el curso, pero el alumno podrá dirigirse a la oficina para hacer consultas. El estudiante deberá tener a un pastor o monitor autorizado por FLET para tomar su examen (sugerimos que sea la misma persona que firmó la carta de recomendación).

En forma grupal:

Si el estudiante hace el curso en grupo, se nombrará un «facilitador» (monitor, guía) que se comunicará con la oficina de FLET. Por tanto, los alumnos se comunicarán con el facilitador, en vez de comunicarse directamente con la oficina de FLET. El grupo puede escoger su propio facilitador, o el pastor puede seleccionar a un miembro del grupo para ser guía o consejero, o los estudiantes pueden desempeñar este rol por turno. Sería aconsejable que la iglesia tenga varios grupos de estudio y que el pastor sirva de facilitador de uno de los grupos; cuando el pastor se involucra, su ejemplo anima a la congregación entera y él mismo se hace partícipe del proceso de aprendizaje.

Estos grupos han de reunirse regularmente (normalmente una vez por semana) bajo la supervisión del facilitador para que juntos puedan cumplir con los requisitos de estudio (los detalles se encontrarán en las próximas páginas). Recomendamos que los grupos (o «peñas») sean compuestos de 5 a no más de 10 personas.

El facilitador seguirá el «Manual para el facilitador» que se encuentra al final del libro. El texto sirve como «profesor», mientras que el facilitador sirve de coordinador que asegura que el trabajo se haga correctamente.

El plan de enseñanza FLET

El proceso educacional debe ser disfrutado, no soportado. Por lo tanto, no debe convertirse en un ejercicio legalista. A su vez, debe establecer metas. Llene los siguientes espacios:

Anote su meta dia/sem de estudios: ____________________

Horario de estudio: ____________________

Día de la reunión: ____________________

Lugar de la reunión: ____________________

Opciones para realizar el curso

Este curso se puede realizar de tres maneras. Si desea hacer el curso a un paso cómodo, lo puede realizar en el espacio de dos meses (tiempo recomendado para aquellos que no tienen prisa). El alumno puede escoger el plan intensivo con el cual puede completar sus estudios en un mes. Otra opción es hacer el estudio con el plan extendido, en el cual se completan los estudios y el examen final en tres meses. Las diversas opciones se conforman de la siguiente manera:

Plan intensivo: un mes (4 sesiones)	***Fecha de reunión***
Primera semana: Lecciones 1-2	______________
Segunda semana: Lecciones 3-4	______________
Tercera semana: Lecciones 5-6	______________
Cuarta semana: Lecciones 7-8, y	
Examen final de FLET	______________

Plan regular: dos meses (8 sesiones)	***Fecha de reunión***
Primera semana: Lección I	______________
Segunda semana: Lección 2	______________
Tercera semana: Lección 3	______________
Cuarta semana: Lección 4	______________
Quinta semana: Lección 5	______________
Sexta semana: Lección 6	______________
Séptima semana: Lección 7	______________
Octava semana: Lección 8, y	______________
Examen final	______________

Plan extendido: tres meses (3 sesiones)	***Fecha de reunión***
Primer mes: Lecciones 1-3	______________
Segundo mes: Lecciones 4-6	______________
Tercer mes: Lecciones 7-8, y	______________
Examen final	______________

Descripción del curso

Este curso guiará al estudiante a conocer el mensaje del libro de Hechos en su contexto literario, histórico, cultural, y bíblico; a comprender el significado del mensaje; y a aplicarlo a su vida, a la Iglesia, y al mundo.

Metas: y objetivos

Metas:

1. (Cognitiva) El alumno conocerá el texto de Hechos, y aprenderá datos literarios, históricos, culturales, y bíblicos que le ayudarán a interpretarlo correctamente.
2. (Afectiva) El alumno desarrollará más confianza en Dios y en el Espíritu Santo a través de la narración en Hechos de cómo Dios dirigió la Iglesia primitiva.
3. (Conducta/volitiva) El alumno aplicará las enseñanzas del texto de Hechos a su propia conducta individual y en relación a su Iglesia y comunidad.

Objetivos:

El alumno demostrará que ha logrado las metas al hacer lo siguiente:

1. Entregará las respuestas para las preguntas asignadas, apuntes acerca de su reflexión personal y/o en grupo, y tomará un examen final. Analizará los pasajes de Hechos, y aprenderá a interpretarlos y aplicarlos correcta y creativamente en su medio.
2. Entregará un informe de lectura adicional (300 páginas).
3. Entregará un ensayo acerca de algún tema estudiado en el curso, mostrando su conocimiento del tema y la aplicación práctica del tema en su vida, Iglesia, y al medio cultural.
4. Aprobará el examen final.

Metas: y objetivos

El alumno:

1. Leerá el texto bíblico de Hechos y todo el material en este libro (*Exploremos Hechos* por Roberto Simons).
2. Mantendrá un cuaderno en el que realizará: (a) apuntes de reflexión personal acerca del texto de Hechos, (b) respuestas a las preguntas asignadas, y (c) reflexión individual o en grupo acerca de la aplicación del mensaje de Hechos a su medio (vida personal, Iglesia, mundo). Entregará el cuaderno a FLET al final del curso para ser evaluado como parte de su nota final. (Si el alumno o grupo tienen acceso a correo electrónico, pueden hacer sus apuntes, reflexiones, y respuestas en computador, y enviarlo a FLET para evaluación periódicamente. Si hacen esto, es necesario identificar cada «cuaderno electrónico» con el nombre y número de identificación del alumno, y el nombre del curso.)
3. Realizará la lectura adicional de 300 páginas, seleccionadas de la lista de libros recomendados, y entregará a FLET un informe de su lectura. El informe debe incluir la información bibliográfica de los libros leídos, el número de páginas leídas, y las respuestas a las siguientes preguntas: a) ¿De qué se trata esta lectura?; b) ¿Qué le llamó la atención?; c) ¿Está en desacuerdo con el autor con respecto a algún tema? ¿Por qué?; y d) ¿Cómo afecta —de manera práctica— su vida y su ministerio lo que ha aprendido en esta lectura?
4. Entregará a FLET un ensayo escrito acerca de un tema relacionado con el libro de Hechos (según las instrucciones abajo)
5. Rendirá un examen final y lo entregará a FLET.

Nota:

Esta es la manera correcta para realizar el estudio de este curso.

1. Primero, el alumno debe leer cuidadosamente la lección completa para entender las tareas de la semana. Luego el estudiante debe leer la porción del texto bíblico de Hechos asignada en la lección por lo menos en dos versiones castellanas antes de leer la parte asignada en este libro. Debe escribir en su cuaderno su propio bosquejo del texto bíblico y anotar ideas clave y cosas que le llama la atención. Debe trabajar en forma creativa e independiente.
2. Segundo, el alumno debe leer las secciones de este libro de texto asignadas para la lección. Después de leerlas, debe revisar y corregir los apuntes y bosquejo que había hecho en su cuaderno si es necesario.
3. Luego, el alumno debe contestar las preguntas al final de las secciones leídas **antes de mirar las respuestas en el «Manual para el facilitador»**. No forme el hábito malo de leer las preguntas primero y solamente buscar las respuestas en el texto, mucho menos el de copiar las respuestas. Eso sería deshonestidad y engaño. El estudiante mismo será el perjudicado al final. Además, el alumno que entrega un cuaderno con las respuestas copiadas del «Manual para el facilitador» recibirá 0 como nota de cuaderno de trabajo (10% de la nota final).
4. Después, debe buscar las respuestas para las preguntas (que se encuentran en el «Manual para el facilitador» al final de este libro), como una manera de repasar el material leído y para corregir cualquier equivocación. Si el alumno se equivocó en la respuesta de alguna pregunta, debe anotar en su cuaderno (al final de todas sus respuestas propias de la lección) el número de cada respuesta equivocada y escribir la respuesta correcta. Si el alumno hace la corrección de esta manera, recibirá la nota de 100 para las respuestas del cuaderno de trabajo.

Finalmente, el alumno debe cumplir con cualquier otra tarea asignada en la lección (por ejemplo la lectura adicional y la redacción del ensayo). Es un error grande dejar la lectura adicional y la redacción del ensayo para último momento, porque son trabajos que requieren bastante esfuerzo y tiempo para su desarrollo.

Si el alumno está estudiando como individuo, el supervisor o monitor será el encargado de fiscalizar la toma del examen final. El alumno deberá escribir a la oficina de FLET para pedir aprobación para el supervisor o monitor que supervisará la toma del examen final, y para pedir que envíen la copia del examen final a este supervisor. Sugerimos que esta persona sea la misma que recomendó al alumno. Si el alumno está estudiando en un grupo, el facilitador supervisará la toma del examen final.

Pautas para la lectura:

Una vez le preguntaron al presidente de la prestigiosa *Universidad de Harvard,* ¿Qué deseaba encontrar en los alumnos nuevos que llegaran a su universidad? ¿Qué quiere que sepan antes de comenzar? Su respuesta fue simplemente, «Quiero que sepan leer». Uno de los frutos del estudio independiente de FLET es aprender a leer bien. Recomendamos las siguientes pautas de buena lectura:

1. Revise el libro entero primero.
   - 1.1. Examine el contenido, hojee el libro, eche un vistazo para familiarizarse con él. Mire las ilustraciones, o las tablas.
   - 1.2. Hágase preguntas. ¿De qué se trata el libro? ¿Cuál será el enfoque? ¿Por qué debo interesarme en este tema?

2. Revise el primer capítulo en general, antes de leerlo con cuidado.
   - 2.1. Lea los títulos principales.
   - 2.2. Hágase preguntas acerca del contenido. Abra su apetito

por leerlo. Si no puede convencerse que está interesado, la lectura será aburrida y lenta.

3. Lea el primer capítulo con cuidado.
   3. 1.No lea ni demasiado lento ni demasiado rápido. En los dos casos, se pierde el hilo de la lectura y se distrae.
   3.2.Marque con un lápiz palabras, frases, o puntos importantes. Marque en el margen con símbolos («x», «!», «?», o cualquier símbolo que usted mismo invente y que le sea útil) puntos importantes que quisiera recordar. Escriba notas para usted mismo en el margen.
   3.3.Cuando haya terminado de leer el capítulo, vuelva a repasarlo, revisando sus propias anotaciones, y reflexionando sobre el contenido.
   3.4.Pregúntese si ha entendido el capítulo. ¿Cómo explicaría el contenido a otra persona?
   3.5.Haga un resumen del capítulo, y anote comentarios, preguntas, o un bosquejo, en la última página del capítulo. Escriba lo que le ayude a recordar en forma rápida lo más im portante del capítulo.
4. Repita los pasos 2 y 3 con los siguientes capítulos.
5. Cuando haya terminado todo el libro, haga un repaso de todo el libro.
   5.1.Revise sus propias notas al final de cada capítulo.
   5.2.Haga un resumen del libro, y anote comentarios, preguntas, o un bosquejo, en las últimas páginas del libro. Escriba lo que le ayude a recordar en forma rápida lo más importante del libro.

Programa de tareas específicas

Para hacer el curso en dos meses (plan regular de estudios), el estudiante debe seguir el plan de tareas indicado abajo. Si el estudiante hace el curso según el plan intensivo, o según el plan extendido, tendrá que adaptar las tareas de acuerdo al período de tiempo en que realizará el curso.

Trabajos semanales para el curso de HECHOS

SEMANA	TRABAJO Marque con una «X» cada trabajo cuando lo haya realizado.
1	1. Lea todo el texto bíblico de Hechos en su versión favorita. 2. Lea el capítulo 1 y el apéndice 1 del libro *Exploremos Hechos*. 3. Conteste las preguntas al final del capítulo 1 y el apéndice 1. 4. Consulte las respuestas a las preguntas en el «Manual para el facilitador» a manera de repaso y para corroborar que las ha contestado correctamente. 5. Anote al final de sus respuestas el número de preguntas en que se equivocó, y escriba la respuesta correcta. 6. Lea por lo menos 75 páginas de lectura adicional y redacte el informe de acuerdo a las instrucciones en las páginas 349 (# 3).
2	1. Lea Hechos 1—4 en por lo menos dos versiones castellanas de la Biblia, y en su cuaderno haga un bosquejo de su contenido. Anote ideas claves y cosas que le llamen la atención. 2. Lea el capítulo 2 y el apéndice 2 del libro *Exploremos Hechos*. Corrija el bosquejo anterior y las anotaciones que hizo en su cuaderno si es necesario. 3. Conteste las preguntas al final del capítulo 2 y el apéndice 2. 4. Consulte las respuestas a las preguntas en el «Manual para el facilitador» a manera de repaso y para corroborar que las ha contestado correctamente. 5. Anote al final de sus respuestas el número de preguntas en que se equivocó, y escriba la respuesta correcta. 6. Lea por lo menos 75 páginas de lectura adicional y redacte el informe de acuerdo a las instrucciones.
3	1. Lea Hechos 4:36—8:40 en por lo menos dos versiones castellanas de la Biblia, y en su cuaderno haga un bosquejo de su contenido. Anote ideas claves y cosas que le llamen la atención. 2. Lea el capítulo 3 y el apéndice 3 del libro *Exploremos Hechos*. Corrija el bosquejo anterior y las anotaciones que hizo en su cuaderno si es necesario.

	1. Conteste las preguntas al final del capítulo 3 y el apéndice 3. 2. Consulte las respuestas a las preguntas a manera de repaso y para corroborar que las ha contestado correctamente. 3. Anote al final de sus respuestas el número de preguntas en que se equivocó, y escriba la respuesta correcta. 4. Lea 75 páginas de lectura adicional y redacte el informe de acuerdo a las instrucciones. 5. Redacte la idea principal de su ensayo y los tres (o más) puntos que va a desarrollar.
4	1. Lea Hechos 9:1—12:24 en por lo menos dos versiones castellanas de la Biblia, y en su cuaderno haga un bosquejo de su contenido. Anote ideas claves y cosas que le llamen la atención. 2. Lea el capítulo 4 y el apéndice 4 del libro *Exploremos Hechos*. Corrija el bosquejo y las anotaciones que hizo en su cuaderno si es necesario. 3. Conteste las preguntas al final de capítulo 4 y el apéndice 4. 4. Consulte las respuestas a las preguntas a manera de repaso y para corroborar si las contestó correctamente. 5. Anote al final de sus respuestas el número de preguntas en que se equivocó, y escriba la respuesta correcta. 6. Lea 75 páginas de lectura adicional y redacte el informe de acuerdo a las instrucciones. Esto completa la tarea de lectura adicional. Guarde la tarea para mandar con el ensayo y el examen final después de terminar el curso. 7. Investigue el tema de su ensayo en forma organizada. Como parte de sus apuntes, anote siempre los datos biográficos para poder incluirlos después, donde sea necesario en su ensayo.
5	1. Lea Hechos 12:25—15:35 en por lo menos dos versiones castellanas de la Biblia, y en su cuaderno haga un bosquejo de su contenido. Anote ideas claves y cosas que le llamen la atención. 2. Lea el capítulo 5 y el apéndice 5 de este libro. Corrija el bosquejo y las anotaciones que hizo en su cuaderno si es necesario. 3. Conteste las preguntas al final del capítulo 5 y el apéndice 5. 4. Consulte las respuestas a las preguntas a manera de repaso y averigüe si se ha equivocado en algo.

	1. Conteste las preguntas al final del capítulo 5 y el apéndice 5. 2. Consulte las respuestas a las preguntas a manera de repaso y averigüe si se ha equivocado en algo. 3. Anote al final de sus respuestas el número de preguntas en que se equivocó, y escriba la respuesta correcta. 4. Redacte en borrador el contenido del primer subpunto de su ensayo. Incluya notas a pie de página y mantenga la bibliografía al día.
6	1. Lea Hechos 15:36—18:22 en por lo menos dos versiones castellanas de la Biblia, y en su cuaderno haga un bosquejo de su contenido. Anote ideas claves y cosas que le llamen la atención. 2. Lea el capítulo 6 y el apéndice 6 de este libro. Corrija el bosquejo y las anotaciones que hizo en su cuaderno si es necesario. 3. Conteste las preguntas al final del capítulo 6 y el apéndice 6. 4. Consulte las respuestas a las preguntas a manera de repaso, y averigüe si se ha equivocado en algo. 5. Anote al final de sus respuestas el número de preguntas en que se equivocó, y escriba la respuesta correcta. 6. Redacte en borrador el contenido del segundo subpunto de su ensayo. Incluya notas a pie de página y mantenga la bibliografía al día.
7	1. Lea Hechos 18:22—21:16 en por lo menos dos versiones castellanas de la Biblia, y en su cuaderno haga un bosquejo de su contenido. Anote ideas claves y cosas que le llamen la atención. 2. Lea el capítulo 7 y el apéndice 7 de este libro. Corrija el bosquejo y las anotaciones que hizo en su cuaderno si es necesario. 3. Conteste las preguntas al final del capítulo 7 y el apéndice 7. 4. Consulte las respuestas a las preguntas a manera de repaso, y averigüe si se ha equivocado en algo. 5. Anote al final de sus respuestas el número de preguntas en que se equivocó, y escriba la respuesta correcta. 6. Redacte en borrador el texto del último de los puntos de su ensayo. Incluya notas a pie de página y mantenga la bibliografía al día.
8	1. Lea Hechos 21:17—28:31 en por lo menos dos versiones castellanas de la Biblia, y en su cuaderno haga un bosquejo de su contenido. Anote ideas claves y cosas que le llamen la atención.

8	1. Lea el capítulo 8 de este libro. Corrija el bosquejo y las anotaciones que hizo en su cuaderno si es necesario. 2. Conteste las preguntas al final de capítulo 8. 3. Consulte las respuestas a las preguntas a manera de repaso, y averigüe si se ha equivocado en algo. 4. Anote al final de sus respuestas el número de preguntas en que se equivocó, y escriba la respuesta correcta. 5. Elabore el documento final de su ensayo con todas las correcciones, y téngalo listo para entregarlo al final del curso. 6. Estudie el repaso para el examen final en el apéndice 8.

Examen final

Si está estudiando como individuo, el supervisor o monitor que ha sido autorizado por FLET le tomará el examen final y enviará la hoja de respuestas a la oficina de FLET. Si el alumno está estudiando en grupo, el facilitador le tomará el examen final y enviará las hojas de respuestas a la oficina de FLET.

Entrega de tareas

Al final del curso:

El alumno que este estudiando como individuo deberá enviar a la oficina de FLET su cuaderno de trabajo, su informe de lectura adicional, y su ensayo para ser calificados.

El alumno que este estudiando en un grupo deberá entregar su cuaderno de trabajo, su informe de lectura adicional, y su ensayo, junto con el examen final, a su facilitador. De todas maneras, recomendamos que el alumno envíe periódicamente las tares a FLET por medio de correo electrónico si es posible. Siempre es necesario identificar cualquier tarea con el nombre y número de identificación del alumno, el curso que está estudiando, y la tarea que está enviando. (Por ejemplo: Julia Martínez identificada con número de cédula 2.521.674 de Bogotá. Respuestas a las preguntas de capítulos 1 y 2 y apéndices I y 2 del curso de Hechos.)

Libros recomendados para lectura adicional

Barclay, William. *Los Hechos de los Apóstoles*. Comentario al
Nuevo Testamento, vol. 7. Editorial Clie.)Barcelona, España, 1994).

Bonnet y Schroeder. *Comentario del Nuevo Testamento: Tomo 2—Juan y Hechos.* Casa Bautista de Publicacio nes, 1971.

Bruce, F. F. *Hechos de los Apóstoles.* Libros Desafío, 1998.

Carroll, B. H. *Comentario Carroll — 7: Hechos.* Editorial

Clie, González, Justo L. *Hechos.* Comentario bíblico hispa noamericano. Editorial Caribe. (Miami, EUA, 1992).

______ *Hechos de los Apóstoles.* Ediciones Kairos.

Gooding, David. *Según Hechos: permaneciendo fiel a la fe.* Editorial Clie. (Barcelona, España, 1990).

Jones, J. Estil. *Hechos: Colaboradores en la misión de Cristo.* Casa Bautista de Publicaciones, 1974.

Kistemaker, Simon J. *Comentario al Nuevo Testamento: Hechos.* Libros Desafío, 1994.

Parker, Jorge G. *Estudios sobre los Hechos.* Editorial Por tavoz. (Grand Rapids, EUA, 1998).

Ryrie. Charles C. *Comentario bíblico Portavoz: Hechos de los Apóstoles*. Editorial Portavoz, 1981.

Simpson, A. B. *Hechos: Comentario a los Hechos del los Apóstoles.* Editorial Clie. (Barcelona, España, 1988).

Trenchard, Ernesto. *Los Hechos de los Apóstoles.* Editorial Portavoz, 1963.

Turner, Donald. *Hechos de los Apóstoles.* A.C.A. A- 10. Edi torial Portavoz, 1963.

Wenham, J. A. y otros, eds. *Nuevo comentario bíblico siglo veintiuno.* «Hechos» (páginas 1103-1144). Casa Bautista de Publicaciones. (1999).

Pautas para escribir un ensayo u otro trabajo escrito

La Universidad FLET exige un nivel universitario en las tareas escritas. Si los ensayos no cumplen con los requisitos, serán reprobados. Las siguientes pautas deben ser seguidas estrictamente. Para mayor información, consulte el libro *Un manual de estilo*, por Mario Llerena (Unilit/Logoi). Además del texto principal del curso, el estudiante debe leer otros materiales acerca del tema para aumentar su conocimiento y para mejorar la calidad del ensayo. De esta manera, el alumno también cumple con el requisito de lectura adicional.

Pautas generales

l. Exprese una idea propia

Un ensayo debe ser la expresión de la idea de su autor, y no simplemente una recopilación de ideas de otros. El autor debe tener algo en mente que él o ella quiere comunicar, idealmente un solo concepto principal. Por ejemplo, el ensayo podría tener el propósito de convencer al lector que Cristo es suficiente para nuestra salvación, o que Agustín era el teólogo más importante de su época, o que Génesis 3 explica todos los problemas de la humanidad. Por supuesto, el autor toma en cuenta las ideas de otros, pero utiliza estas fuentes para apoyar su teoría, o bien para mostrar el contraste con ideas contrarias. Las distintas partes del ensayo presentan evidencia o argumentos para apoyar la idea central, para mostrar ideas contrastantes, o para ilustrar el punto. El lector debe llegar a la conclusión sabiendo cuál fue la idea principal del ensayo. El alumno debe mostrar, no solo el conocimiento del tema, sino también la capacidad creativa de discernir la importancia de este tema en relación con su propia situación actual, haciendo una aplicación práctica.

2. No use demasiado las citas bíblicas

Un buen ensayo no debe citar pasajes bíblicos largos, simplemente para llenar las páginas requeridas. Una cita bíblica de más de 10 versículos es demasiado larga. En el caso de referirse a un texto extenso, es mejor poner la referencia bíblica solamente. No más del 25% del ensayo debe ser citas bíblicas. Por supuesto, el argumento debe estar basado en la Biblia, pero si hay muchas citas, el autor debe poner simplemente las referencias de algunas, para reducirlas a un 25% del contenido del ensayo.

3. Indique sus fuentes

Cuando el autor utiliza ideas de otras fuentes, es absolutamente necesario indicar cuáles son esas fuentes. Si el autor no lo hace, da la impresión de que las ideas citadas son de él, lo cual no es honesto y es llamado «plagio». Si el autor menciona una idea contenida en otro libro o artículo que haya leído, aunque no sea una cita textual, debe colocar un número al final de la misma, ligeramente sobre la línea del texto (volado) 1 , y una nota al pie de la página, con la información del texto empleado, usando el siguiente formato:

1 Autor [nombre primero, apellido después], *Nombre del libro* [en letra cursiva] (lugar de publicación: editorial, año) [entre paréntesis, con doble punto y una coma, tal como aparece aquí], la página o páginas citadas.

Ofrecemos el siguiente ejemplo:

2 Federico García Lorca, *Bodas de Sangre* (Barcelona: Ayma, S.A., 1971), p. 95.

Vea Mario Llerena, *Un manual de estilo*, para otros posibles tipos de nota, por ejemplo, cuando hay varios autores, o cuando la cita corresponde a un artículo de una revista.

Cuando cite directamente, la cita debe estar entre comillas, y también debe poner una nota al pie de la página con la información de la fuente.

4. Organice bien sus ideas con un buen bosquejo

El buen ensayo siempre está bien organizado, y las ideas que contiene siguen algún orden lógico. Por tanto, haga un buen bosquejo para asegurar una buena organización. El ensayo debe tener divisiones principales, y estas a su vez subdivisiones que contengan ideas subordinadas al tema de la división mayor. Las divisiones principales deben estar en paralelo, ya que son distintas en contenido, pero iguales en importancia. El sistema tradicional de enumeración es usar números romanos para las divisiones principales, letras mayúsculas para las primeras subdivisiones, y números árabes para las segundas subdivisiones. En los ensayos de FLET, que no contienen más de 15 páginas, no es conveniente dividir los bosquejos en secciones menores que estas. Por ejemplo, un posible bosquejo de la Carta a los Romanos sería así:

La Carta a los Romanos

I. Doctrina
    A. El pecado
        1. La ira de Dios contra el pecado
        2. Todos los hombres son pecadores
    B. La justificación por la fe
    C. La santificación por la fe
    D. La seguridad eterna

II. Exhortaciones prácticas
    A. El amor
    B. La sumisión a las autoridades
    etc.

La introducción y la conclusión del ensayo no llevan numeración.

Introducción
I.
A.
1.
2.
B.
II.
III.
Conclusión

5. *Use buenos párrafos*

El párrafo es la unidad clave de un ensayo. Revise cada párrafo para asegurarse de que:

a. Tiene varias oraciones. Si hay una oración sola, debe ser incluida con otro párrafo.
b. Todas las oraciones del párrafo tratan el mismo tema.
c. La idea central del párrafo está en la primera o en la última oración.
d. Las demás oraciones contribuyen al tema central del párrafo, o apoyando o mostrando contraste o dando ilustraciones.

No tenga cuidado en eliminar oraciones que no estén relacionadas con el tema del párrafo. Posiblemente estén mejor en otro párrafo, o quizás deba empezar un nuevo párrafo.

6. *Incluya una bibliografía*

Al final del ensayo, se debe incluir una bibliografía, una lista de todas las fuentes (libros y artículos) utilizadas en su investigación. El formato para la bibliografía es un poco distinto del formato de la nota al pie de página. Por ejemplo:

García Lorca, Federico. Bodas de Sangre. Barcelona: Ayma, S.A., 1971.

Note que el apellido va delante del nombre, no se indican las páginas, y la puntuación es distinta.

7. Use buena forma

El ensayo debe constar de IO- 15 páginas, y ser escrito a doble espacio. Utilice un tipo de letra de tamaño 10-12 puntos. ¡No emplee una letra grande para llenar el espacio! El ensayo debe incluir una introducción, una conclusión, y una bibliografía. Insistimos en buena ortografía, puntuación y sintaxis. Si tiene problemas o dudas al respecto, repase un curso de gramática y ortografía. La Universidad FLET exige que sus estudiantes estén adecuadamente capacitados en el uso correcto de la ortografía y gramática española. Errores comunes son:

- Ortografía y puntuación, especialmente la falta de tildes o el uso incorrecto de tildes, y el uso incorrecto de comas. (Si escribe en una computadora, ¡aproveche del corrector ortográfico automático!)
- Oraciones extensas que deben ser divididas en dos o más oraciones. (Si empieza una idea nueva, debe hacer una nueva oración.)
- Párrafos con una sola oración. (Si hay una sola oración, debe ponerla bajo otro párrafo, o simplemente eliminarla, si no hay suficiente que decir con respecto al tema.)

Insistimos: En el ensayo, el alumno debe mostrar, no solo el conocimiento del tema, sino también la capacidad creativa de discernir la importancia de este tema en relación con su propia situación actual, haciendo una aplicación práctica.

Pautas específicas para el ensayo de este curso

El ensayo debe constar de 10-15 páginas, y ser escrito a doble espacio. El estudiante tiene que leer otros materiales acerca del tema elegido (ver arriba la lista de libros recomendados), además de este texto, para componer el ensayo. Este ensayo debe incluir una introducción, el cuerpo del ensayo, una conclusión, y una bibliografía. Debe ser ordenado y bien escrito, con buena ortografía. En la introducción, debe incluir una oración que expresa la idea principal del ensayo (lo que va a tratar en toda la obra). El cuerpo del ensayo debe tener por lo menos tres secciones, cada una desarrollando un punto relacionado con la idea principal. Cada sección debe tener una parte que trata con la aplicación del punto a su vida, Iglesia, y comunidad. La conclusión debe resumir el contenido del ensayo, sacar conclusiones, y hace aplicación del tema a su vida, Iglesia, y comunidad. Debe usar comillas cuando cita el texto exacto de algún libro, e indicar correctamente la información bibliográfica correspondiente con una nota al pie de página. Donde usa ideas de otro libro, también debe poner una nota al pie de página que reconoce la fuente de la idea. Plagio (copiar las ideas o las palabras de otro autor sin reconocerle en una nota de referencia) puede ocasionar la expulsión del alumno de la universidad FLET (ver «Normas Académicas» en el catálogo corriente).El ensayo debe ser escrito de acuerdo con las pautas provistas en *Un manual de estilo* por Mario Llerena (LOGOI-Unilit.)

Sugerimos los siguientes temas para el ensayo; no obstante, usted puede elegir otro tema diferente de los que están en la lista. Si escoge otro tema, debe consultar con las oficinas de FLET para comprobar que es aceptable.

1. Elabore una biografía de Pedro usando datos de Lucas, Hechos, 1 y 2 de Pedro, y Gálatas l. Muestra su desarrollo como líder, destaca la diferencia que el Espíritu hace en el

ejercicio de su ministerio. Aplique el recomido de Pedro a su propia vida como servidor del Señor. Saque enseñanzas que se aplican a otros que están en el camino de servicio a Dios.

2. Estudie los resúmenes de Lucas en el libro de Hechos (Hch.2:42-47; 4:32-37;5:12-16;6:7;8:1b-4; 9:31; 12:24; 16:5; 19:20). Aplique las enseñanzas de los resúmenes a su Iglesia local. Incluya ejemplos concretos y casos específicos que muestra como su Iglesia está bien o mal. Dé sugerencias claras acerca de cómo preservar lo bueno y mejorar lo malo.
3. Escoja algunos pasajes de Hechos (al menos cuatro), y explique como el trasfondo cultural, histórico, y social del mundo greco-romano ayuda en la interpretación de ellos. Su trabajo debe dar una explicación detallada de los puntos de trasfondo que son relevantes a la interpretación, y mostrar cómo un intérprete puede equivocarse si no toma en cuenta aquellos puntos.
4. Analice el manejo de problemas internos de la Iglesia en Hechos, y relacione su análisis al manejo de problemas en su Iglesia. Basado sobre su análisis, prepare un programa para preparar al liderazgo de su Iglesia a manejar con más eficacia los problemas. Utilice pasajes de Hechos para ilustrar lo que va a enseñar en su programa.
5. Analice la vida de Pablo como ejemplo para los creyentes de hoy. Use los datos de Hechos y de las cartas de Pablo para su trabajo.
6. Compare lo que Pablo dice en sermones en Hechos con lo que dice en sus cartas. Tome en cuenta el tipo de oyente para cada sermón, y lo que se puede saber de los lectores originales de sus cartas.
7. Analice el libro de Hechos desde el punto de vista de las misiones. Aplique lo que aprendió de Hechos a misiones en la vida actual.

8. Haga un estudio de la mujer en Hechos. Compare el papel de la mujer en Hechos con las normas culturales del tiempo en el cual fue escrito el libro. Qué enseñanzas tiene Hechos en cuanto al papel de la mujer en la Iglesia hoy día.
9. Analice los pasajes en Hechos donde aparecen ángeles, o donde un personaje recibe una visión sobrenatural. Qué papel tuvo estas comunicaciones sobrenaturales en Hechos. Qué papel tienen en la Iglesia hoy día.
10. Analice el papel del Espíritu Santo en Hechos. Aplique lo que aprendió del Espíritu Santo a su vida, Iglesia y comunidad.

Calificación

La nota final será calculada de acuerdo a los siguientes porcentajes:

Cuaderno de trabajo	10%
Informe de lectura adicional	10%
Ensayo	40%
Examen final	40%
Total	100%

MANUAL PARA EL FACILITADOR

Introducción

Este material ha sido preparado para el uso del facilitador de un grupo o peña. Esta persona guiará a un grupo de 5 a 10 estudiantes a fin de que completen el curso de ocho lecciones. La tarea demandará esfuerzo de su parte, ya que, aun cuando el facilitador no es el instructor en sí mismo (ya que el libro de texto sirve de «maestro»), debe conocer bien el material, animar y dar aliento al grupo, así como también modelar la vida cristiana delante de los participantes. La recompensa del facilitador vendrá, en parte, del buen sentir que experimentará al ver que contribuye al crecimiento de otros, del privilegio de entrenarlos y del fruto que llegará como resultado de la evangelización. El facilitador también debe saber que el Señor lo recompensará ampliamente por su obra de amor.

Instrucciones específicas

Antes de la reunión: Preparación

I. Oración: Esta constituye la expresión de nuestra dependencia de Dios.
   A. Ore por usted mismo.
   B. Ore por los estudiantes.
   C. Ore por los que serán alcanzados y tocados por los alumnos.

II. Reconocimiento
   A. Reconozca su identidad en Cristo (Ro 6—8).
   B. Reconozca su responsabilidad como maestro o facilitador (Stg3:1-17).
   C. Reconozca su disposición como siervo (Mc 10:45; 2 Co 12:14-21).

III. Preparación
   A. Estudie la porción del alumno sin mirarla guía para el facilitador, es decir, como si usted fuese uno de los estudiantes.
      1. Note los aspectos difíciles, así se anticipará a las preguntas.
      2. Tome nota de las ilustraciones o métodos que le vengan a la mente mientras lee.
      3. Apunte los aspectos que le presenten dificultad a fin de investigar más, usando otros recursos.
   B. Estudie este manual para el facilitador.
   C. Reúna otros materiales, ya sea para ilustraciones, aclaraciones o para proveer puntos de vista diferentes a los del texto.

Durante la reunión: Participación

Recuerde que las reuniones de grupo sirven no solo para desarrollar a aquellos que están bajo su cuidado como facilitadores, sino también para edificar, entrenar y desarrollarlo a usted. La reunión consiste de un aspecto clave en el desarrollo de todos los participantes, debido a las dinámicas de la reunión. En la peña interactuarán varias personas, tanto unos con otros, como también con Dios. Habrá personalidades diferentes en el grupo y, además de esto, la posibilidad de que surja el conflicto. No le tenga temor a ello. Parte del «currículum» será el desarrollo del amor cristiano. Tal vez Dios quiera desarrollar en usted la habilidad de solucionar conflictos entre hermanos en la fe. De cualquier modo, nuestra norma para solucionar los problemas es la Palabra inerrante de Dios. Su propia madurez, su capacidad e inteligencia iluminadas por las Escrituras y el Espíritu Santo lo ayudarán a mantener un ambiente de armonía. Si es así, se cumplen los requisitos del curso y, lo más importante, los deseos de Dios.

Como facilitador, debe estar consciente de las siguientes consideraciones:

I. El tiempo u horario
   A. La reunión debe ser siempre el mismo día, a la misma hora y en el mismo lugar, ya que esto evitará confusión. El facilitador siempre debe llegar con media hora de anticipación para asegurarse de que todo esté preparado para la reunión y resolver cualquier situación inesperada.
   B. El facilitador debe estar consciente de que el enemigo tratará de interrumpir las reuniones o promover la confusión. Tenga mucho cuidado con cancelar reuniones o cambiar horarios. Comunique a los participantes en la peña la responsabilidad mutua que tienen de unos hacia otros. Esto no significa que nunca se deba cambiar una reunión bajo ninguna circunstancia. Más bien quiere decir que se tenga cuidado y que no se hagan cambios innecesarios a causa de personas que por una u otra razón no puedan llegar a la reunión citada.
   C. El facilitador debe completar el curso en las ocho semanas indicadas (o de acuerdo al plan de estudios elegido).

II. El lugar
   A. El facilitador debe asegurarse de que el lugar para la reunión esté disponible durante el tiempo que dure el curso. También deberá tener todas las llaves u otros recursos necesarios para utilizar el local.
   B. El lugar debe ser limpio, tranquilo y tener buena ventilación, suficiente luz, temperatura agradable y espacio acorde con la cantidad del grupo a fin de poder sacarle buen provecho y facilitar el proceso educativo.
   C. El sitio debe tener el mobiliario adecuado para el aprendizaje: una mesa, sillas cómodas, una pizarra con tiza o marcadores cuya tinta se pueda quitar y borradores. Si no hay una mesa, los estudiantes deben sentarse en un círculo a

fin de que todos puedan verse y escucharse de frente. El lugar completo debe contribuir a una postura que propenda al aprendizaje. El sitio debe motivar al alumno a trabajar, compartir, cooperar y ayudar en el proceso educativo.

III. La interacción entre los participantes

A. Reconocimiento

1. Saber el nombre de todos.
2. Conocer los datos básicos: familia, trabajo, nacionalidad.
3. Saber algo interesante acerca de ellos: comida favorita, actividad preferida, etc.

B. Respeto para todos

1. Se debe establecer una regla en la reunión: Una persona habla a la vez y todos los otros le escuchan.
2. No burlarse de los que se equivocan ni humillarlos. Entender, reflexionar o pedir aclaración antes de responder a lo que otros dicen.
3. Participación de todos
   a. El facilitador debe permitir que los alumnos respondan sin interrumpirlos. Debe dar suficiente tiempo para que los estudiantes reflexionen y expongan sus respuestas.
   b. El facilitador debe ayudar a los alumnos a pensar, a hacer preguntas y a responder, en vez de dar todas las respuestas él mismo.
   c. La participación de todos no significa necesariamente que cada uno de los alumnos tenga que hablar en cada sesión (ni que tengan que hablar desde el principio, es decir, desde la primera reunión); más bien quiere decir que, antes de llegar a la última lección, todos los alumnos deben sentirse cómodos al hablar, participar y responder sin temor a ser ridiculizados.

Después de la reunión: Evaluación

I. Evaluación de la reunión
   A. ¿Estuvo bien organizada la reunión?
   B. ¿Fue provechosa la reunión?
   C. ¿Hubo buen ambiente durante la reunión?
   D. ¿Qué peticiones específicas ayudarían a mejorarla reunión?

II. Evaluación de los alumnos
   A. En cuanto a los alumnos extrovertidos y seguros de sí mismos: ¿Se les permitió que participaran sin perjudicar a los más tímidos?
   B. En cuanto a los alumnos tímidos: ¿Se les animó a fin de que participaran más?
   C. En cuanto a los alumnos aburridos o desinteresados: ¿Se tomó especial cuidado a fin de descubrir cómo despertar en ellos el interés en la clase?

III. Evaluación del facilitador
   A. ¿Estuvo bien preparado el facilitador?
   B. ¿Enseñó la clase con buena disposición?
   C. ¿Se preocupó por todos y fue justo con ellos?
   D. ¿Qué peticiones específicas debe hacer al Señor a fin de que la próxima reunión sea aún mejor?

Ayudas adicionales

1. Saludos: Para establecer un ambiente amistoso caracterizado por el amor fraternal cristiano debemos saludarnos calurosamente en el Señor. Aunque la reunión consiste de una actividad más bien académica, no debe carecer del amor cristiano. Por lo tanto, debemos cumplir con el mandato de saludar a otros, como se reco-

mienda en la mayoría de las epístolas del Nuevo Testamento. Por ejemplo, 3 Juan concluye con las palabras: «La paz sea contigo. Los amigos te saludan. Saluda tú a los amigos, a cada uno en particular». El saludar provee una manera sencilla, pero importante, de cumplir con los principios de autoridad de la Biblia.

2. Oración: La oración le comunica a Dios que estamos dependiendo de Él para iluminar nuestro entendimiento, calmar nuestras ansiedades y protegernos del maligno. El enemigo intentará interrumpir nuestras reuniones por medio de la confusión, la división y los estorbos. Es importante reconocer nuestra posición victoriosa en Cristo y seguir adelante. El amor cristiano y la oración sincera ayudarán a crear el ambiente idóneo para la educación cristiana.

3. Creatividad: El facilitador debe hacer el esfuerzo de emplear la creatividad que Dios le ha dado tanto para presentar la lección como para mantener el interés durante la clase entera. Su ejemplo animará a los estudiantes a esforzarse por comunicar la verdad de Dios de manera interesante. El Evangelio de Marcos reporta lo siguiente acerca de Juan el Bautista: «Porque Herodes temía a Juan, sabiendo que era varón justo y santo, y le guardaba a salvo; y oyéndole, se quedaba muy perplejo, pero le escuchaba de buena gana» (Mc 6:20). Y acerca de Jesús dice: «Y gran multitud del pueblo le oía de buena gana» (Mc 12:37b). Notamos que las personas escuchaban «de buena gana». Nosotros debemos esforzarnos para lograr lo mismo con la ayuda de Dios. Se ha dicho que es un pecado aburrir a las personas con la Palabra de Dios. Hemos provisto algunas ideas que se podrán usar tanto para presentar las lecciones como para proveer proyectos adicionales de provecho para los estudiantes. Usted puede modificar las ideas o crear las suyas. Pídale ayuda a nuestro Padre bondadoso, todopoderoso y creativo a fin de que le ayude a crear lecciones animadas, gratas e interesantes.

Conclusión

El beneficio de este estudio dependerá de usted y de su esfuerzo, interés y dependencia de Dios. Si el curso resulta ser una experiencia grata, educativa y edificadora para los estudiantes, ellos querrán hacer cursar otros y progresar aún más en su vida cristiana. Que así sea con la ayuda de Dios.

Estructura de la reunión

1. Dé la bienvenida a los alumnos que vienen a la reunión.
2. Ore para que el Señor calme las ansiedades, abra el entendimiento, y se manifieste en las vidas de los estudiantes y el facilitador.
3. Presente la lección (puede utilizar las sugerencias provistas).
4. Repase con los alumnos las respuestas de las preguntas asignadas. Asegúrese de que hayan entendido el material y las respuestas correctamente. Pueden hablar acerca de las preguntas más difíciles, las que fueron de mayor edificación o que expresen algún concepto con el cual están en desacuerdo.
5. Anime a los estudiantes a alcanzar las metas para la próxima reunión. Además, comparta algunas ideas para proyectos adicionales que los alumnos puedan decidir hacer. (Utilice las sugerencias provistas.)
6. Anime a los alumnos a estar al día en su cuaderno de apuntes, pues vale 30% de la nota final.
7. Termine la reunión con una oración y salgan de nuevo al mundo para ser testigos del Señor.

No se olvide de orar antes y después de las clases. Anime a los alumnos a orar unos por otros durante la semana.

Para conversar en las clases, primero pregunte si hay dudas o interrogantes acerca de lo que estudiaron en las lecciones. Verifique si han podido contestar bien las preguntas de repaso. Conversen entre todos acerca de los temas de la lectura. Trate de buscar aplicaciones prácticas para la vida diaria y para el ministerio en la iglesia.

Comience y termine las clases con oración. La clase debe ser un tiempo de crecimiento en el que se preocupen por la formación espiritual y teológica de los alumnos. Oren por los participantes también durante la semana. Traten de entablar amistad entre todos.

Evaluación de tareas

Cuaderno de trabajo

El facilitador no tiene que evaluar el cuaderno de trabajo, pues este será enviado a FLET al final del curso. Pero debe animar a los alumnos a estar al día con este trabajo.

Informe de lectura adicional

El facilitador debe motivar al alumno a leer otros libros acerca de Hechos, puesto que el informe de lectura adicional abarca el 10% de la nota final.

Ensayo

El facilitador debe estimular a los alumnos a cumplir con las tareas, tal como se asignan en las lecciones, para que el ensayo, y el informe de lectura adicional, estén listos al final del curso. Es un error muy grave dejar estos trabajos para el final; tanto que puede ocasionar el fracaso del alumno en el curso, pues si no envía el informe o el ensayo, no hay manera de aprobarlo. Envíe el informe y el ensayo junto con el cuaderno de trabajo y el examen final a la oficina de FLET para su calificación.

Examen final

El examen será calificado en la oficina de FLET. El facilitador debe pedir copias del examen —con las hojas de respuestas— con suficiente anticipación para someterlo en la fecha establecida.

Calificación final

La nota final se calculará según los siguientes porcentajes:

Cuaderno de trabajo	10%
Informe de lectura adiciona	10%
Ensayo	40%
Examen	40%
Total	100%

Respuestas a las preguntas

Capítulo 1

1. Ambos libros, Lucas y Hechos, mencionan a Teófilo como la persona a quien el autor dirige su obra. El prólogo de Hechos implica que es una continuación de un tomo anterior. El contenido de ambos libros muestra que Hechos es una continuación de Lucas. El alumno debe dar algunos temas comunes que aparecen en Lucas y continúan en Hechos. Ejemplos: el Espíritu Santo, cristología, salvación, personas menospreciadas, mujeres, el uso correcto de los bienes materiales, rechazo de Cristo por parte de los líderes judíos.
2. El alumno debe tener una lista de citas en Lucas y Hechos que destaque el tema que escogió entre salvación, oración o mujeres, con un párrafo que resuma el pensamiento de Lucas sobre el

tema. Una comparación con citas paralelas en Mateo y Marcos debe mostrar que el énfasis en Lucas es notablemente mayor.

3. Nuestra distancia del texto del Nuevo Testamento nos obliga a aprender todo lo que podamos acerca del mundo grecorromano del primer siglo. Factores como la cultura, la historia, la geografía y el idioma complican el proceso para entender e interpretar un pasaje bíblico.

3. No podemos saber mucho acerca del autor de Hechos. Es muy probable que ambos, Lucas y Hechos, fueran escritos por el mismo autor; y la tradición de la Iglesia unánimemente testifica que ese autor es el mismo Lucas mencionado en otras partes del Nuevo Testamento como compañero de Pablo. El texto de Hechos implica que Lucas acompañó a Pablo en alguno de sus viajes misioneros. La calidad literaria del Evangelio de Lucas y Hechos muestra que Lucas era educado, además de un buen escritor. No contamos con otros datos acerca de su lugar de nacimiento, iglesia local, etc.

Apéndice 1

1. El texto de Hechos y el prólogo de ambos libros —Lucas y Hechos— muestran que el propósito de este último fue múltiple. Por lo menos, Lucas intentó narrar eventos históricos del inicio de la Iglesia Cristiana, quiso evangelizar a los lectores no creyentes, trató de defender a la Iglesia contra las acusaciones falsas, afirmar la gloria y victoria de Cristo, destacar varios temas teológicos (por ejemplo: el nuevo pueblo de Dios, el Espíritu Santo, cristología, la Iglesia, la salvación), y dar solución a problemas difíciles que la Iglesia enfrentaba en el primer siglo (ejemplos: un líder y fundador crucificado, rechazo del mensaje de salvación por los judíos, persecución de la Iglesia).

2. La búsqueda de un propósito para Hechos nos ayuda a no tratar con este libro superficialmente. Es una obra compleja con múltiples propósitos. Cuando tratemos de emplear alguno de sus pasajes, debemos tener en cuenta su diversidad, para evitar interpretaciones y aplicaciones simplistas que realmente no concuerdan con lo que la Biblia enseña.

Capítulo 2

1. El alumno debe escribir una oración que incluya la idea de que Hechos es un libro que narra las acciones de Jesucristo a través del Espíritu actuando por medio de sus discípulos.
2. (a) Las pruebas de que Jesús estaba vivo (1:3). (b) Habló acerca del reino de Dios (l :3). (c) Los discípulos debían esperar la llegada del Espíritu antes de empezar su ministerio (1:4). (d) El bautismo en el Espíritu (l :5). (e) El tiempo del fin (l :6-7). (f) El plan de evangelizar al mundo (1:8).
3. Los temas comunes incluyen: creyentes unánimes; oración; enseñanza de la Palabra; participación de la Santa Cena; gozo; alabanza; tener todo en común; señales y prodigios; aumento del número de creyentes; persecución de la Iglesia; la Palabra se difunde. Los pasajes principales son: Hch 2:42-47; 4:32-37; 5:12-16; 6:7; 8: lb4, 9:31; 12:24; 16:5; 19:20. La aplicación a su iglesia debe contener ideas concretas y casos específicos. No generalice.
4. En Hechos 1:15-26, la Iglesia empleó suertes, pero no en 6: 1-7, ni en 15:6-29. Cosas comunes incluyen: uso del Antiguo Testamento, oración, participación de todos, liderazgo por medio de los apóstoles o los ancianos.
5. En Hechos 2:34-36, Pedro usó el Salmo 110:1 para comprobar la exaltación de Jesús, «Dios le ha hecho Señor y Cristo» (Hch

2:36). En Lucas 20:41-44, Jesús empleó el mismo versículo para demostrarles a sus oyentes que el Mesías (Cristo) no era meramente humano pues su antepasado, David, se refirió a él como Señor aunque era realmente descendiente del propio salmista. En Hechos 5:29-32, Pedro proclama la exaltación de Jesús sin usar ninguna cita del Antiguo Testamento. Sin embargo, su lenguaje refleja el mismo pensamiento de Hechos 2:36 y Lucas 20:41-44: «A éste [Jesús], Dios ha exaltado con su diestra por Príncipe y Salvador» (Hch 5:31).

6. Se puede observar por lo menos cuatro principios de predicación evangelística en el sermón de Pedro en Hechos 2. (l) Es necesario el poder del Espíritu de Dios para una predicación eficaz. En Hechos 1 :8, Cristo prometió que los discípulos recibirían poder para ser testigos; en 2:1 -4 relata cuando el Espíritu descendió; y en Hechos 2:14-40 narra el sermón de Pedro que resultó en la salvación de miles. (2) Pedro basó su mensaje en textos bíblicos (2:17-21, 25-28, 34-35). Es necesario predicar basados en la Biblia, no en nuestras propias ideas. (3) El tema de la predicación de Pedro era Jesús, muerto (2:22-24), resucitado (2:32) y exaltado (2:33, 36). Solo la fe en Jesús puede salvar. El tema principal de cada sermón evangelístico debe ser Jesús. (4) Pedro insistió en que los oyentes tenían que arrepentirse (2:38). No es suficiente contar acerca de Jesús, tenemos que persuadir a las personas a arrepentirse y creer en El para obtener el perdón de sus pecados y la vida eterna.

7. Lucas 12:13-34 advierte contra la tendencia de fijarse en las riquezas de este mundo. Lucas 18: 18-30 muestra a un rico cuyos bienes materiales le impidieron que fuera salvo. Lucas 19: 1-10 narra de un rico que devolvió lo que robó, dio a los pobres de sus riquezas y recibió la vida eterna. Un tema general en ambos libros, Lucas y Hechos, es el uso correcto de los bienes materiales. En ambos, el autor enfatiza la necesidad de tener

compasión y generosidad. Otros pasajes son Lucas 6:24-26; 12:22-34; 14:12-14; 16:1-14, 19-31; 19:11-27; 21:1-4; Hechos 2: 44–45; 4:32-37; 5:1-11;6:1

8. Los tres usos del Salmo 118:22 muestran que Jesús y luego Pedro consideraban que ese versículo era una profecía que predecía la manera en que los líderes religiosos del pueblo judío rechazaron a Jesús como Mesías y Señor.
9. Los tres amigos de Daniel desobedecieron la orden de Nabucodonosor de arrodillarse ante una estatua (Dn 3). Daniel desobedeció la orden de Darío orando (cap. 6). En Hechos 4: 19-20, Pedro y Juan desobedecieron la orden del concilio de los judíos de no testificar acerca de Jesús. En cada caso, la orden fue directamente contraria a un mandamiento de Dios (o de Jesús). Romanos 13:1-7 y I Pedro 2:13-17 nos exhortan a someternos al gobierno ya que está puesto por Dios. Obviamente, el cristiano está obligado a obedecer a las autoridades en todo, excepto cuando estas contradigan algún mandamiento de Dios directamente.

10. Lucas 1:15, 67; 4:1; Hechos 2:4; 4:8,31 6:3; 7:55; 9:17; 11:24; 13:9. El Espíritu Santo capacita a las personas (incluido Jesús en su humanidad) para testificar de Dios con poder y para hacer cosas sobrenaturales.

Apéndice 2

Basado en los datos de la tabla (no en lo que usted crea o piense), conteste las preguntas a continuación.

CITA	CREER	RECIBIR ESPÍRITU	BAUTIZAR	HABLAR EN LENGUAS
2:1-4	0	1	0	2
2:41	1 (recibieron su mensaje)	0	2	0
4:4	1	0	0	0
8:12-18	1	3	2	0
10:44-48	0 (no dice que creyeron	1	3	2
13:48-52	1	2	0	0
16:14-15	1 (estuviese atenta)	0	2	0
16:31-34	1	I	2	0
17:4	1	0	0	0
17:12	1	0	0	0
17:34	1	0	0	0
18:8	1	0	2	0
19:1-7	1 ó 0	3 ó 2	2 ó 1	4 ó 3

CONCLUSIONES: según los resultados de la tabla:

(1) ¿Podemos concluir que es necesario creer para recibir el Espíritu Santo? No (Se sabe, por otras partes de la Biblia, que el Espíritu Santo viene sobre alguien cuando este cree [Ef 1 : 1314, por ejemplo]. Pero hay casos como Hechos 10:44-48 donde el texto **no dice** que creyeron).

(2). ¿Es probable que todos los que reciben el Espíritu hablen en lenguas? No

(3). ¿Todos los que creyeron fueron bautizados? No

(4). ¿Acaso todos los que creyeron recibieron el Espíritu? No

Capítulo 3

1. Además de aparecer en Hechos 4:36-7, Bernabé también se presenta en Hechos 9:27; 11:22, 25, 30; 12:25; 13:1, 7, 43, 46, 50; 14:12, 14, 20; 15:2, 12, 22, 25, 35-39; 1 Corintios 9:6; Gálatas 2:1, 9, 13; y Colosenses 4:10. La información dada en Hechos 4:36-7, nos relata la procedencia de Bernabé, lo que nos ayuda a entender su decisión y la de Saulo (Pablo) en cuanto a ir a

Chipre en su primer viaje misionero. Además, explica el hecho de que el gobernador de la isla quisiera escucharlos. El significado del nombre Bernabé (también dado en Hch 4:36-7) nos da una reseña precisa de su carácter. Su acto de vender unterreno y regalar el dinero para ayudar a los pobres refleja ese carácter. En Hechos 9:27, Bernabé es la persona que facilita el encuentro entre Saulo y los apóstoles, mostrando otra vez su carácter sensible y conciliador. En Hechos ll y 12, Bernabé aparece como una persona de gran responsabilidad que es usada por Dios para edificar a la Iglesia. También reconoce los dones de Saulo y lo involucra en la Iglesia de Antioquía. He chos 13: 1—15:35 muestra a Saulo y Bernabé colaborando en la obra misionera y en obtener una decisión favorable en un concilio de la Iglesia de Jerusalén. Ambos parecen jugar roles complementarios. Hechos 15:36-9, de otra manera, muestra un altercado intenso entre ellos acerca de Juan Marcos que resulta en su separación. En la carta a la Iglesia de Corinto, Pablo menciona a Bernabé como un compañero en el trabajo misionero. En Gálatas 2: 1 y 9, Bernabé aparece otra vez como compañero de Pablo, en 2: 13, como alguien que también tenía sus fallas. Colosenses 4: 10 nos ayuda a entender por qué Bernabé insistió en su deseo de llevar a Juan Marcos (Hch 15:36-9), era su tío. También muestra que hubo reconciliación entre todos, Pablo y Bernabé (y Juan Marcos).

2. Levítico 10: 1-5 relata la muerte de Nadab y Abiú después de ofrecer fuego extraño ante el Señor en el Lugar Santísimo. Números 12 narra el juicio contra Miriam, la hermana de Moisés, cuando ella y Aarón tuvieron celos de la importancia de su hermano. Josué 7 relata el pecado de un hombre que causó la derrota de la nación ante una ciudad enemiga. En esos casos, el pecado amenazaba la santidad del pueblo entero y el juicio de Dios fue fuerte y rápido. El atributo de juicio no es contrario

al amor, porque Dios ama a su pueblo y tiene que disciplinarlo para mantener su santidad.

3. Algunos principios incluyen: (l) No es bueno esconderse del problema, sino enfrentarlo. (2) Depender de Dios y no de la sabiduría humana. (3) Toda la iglesia puede opinar y actuar para solucionar los problemas. (4) El liderazgo debe tomar la iniciativa al sugerir posibles soluciones, pero debe ser sensible la congregación, y no tomar decisiones en forma arbitraria o dictatorial. El estudiante debe tener un caso específico de algún problema real en su iglesia local con una evaluación del tratamiento, bueno o malo, del mismo conforme a estos principios u otros tomados del texto de Hechos.
4. Marcos 12:40-44 (y los pasajes paralelos en Mateo y Lucas) muestra a una viuda que era sumamente pobre; dos blancas (monedas poco valiosas) era todo lo que tenía. En Lucas 2:37, una viuda que servía en el templo reconoció a Jesús como Mesías, siendo aún un bebé. En Lucas 7: 12, Jesús resucita al único hijo de una viuda. En Lucas 18:3-7, una viuda es la protagonista de una parábola acerca de la persistencia en la oración. En Lucas 20:47, los hipócritas devoran las casas de las viudas. En Hechos 9:39-41, las viudas lamentan la muerte de Dorcas, una mujer que las ayudaba mucho. En 1 Timoteo 5, Pablo da instrucciones explícitas acerca del cuidado que la Iglesia debe detener de las viudas. El retrato que sale de estas citas es que las viudas eran muy pobres e indefensas, y que la Iglesia cuidaba mucho de ellas. El alumno debe identificar por lo menos un grupo de personas pobres e indefensas en su comunidad, decir qué hace la congregación para ayudarles.
5. El estudiante debe comparar el propósito del discurso de Esteban con el de una de las reseñas de la historia de Israel. Debe mencionar algunos puntos de semejanza y de diferencia en los

propósitos de las reseñas con respaldo de citas de los dos pasajes respectivos.

6. El alumno debe escribir en términos concretos las áreas en las que su iglesia está resistiendo la voluntad de Dios, y compararlas con la resistencia de los líderes del pueblo judío ante el movimiento del Espíritu en Hechos.

7. En Hechos 7, Esteban pidió perdón para sus perseguidores, vio al Señor parado a la diestra de Dios y encomendó su espíritu al Señor. En Lucas 22:69, Jesús dijo que iba a sentarse a la diestra de Dios. En Lucas 23:34, 46, pidió perdón para sus perseguidores y encomendó su espíritu a Dios. Mateo y Marcos también mencionan que Jesús estará sentado a la diestra de Dios, pero esto es parte de la cita del Salmo 110:1. Mateo, Marcos y Juan relatan otras cosas que dijo Jesús, pero solo Lucas cuenta las dos frases que dijo también Esteban al morir. Parece que Lucas enfatiza el paralelo entre la muerte de Jesús y la de Esteban. Él quería fortalecer a la comunidad de creyentes frente a la persecución. En primer lugar, Jesús provee el patrón y ejemplo para nuestros sufrimientos; en segundo lugar, nos estará esperando con aprobación si morimos por nuestro testimonio de Él.

8. Algunos principios de evangelismo personal son: Felipe tuvo la oportunidad de evangelizar al etíope porque obedeció al Espíritu (Hch 8:26-7); Dios preparó el tiempo y lugar del encuentro y también tanto a Felipe como al etíope (Hch 8:28-9); Felipe se acercó al etíope para hablarle aunque era de diferente raza, cultura y estrato social (Hch 8:27); Felipe tomó tiempo para averiguar cuál era la inquietud del etíope en vez de lanzarse a hablar lo que le parecía bien (Hch 8:30, 34); Su testimonio se basó en las Escrituras (Hch 8:35); El tema de su evangelización era Jesucristo (Hch 8:35); Felipe seguramente trató de

provocar una reacción de fe en el etíope (Hch 8:36). En Hechos 2, Pedro también aprovechó del poder del Espíritu de Dios, usó las Escrituras, su tema era Jesús y trató de provocar una reacción de fe en sus oyentes. El estudiante puede mencionar otros principios acerca de evangelización con su propia experiencia.

Apéndice 3

El alumno debe realizar un informe breve acerca de su propia cultura siguiendo el patrón al final del Apéndice 3. Luego debe comentar acerca de la diferencia de su cultura y la de la Biblia en el contexto del libro de Hechos.

Capítulo 4

1. La palabra «Levántate» aparece en Lucas 5:23s; 6:8; 7:14; 8:54; 17:19; Hechos 3:6; 8:26; 9:6, 11, 34, 40; 10: 13, 20, 26; 11:7; 12:7; 14:10; 22:10, 16; 26:16. Las veces que se menciona en Lucas 5 tienen que ver con la sanidad del paralítico. Era imposible para él levantarse hasta que Jesús le ordenó hacerlo. En Lucas 6, fue para llamar a un hombre adelante para luego sanarle. En Lucas 7 y 8 fue para resucitar a dos muertos. En Lucas 17, fue para hacer parar al leproso que volvió a agradecerle su sanidad. En Hechos 3:6; 9:34, 40; y 14: 10, la palabra es asociada con sanidad o resurrección de un muerto. En 9:6, 11; 22: 10, 16; 26:16, se relaciona con la conversión de Saulo. En 8:26 es una llamada a actuar a Felipe, y en 10: 13, 20; 11:7 llama a Pedro. En 10:26 es una advertencia a no rendir adoración a un ser humano (Pedro). En 12:7 es una llamada a la acción a Pedro cuando el ángel lo sacó de la cárcel.
2. El hombre principal mencionado en Lucas se fue triste cuando supo que tenía que mostrar generosidad a los pobres. Cornelio ya daba limosnas antes de tener su encuentro con un ángel.

Para el primero, el dinero era un tropiezo en su relación con Dios; para el segundo, era una prueba de que su relación con Dios era correcta. El dinero es un indicador de nuestra relación con Dios: muestra dónde está nuestro corazón.

3. Cornelio y el etíope eran gentiles, ambos eran temerosos de Dios, y en ambos casos, Dios preparó a alguien para comunicarles el mensaje de salvación. Pero Dios le reveló primero a Cornelio —mediante un ángel— que enviara a buscar a Pedro. Luego, hubo evidencia de la conversión de Cornelio (hablar en lenguas), y después una aprobación de su incorporación a la Iglesia por los cristianos en Jerusalén.

4. En Hechos 9, Bernabé llevó a Saulo ante los apóstoles, estableciendo el contacto inicial que permitió que fuera recibido por ellos. En Hechos 11, Bernabé buscó a Saulo y lo involucró en el ministerio de la Iglesia de Antioquía, dándole una oportunidad para crecer en madurez y en servicio. En Hechos 13, 14 y 15, Bernabé es un fiel compañero de Saulo en el ministerio misionero. Gradualmente, este toma el liderazgo hasta que en Hechos 15:39 se separan por un desacuerdo en cuanto a Juan Marcos. Aun en esto, vemos el ministerio motivador en Bernabé. Aunque Saulo rechazó a Juan Marcos porque los abandonó en un viaje previo, Bernabé continuó animando a Juan Marcos hasta que fue restaurado por completo y finalmente aceptado por Pablo en Colosenses 4:10.

5.

Saulo viaja a Damasco para perseguir a los cristianos.	Hch 9:1-9 Gl 1:16	
Saulo permanece un tiempo en Damasco.	Hch 9:19-22	«Algunos días»
Saulo va a Arabia.	Gl 1:17	¿?
Saulo regresa a Damasco	Gl 1:17-18 Hch 9:23	«3 años» «muchos días»
Saulo escapa de Damasco en un canasto.	Hch 9:22 2 Co 11:30-33	
Saulo visita a Pedro y a Jacobo en Jerusalén.	Hch 9:26-28 Gl 1:18-20	15 días
Saulo se va a Cesarea y luego a Cilicia (Tarso).	Hch 9:30 Gl 1:21	
Saulo finalmente llega a Siria (Antioquía).	Hch 11:25-26 Gl 1:21	
Saulo y Bernabé van a Jerusalén.	Hch 11:27-30 Gl 2:1-2	14 años después[1]

[1] No es claro si pasaron 14 años entre las dos visitas a Jarusalén (o sea un total de 17 años entre la conversión de Saulo y su segunda visita a Jrusalén), o si pasó un total de 14 años entre la conversión de Saulo y su segunda visita a Jerusalén (o sea 11 años entre la primera y segunda visita a Jerusamén). Cosidero la segunda opción como más probable cuando observo la cronología global desde la muerte de Cristo hasta la llegada de Saulo a Roma durante el imperio de Nerón.

6. Algunos ángeles les informaban a los discípulos respecto a eventos difíciles de entender o a acontecimientos futuros (Hch 1:9-11). A algunos hasta los sacaron de la cárcel (Hch 5:19; 12:7-11 Ellos mediaron en la conversión del etíope (Hch 8:26), y la de Cornelio (Hch 10:3, 7, 22; 11:13). También fue un ángel el que hirió a Herodes de muerte (Hch 12:23). En el discurso de Esteban, varios ángeles figuraron en la historia de Israel como mensajeros de Dios al pueblo (Hch 7). Dios los utiliza para

lograr sus propósitos cuándo y cómo quiere. El ministerio de los ángeles no depende de nosotros, sino de la voluntad de Dios.

7. Algunos de los pasajes en el Antiguo Testamento que hablan de las apariciones de Dios ante varias personas son: Génesis 15; 18-19; 28:10-22; 32:22-32; Éxodo 3-4; 19; Josué 5:13-15;Jueces 2:1-5; 6: 11-23; 13:13-23; 1 Samuel 3; Isaías 6; Ezequiel 1 -2; Daniel 7:9-10; 8:15-27. Seguramente hay más de los cuales puede escoger otros. En todos los pasajes, Dios toma la iniciativa, comunica su voluntad al hombre, y casi siempre este se asusta o se impresiona, pero Dios lo consuela y lo fortalece. A veces, hay un tiempo de recuperación posterior.

Apéndice 4

1. El primer párrafo y el tercero son personales. El segundo debe incluir al menos la salvación espiritual, que incluye arrepentimiento y fe en Jesús para perdón de pecados y vida espiritual. Jesús es el único Salvador. La salvación fue proclamada por los profetas y anunciada para el mundo actual; además abarca una dimensión futura, cuando estaremos con Jesús en su venida. La salvación proviene de Dios y es parte de su plan.

2. El alumno debe escribir un breve tratado evangelístico y decir en qué manera concuerda o difiere de la verdad bíblica acerca de la salvación. Debe ofrecer sugerencias acerca de cómo mejorarlo si fuera necesario.

Capítulo 5

1. Juan Marcos se menciona en Hechos 12:12 y 25; 13:5 y 13;15:37 y 39; Colosenses 4:10; 2 Timoteo 4: 11; Filemón 24; 1 Pedro 5:13. El hecho de que Bernabé estuviera dispuesto a llevar consigo a Juan Marcos cuando Pablo no lo quería, pro bablemente ayudó a afirmarlo en la fe. Después del incidente,

el propio Pablo se refiere a Juan Marcos como «útil para el ministerio».

2. Esta respuesta es diferente para cada alumno.

3. Lucas presenta muchas semejanzas entre Pedro y Pablo, lo que realmente muestra que ellos continuaban el ministerio de Jesús. Además de lo mencionado en la pregunta, ambos levantaban muertos, hacían sanidades con solo el roce de la ropa de ellos; ambos recibieron castigo y fueron a la carcel instantaneamente; ambos ponían sus manos sobre los creyentes y estos recibían el Espíritu Santo.

4. Bernabé y Saulo: Hechos 9:27; 11:25, 30; 12:25; 13:1, 2, 7. Bernabé es el líder y por eso Lucas lo menciona primero. Pablo y Bernabé (sus compañeros): Hechos 13:13, 43, 46, 50. Pablo asume el papel de líder en la obra misionera. Bernabé y Pablo: Hechos 14: 12, 14. La multitud consideraba que Bernabé era Zeus (el principal dios de los paganos griegos) y Pablo era Hermes (el vocero de Zeus). Pablo y Bernabé: Hechos 15:2 (dos veces). Otra vez, el liderazgo de Pablo en la obra misionera está indicado. Bernabé y Pablo: Hechos 15: 12. Bernabé es considerado más confiable por el liderazgo de la Iglesia de Jerusalén. Pablo y Bernabé: Hechos 15:22. Lucas reconoce el liderazgo de Pablo en la difusión del mensaje. Bernabé y Pablo: Hechos 15:25. La Iglesia de Jerusalén todavía consideraba a Bernabé como el líder principal debido a la confianza que tenían en él. Pablo y Bernabé: Hechos 15:35. Lucas reconfirma el liderazgo de Pablo.

5. Pablo no pudo citar las Escrituras en Listra, porque la gente no tenía conocimiento de ellas. Él tuvo que relacionar la fe cristiana con la creación —el testimonio general que Dios nos ha dado a todos.

6. La respuesta a esta pregunta varía según la cultura del alumno y la del grupo en el cual está pensando.
7. Dios no aprobó algunas manifestaciones culturales de fe en el Antiguo Testamento porque no representaban la verdadera realidad. Dios ordenó sacrificar víctimas, quemar incienso, elevar oraciones, etc., pero criticaba su uso mecánico; es decir, sin manifestar las cualidades de misericordia, santidad, justicia y amor que implicaban los tales. El alumno que capte esto, examinará lo que sucede en su congregación para ver si las manifestaciones culturales de fe allí expresadas representan una realidad espiritual o si son meramente ritos vacíos que ocultan rebeldía e incredulidad de corazón.

Apéndice 5

1. Esta respuesta debe dar citas que respalden algunas de las pautas destacadas en este apéndice, como por ejemplo: Enseñar pública y privadamente, trabajar o recibir apoyo de otros lugares para no ser una carga en el lugar que está evangelizando; formar un equipo de trabajo, tratar de sembrar congregaciones y establecer liderazgo en ellas; estar dispuesto a sufrir y a incomodarse para extender el evangelio. Es posible que el estudiante vea mucha diferencia entre lo que hacen algunos misioneros en su país y la forma en que Pablo vivió.
2. Una buena parte de esta respuesta es personal. Todos podemos hacer varias cosas para prepararnos a fin de participar más en la obra misionera de la iglesia: orar, buscar más información acerca de la obra misionera en su país o en otros; adoptar un estilo de vida más sencillo para apoyar económicamente la obra misionera; formar un grupo de oración y apoyo para misioneros; informar a la congregación acerca de la obra misionera; prepararse formalmente a través del estudio para la obra misionera; enrolarse en alguna entidad misionera.

Capítulo 6

1. Hechos 15:36-41 muestra los siguientes principios para la solución de conflictos: (a) Si ambas personas están convencidas de que tienen razón, puede ser necesario separarse por un tiempo; (b) En tal caso, se debe tener cuidado para no ofenderse de tal manera que la reconciliación no sea posible; (c) El conflicto entre estos dos líderes no se extendió a la Iglesia.
2. La respuesta a esta pregunta depende de la vida personal del estudiante.
3. El rescate de Pedro y Juan en Hechos 5: 19-20, y el de Pedro en Hechos 12:6-11 se logró gracias a la intervención directa de un ángel; el de Pablo y Silas en Hechos 16 fue por medio de un terremoto. El de Pedro y Juan y el de Pablo y Silas resultó en más oportunidad para predicar; el de Pedro en Hechos 12 no. El de Pedro en Hechos 12 y el de Pablo y Silas fue después de orar; el de Pedro y Juan en Hechos 5, no. El propósito de los tres era mostrar que el poder y la soberanía de Dios supera a los de los gobiernos humanos. Estos no pueden detener el cumplimiento de la voluntad de Dios.
4. El alumno debe dar un retrato breve del grupo ante el cual tiene que defenderse, y luego una presentación resumida del evangelio en una manera que sea relevante y entendible para ese grupo, siguiendo las pautas de Hechos 17. La presentación debe incluir un punto de conocimiento común (semejante al caso del dios no conocido), una explicación de cómo es Dios, y una o más citas conocidas al grupo al cual se está dirigiendo
5. La respuesta variará de acuerdo a la cita que el alumno escoja.
6. El libro de Hechos es un relato de lo que Jesús hacía por medio del Espíritu Santo, actuando a través de sus discípulos. Lucas escoge del material disponible lo que es útil al relato. Parece

tener varios propósitos, incluidos la defensa de la fe cristiana y el ministerio de Pablo, presentar un retrato de la expansión de la Iglesia, proveer una solución a varios problemas asociados con el evangelio (un líder crucificado, la persecución, el rechazo por los judíos). Es posible que la razón por la que Lucas tratara con más detalle el ministerio en Filipos y el viaje final a Jerusalén y Roma es que estuvo presente con Pablo durante esos tiempos, por lo que contaba con muchos detalles de su propia memoria. Sus fuentes de información acerca del ministerio en Corinto y el viaje de allí a Jerusalén y Antioquía de Siria le dieron menos información y detalles.

Apéndice 6
La respuesta varía según las citas que el alumno escoja.

Capítulo 7

1. Apolos aparece en las siguientes citas: Hechos 18:24; 19: 1 ;1 Corintios 1:12; 3:4, 5, 6, 22; 4:6; 16:12; Tito 3:13. Apolos era un orador elocuente, en cambio, Pablo se describe como uno no muy eficaz. Es posible que algunos al oír a Apolos menospreciaran a Pablo, y se volvieran contra él.
2. La respuesta debe mencionar una manera de descubrir quiénes de los asistentes a la congregación no conocen correctamente la doctrina de Cristo y la de la salvación (por ejemplo, encuesta, entrevistas o sencillamente pidiendo que los que tengan preguntas se identifiquen alzando la mano). Luego, la respuesta debe dar ideas acerca de cómo hacer para que esas personas aprendan lo que les hace falta (por ejemplo, una clase, visitas a sus casas, un calendario de predicación evangelística, una campaña evangelística, etc.).

3. La respuesta debe dar unos ejemplos de prácticas ocultas comunes y algunas sugerencias acerca de cómo animar a los que participan en ellas para que se arrepientan y abandonen toda conexión con las mismas.

4. Pablo enfrentó su problema en la Iglesia de Corinto con firmeza y amor. No dejó de insistir en que los de Corinto se arrepintieran de lo malo, pero a la vez perdonó de corazón a una persona que lo había ofendido (2 Co 2:5-11 Mencionó repetidas veces cómo le dolió el corazón por la tristeza de ellos, pero a la vez le contentó que la tristeza que les había causado los llevara al arrepentimiento (2 Co 7:8-12). De igual manera, debemos enfrentar el pecado con firmeza, pero con humildad y amor, deseando sinceramente el arrepentimiento por parte de los que nos ofenden.

5. El alumno debe reflexionar acerca de cuáles son las cosas más importantes para comunicar a los hermanos.

6. La respuesta debe mencionar por lo menos un ejemplo de profecía no bíblica y mostrar, usando citas por qué el alumno considera que no es bíblica.

Apéndice 7

El alumno debe ofrecer citas a una carta de Pablo que contengan asuntos de la vida del apóstol y mostrar cómo se relacionan con Hechos y las otras cartas paulinas.

Capítulo 8

1. Pablo usa su testimonio en sus defensas para explicar el cambio de perseguidor de la Iglesia a predicador de Cristo y fundador de congregaciones. También lo utiliza como medio para evangelizar y persuadir a la gente a creer en Cristo. Observan-

do la manera en que Pablo adapta la narración de su testimonio a diferentes circunstancias y personas, podemos formular ciertos principios respecto a cómo compartir el testimonio. (1) Relate su testimonio en tres partes principales: la vida antes de recibir a Cristo, como recibió a Cristo, la vida después de recibir a Cristo. (2) En general, es bueno usar la mayor parte del tiempo para glorificar a Cristo y no enfatizar demasiado en la vida previa a recibir a Cristo. (3) Es bueno adaptar la narración a las personas. Por ejemplo, ante el concilio de los judíos, Pablo enfatizó las partes de su testimonio que serían agradables a ellos; ante Agripa, se refirió a los profetas, algo que Agripa entendió.

2. El alumno debe hacer una lista de varias citas del Antiguo Testamento y del Nuevo que usen palabras como «luz», «tinieblas», «herencia», «perdón de pecados», y explicar los tres aspectos de la salvación según la teología de Pablo.

3. En ambos relatos acerca de la tempestad había mucho viento, falta de control de la nave; además, los marineros trataron de amarrar la nave, echaron al mar la carga y se desesperaron. En Jonás, el hombre de Dios trató de escapar para no hacer la voluntad de Dios; en Hechos, el hombre de Dios estaba obedeciendo a Dios. En Jonás, el barco y la tripulación se salvaron cuando echaron al profeta al mar. En Hechos, el barco fue destruido, pero todos fueron salvados. Ambas tempestades ilustran el gran poder de Dios y su habilidad de realizar su voluntad a través de la naturaleza.

4. Las señales de Marcos 16 incluyen: (l) Expulsar demonios: Hechos 8:7; 16:18; 19:12; (2) Hablar en nuevas lenguas: Hechos 2:4; 10:46; 19:6; (3) Tomar serpientes en las manos: Hechos 28:4-6; (4) Beber veneno: ninguna cita en el Nuevo Testamento, aunque 2 Reyes 4:38-41 habla de algo semejante en el Antiguo. (5) Imponer manos para sanar enfermos: Hechos

28:8. Aunque Marcos 16: 10-20 tal vez no era parte de lo que el evangelista escribió, sin embargo, la mayoría de las ideas que contiene se hallan en alguna forma en otras partes de la Biblia.

5. En la última parte de Hechos, Pablo usa el vocablo «esperanza» en 23:6; 24:15; 26:6-7; 27:20; y 28:20. Para él esa palabra tiene su más elevado significado en la resurrección de Cristo y lo que eso simboliza para nosotros. Pablo reconoce que la solución de las necesidades y problemas de la vida y el mundo está en Cristo y no en esfuerzo humano aparte de Él.